존버씨의 죽음

존버씨의 죽음

갈아넣고 쥐어짜고 태우는 일터는
어떻게 사회적 살인의 장소가 되는가

김영선
지음

오월의봄

과로와 죽음의 거리

오늘도 버텨야 하는 삶

오늘도 버티고 또 버텨야 하는 삶을 살아가는 존버씨가 있다. 살아온 날도 그랬고 살아갈 날도 그래야 한다. 그러고 보면 존버씨는 '살아가는' 삶이 아닌 '죽어가는' 삶을 견디고 있는지도 모른다.

"존버정신을 잃지 않으면 된다."[1]

존버정신의 존버는 '존나게 버틴다'의 줄임 말이다. 존버는 이후 비트코인의 시세가 폭락해 이도 저도 못 하고 무작정 버텨야 하는 상황을 빗대는 말로 사용되면서 "존버 가즈아~!" "존버는 반드시 승리한다"처럼 비트코인 시대의 대표 유행어가 됐다. 존버 표현은 수많은 패러디로 쏟아져 나왔는데, 급기야 세계적인 투자자 워런 버핏의 명언인 양 "Only Jonbeo is Life Way(존버만이 살길이다)"라는 짤이 회자되기도 했다.

감내의 언어는 여러 형태로 변주되는데, 존버는 21세기식 감내의 언어인 셈이다. 감내의 언어는 과노동과 성과 압박에 시달리는 모든 이를 휩싸고 있다. "우리의 목표 1번은 버티기, 2번도 버티기, 3번도 버티기" "여기만 그런가, 다 그렇게 살아" "그래도 이겨내야지"라는 자조적인 표현이 대표적이다.

나는 갈아넣고 쥐어짜고 태우는 과로+성과체제에서 존버할 수밖에 없는 사람들을 존버씨로 형상화해 존버하는 삶, 존버하던 죽음에 대해 이야기하려 한다.[2]

존버씨는 누구인가? 이 질문에 혹자는 자신은 존버씨가 아니라고 생각하는 사람이 있을지도 모르겠다. 그러나 과로+성과체제의 우리 모두는 존버씨가 아닌가 반문하고 싶다. 과로위험과 성과 압박, 이와 얽혀 있는 괴롭힘에 노출되어 있는 잠재적 존버씨다. 존버씨는 노동의 고통과 비참에 시달리는 김알바, 김인턴, 김사원, 김대리, 김과장과 다르지 않은 이름이다.

과노동과 실적 압박 그리고 일터 괴롭힘을 견디고 버티다 사망한 존버씨도 있다. 네이버 개발자, 쿠팡 물류 노동자, CJ대한통운·한진택배 등의 택배 노동자, LG유플러스 현장실습생, 서울의료원·아산병원 간호사, 중앙응급의료센터 의사, 에스티유니타스 디자이너, 서울시청 사회복지 공무원, tvN PD, 넷마블 게임개발자, 삼성중공업 연구원, 삼성전자서비스 노동자, 파주시·포천시 방역 담당 공무원, 가죽 살처분 노동자, 대한항공 승무원, LG전자 연구원, 마사회 말관리사 및 기수, 산업은행·BC카드 차세대 시스템 IT개발자, HMC투자증권·동부증권 등의 증권 노동자, 농협 노동자, 새마을금고 노동자, 현대자동차 연구원 등이다. 과노동에 존버하다 스러져간 망자만이 존버씨가 아니다. 오늘을 존버하는 남겨진 나와 우리 또한 존버씨다.

언어 없는 사건, 개념 없는 현상

사건은 발생했는데 뭐라 이름 붙일 언어가 없는 경우가 있다. 현상은 벌어지고 있는데 뭐라 표현할 개념이 없는 경우도 있다. 사건과 현상의 본질을 어떻게 진단하고 해결할 것인가를 둘러싼 이해 당사자 간의 논쟁은 치열할 것이다. 죽음은 이어지고 있는데, 이를 나타낼 개념과 언어가 없는 경우는 더 그러하다. 과로사·과로자살 이야기다. 과로사·과로자살 모두 법제도적으로 규정된 표현은 아니다.

이 책은 과로죽음을 둘러싸고 벌어지는 각축을 다룬다. 개념과 언어가 없는 채 그 죽음이 표현되는 방식, 죽음을 둘러싼 이해 당사자 간의 역학관계, 그리고 죽음과 연관된 고리에 대한 해석의 갈등 또는 죽음에 대한 일상의 통념을 그려본다.

죽음의 본질에 가닿기는 불가능하다. 하지만 그와 연관된 흔적들, 이를테면 업무 내용, 스트레스, 동료관계, 조직 분위기, 업무 조건, 일터 장소, 평가 방식 모두를 죽음과 연결된 물질적 작용 요인으로 읽어나가면 과로죽음을 추적할 수 있다. 물론 죽음과 과로 간의 연관고리가 상당인과관계처럼 선명하게 드러나는 경우도 있지만, 많은 경우는 그렇지 못한 채 희미해지고 만다. 왜 과로죽음에 미친 과로의 물질적 효과가 상당한데도 과로와 죽음의 연결고리는 희미해지고 마는가도 관찰의 대상이다.

과로죽음을 어떻게 진단할 것인가에 대한 논쟁은 치열하지만 개념과 언어의 부재로 노동과 자본은 이내 곧 소통 불가능한 전쟁 상태에 이른다. 죽음을 둘러싼 각축에서 노동은 사회적 타살, '살인적인' '비정상적인' 노동시간, 현대판 노예제, 업무 연관성, 인력 충원을 지목하고 강조한다. 반면 자본은 연관성 없음, 사실과 다름, 통상적인 수준, 견딜 만한 정도, 극복할 수 없을 정도의 과중한 업무는 아님, 효율과 유연화, 인력 재배치를 설파하고 내세운다.

죽음에 대한 개념 규정을 둘러싼 투쟁을 고지전으로 그려보면, 자본은 개인 취약성, 개인적인 기질, '건강 관리를 못 해서', 유리 멘탈, 과거 치료력, 출퇴근 기록을 공개할 의무 없음, 영업비밀, 느슨한 법제도, 통상적인 수준, 상당인과관계 등을 동원해 난공불락의 고지를 점령한 채 죽음과 과로의 연결고리를 최대한 은폐하거나 또는 망자 탓(실패/결함/문제)으로 전가하려 한다.

반면, 노동은 난공불락의 고지를 앞에 두고 극히 불리한 위치에서 죽음의 원인을 밝히기 위한 치열한 전투를 벌이지만 패할 확률이 높다. 여기서 '불리한' 상태는 노동-자본 관계 차원에서 봐도 그렇고 한국적 노동 현실을 봐도 그렇다. 망자의 출퇴근 기록 같은 정보에 대한 접근성 부족, 영업비밀이라는 거대한 장벽에 가로막힘, 죽음 사건에 대한 회사의 조직적 통제, 법적 근거

미약, 개념의 부재, 유가족 홀로 입증 책임, 낮은 사회적 공감 등의 불리한 지형에서 과도한 업무량, 실적 압박, 괴롭힘 같은 질식의 징후가 야기한 '과로'죽음을 증명하기란 쉽지 않다. 언어가 없는 상태에서 사회적 공감을 이끌어내는 것도 그렇다. 개념과 조사가 부재한 상태에서 사회적 설득 또한 여의치 않다.

'사회적 타살'이라 충분히 의심 가는 사건이어도 많은 경우 '업무와 연관성 없음', 상당인과관계라는 높은 장벽에 가로막힌다. 다양한 강도와 여러 고리로 연결되어 있는 사실상의 업무 연관성은 사장된다. 조직에서 유발한 정신질환·정신장애임을 회사 구성원 모두 인지하고 있어도, 그 병을 지나가는 마음의 감기, 스스로 극복할 수 있는 것 정도로 치부해버리곤 한다. 이러한 맥락에서 과로죽음은 집합적 비극으로 공감되기보다는 개인의 비극으로 처리된다. 죽음의 본질은 '가려지고' 만다.

비극의 피해자는 또 한 번 좌절을 경험하게 되고 비참을 유발하는 폭력의 지점은 면죄부를 받는다. 일터의 착취와 폭력은 재생산되고 남은 노동자들은 각자도생하는 길만이 유일한 길임을 재차 확인하게 된다. 과로죽음이 개인적인 비극으로 처리되는 그런 일터/사회에서의 생존법은 각자도생을 선택하는 것으로 편향될 수밖에 없다. 존엄과 관용을 사실상 기대하기 어렵기 때문이다. 각자도생은 신자유주의적 경쟁 장치의 산물이기도 하지만, 과로죽음을 조직적/사회적으로 대응하는 언어가 없는 일터/사회에서 더 극대화될 수밖에 없는 행동양식이다. 법제도에 기대기 어렵고, 그나마의 것에도 불신이 팽배한 곳에서 자기만의 신을 섬기는 주술적 사고magical thinking가 자라난다. 각자만의 대처법, 정신승리법을 진리로 삼은 채 말이다.

공식적 개념과 언어가 없는 상황이라 하더라도 까다로운 절차와 지난한 과정을 거쳐 업무에 따른 뇌심혈관계질환에 의한 사망, 업무에 따른 정신적 이상 상태에 의한 사망이라는 산재 판정을 받을 수 있다. 그렇지만 이 또한 여러 이유로 매우 제한적이다.

언어 없는 사건, 개념 없는 현상은 일종의 결과적 상태를 나타낸 말로 죽음의 본질을 은폐하고 비가시화하는 권력 작용의 산물임을 주지할 필요가 있다. 갈아넣고 쥐어짜고 태우는 일터 환경이 유발한 죽음의 본질을 '가리려는' 권력 작용 탓이라는 표현이 적절해 보인다. 과로죽음이 현재와 같이 막 취급되는 현실은 노동-자본 간 힘관계를 나타낸다. 비참 유발 정도와 노동-자본 간 힘관계는 꽤나 상관적이다. 이런 가운데 죽음의 본질은 가려지거나 왜곡된다.

견고한 과로+성과체제

과로죽음을 거리로 표현해보면, 과로와 죽음 간의 거리는 가까우면서도 꽤 멀다. 가깝다고 말한 이유는 과로죽음은 과로+성과체제에서 반복되는 사건으로 꽤 일반적인 죽음이기 때문이다. 예외적인 사건이 아니다. 그 역사가 오래된 점도 그렇고 최근

더 두드러지고 있다는 점 또한 부정하기 어려운 사회적 사실social fact이다.[3]

현상적으로 과로와 죽음은 매우 가까운 거리라고 말할 수는 있어도, 현실적으로 그 거리는 꽤 먼 것으로 취급된다. 죽음과 업무와의 연관성을 분리하려는 언어, 담론, 장치, 권력이 꽤 촘촘하고 강력한 힘으로 작용하면서 과로죽음에서 과로를 떼어내고 있기 때문이다. 그런 의미에서 과로와 죽음 간의 거리는 꽤나 멀다. 이 또한 선명한 사회적 사실이다.

여기서 죽음을 유발하는 노동조건은 은폐되고 과로죽음은 취약한 개인의 문제로 귀결된다. 질식의 징후가 산재하지만 그저 개인 각자가 알아서 감내해야 할 것으로 치부되고 만다. 그렇지만, 여러 죽음 사건에서 나타나는 특징을 꼽아보면 공통적으로 발견되는 것이 있는데, 그것은 개인적 이유보다는 구조적 문제에 따른 과로죽음이라 불려야 할 사건이라는 점이다.

실태조사가 요구된다. 전국 단위의 조사 말이다. 과로죽음의 공통성을 파악하고 유형별로 대응하기 위해서다. 이를 위해서는 법적 근거가 필요한데, 과로사방지법같이 과로사·과로자살을 법제도적으로 명문화하는 것이 우선되어야 할 것이다. 물론 제도화를 위해서는 실태조사를 비롯해 과로죽음을 응시하고 다각도로 드러내는 작업이 뒷받침되어야 한다. 이 책은 드러내기 작업의 하나다.

과로죽음에 대한 사회적 설득과 공감을 담아낸 언어를 발명하는 일도 요청된다. 그렇지 않으면 제도 투쟁은 탄력받지 못할 것이고 사회적 타살로 추정되는 사건이 반복되어도 '예외적' 이라거나 '터무니없다'거나 심지어는 '칭얼댄다' '그만 좀 징징대라'고 비하될 여지가 높다. 이 같은 멸칭 붙이기나 일상의 혐오발언도 과로+성과체제가 얼마나 견고한지를 보여주는 증거이자 착취적인 시스템을 재생산하는 데 크게 한몫하는 요인이기 때문이다.

1장은 왜 존버씨의 시간을 다뤄야 하는지를 이야기한다. 견디고 버틸 것을 요구하는 노동의 세계에서 우리는 어떤 삶을 살아가는가? 우리는 '살아가는' 삶이 아닌 '죽어가는' 삶을 살고 있는 건 아닌지 반문한다.

2장은 과로죽음 사건을 다루면서 죽음을 가로지르는 노동의 고통, 질식의 징후를 구체화한다. 특히 콜수, 밥값, 욕값, 분급, 경쟁성 상금, 실시간 UPH, 순증 같은 각종 경쟁적인 성과 장치와 자살 감정 간의 상관성을 탐색한다. 결국 극단적인 노동의 파편화에 따른 불안정성과 불안감이 더욱 조응하는 맥락에서 또한 예측할 수 없는 경제의 위기·공황과 우울감이 더욱 조응하는 맥락에서 또한 자본주의적 경쟁의 가속과 신경쇠약이 더욱 조응하는 맥락에서 과로죽음이 양산되고 있음을 추적한다. 그리고 과로죽음 사건이 반복됨에도 그것이 사회적으로 방조되고 무관심 상태에 놓여 있다는 점에서 과로죽음은 과로+성과체제가 체계적으로 생산하는 부정의injustice의 산물임을 살펴본다. 결국 과로죽음에서 왜 과로가 계속 누락되는지를 따져보는 작업이다.

3장은 재난 상황에서 발생하는 과로죽음을 다룬다. '비상 상황'은 과로를 사명감, 책임감, 직업정신으로 포장해 동원한다. 노동의 권리를 무력화하는 마법의 언어다. 재난 이후 출몰하는 수많은 마법의 언어가 어떻게 과로죽음과 연결되는지를 분석한다. 또한 재난 시기 과로위험이 하층에 축적되어 고이는 양상을 다룬다. 과로위험을 특정 집단에 전가하는 방식은 불평등을 심화하는 재난 대응책이다. 재난 대응의 첫걸음은 인권 관점의 대응임을 강조한다. 마지막으로 통상 우리는 재난이 야기한 문제들이 이례적인 것이라고 여기지만, 사실은 이전부터 그 사회에 잠재되어 있던 특징임을 살펴본다.

4장은 산재 판정의 승인/불승인 케이스를 대상으로 승인/불승인의 근거로 표현되는 언어를 비교한다. 판정 기준의 엄밀함을 다루는 게 아니다. 판정 사례를 보면 승인/불승인의 경계가 그리 명확하지 않다는 느낌을 지울 수 없다. '통상적인'이란 표현이 대표적이다. 자의적으로 보이는 경우도 발견된다. 우울증은 다른 모든 요인을 빨아들이는 블랙홀처럼 작용해 불승인의 근거로 설명되는 경우도 잦다. 우울증은 밝혀져야 할 문제이지 설명의 근거가 되어서는 안 된다. 이는 과로사·과로자살에 대한 공통의 사회적 언어가 부재한 데서 빚어지는 문제적 양상이 아닌가 싶다.

마지막으로 5장은 노동시간의 단축 경향은 계속되는 것인지, 아니면 역전되는 경로에 접어든 것인지를 검토한다. 마무리하며 현재의 시간구조를 반추하고 건강한 시간의 미래를 위한 조건을 살펴본다.

과로+성과체제가 유발하는 과로죽음이 늘어나고 있다. 쥐어짜고 태우는 식의 성과 장치가 유발하는 정신질환과 과로자살은 더 그렇다. 나는 과로죽음의 '과로'를 조명해 과로죽음이 과로+성과체제의 필연적인 죽음임을 밝히고 과로와 죽음의 거리를 멀어 보이게 하는 자본주의적 담론/장치에 균열을 내고자 한다.

한 사람이 다른 사람의 신체에 상해를 입혔는데 그 상해가 죽음을 초래한다면, 우리는 그 행위를 과실치사라고 부른다. 만일 가해자가 자신이 입힐 상해가 치명적일 것을 사전에 알았다면, 우리는 그 행위를 살인이라고 부른다. 그런데 사회가 프롤레타리아 수백 명을 제 수명보다 훨씬 일찍 부자연스럽게 죽을 수밖에 없는 위치로 내몰 때, 즉 칼이나 총알 못지않은 폭력을 휘둘러 죽음으로 내몰 때, 수천 명에게 생활필수품을 빼앗고 그들을 도저히 살 수 없는 위치로 몰아넣을 때, 법의 완력을 이용해 그들을 필연적으로 죽을 수밖에 없는 상황에 묶어둘 때, 이 희생자 수천 명이 사라질 것을 알면서도 그런 상황이 지속되도록 허용할 때, 그럴 때 사회의 행위는 앞에서 말한 한 사람의 행위와 마찬가지로 틀림없이 살인이다. 그 살인은 실상을 감춘 악의적인 살인, 아무도 막아낼 수 없는 살인, 아무도 살인자를 볼 수 없는 데다가 작위보다 부작위에 가까운 범행이라서 희생자가 자연스럽게 죽는 것처럼 보이기 때문에 정체를 알 수 없는 살인이

다. 그렇지만 살인은 엄연히 살인이다.[4]

위 글은 현재의 이야기도 한국을 염두에 둔 이야기도 아니다. 170여 년 전 영국의 이야기다. 하지만 과로죽음의 실태를 보면 주어를 21세기 대한민국으로 바꿔 읽어도 크게 어색하지 않다. 엥겔스가 "영국 사회가 사회적 살인social murder을 매일 매시간마다 저지르고 있고 노동자들을 건강을 유지할 수도 오래 살 수도 없는 상황으로 몰아넣고 있고 이 노동자들의 생명을 조금씩 갉아먹으면서 그들이 무덤에 묻힐 시간을 앞당기고 있다는 것을 입증할 것이다"라고 밝혔던 것처럼, 과로+성과체제가 야기하는 '사회적' 살인을 규명하고 과로죽음에 이름을 붙이는 작업이야말로 우리에게 더욱 요구되는 바다.

차례

1장

살아가는 혹은 죽어가는 삶

1. 존버씨의 죽음

왜 존버씨의 죽음을 봐야 하는가?

과로죽음은 과로로 인한 죽음deaths from overwork 또는 과로(관련) 죽음overwork-related death을 말한다. 뇌심혈관계질환으로 인한 돌연사death by cerebrovascular and cardiovascular diseases인 일명 과로사karoshi를 비롯해 과로자살karojisatsu, suicide due to overwork도 여기에 해당한다. 이 책은 존버씨의 과로죽음을 다룬다.

'과로'라 하면 통상 장시간 노동을 말한다. 이는 시간의 길이 차원에서 말하는 과로다. 그런데 길이 차원의 장시간 노동뿐만 아니라 시간의 배치 차원의 야간노동도 과로에 해당한다. 또한 실적 압박이나 직장 내 괴롭힘workplace harassment도 과로 요인에 들어간다.[1] 이렇게 업무 시간대를 비롯해, 업무 특성, 성과 평가, 동료관계, 조직문화, 역할과 책임 같은 질적 요인을 포함한다. 따라서 장시간 노동이 아니더라도 업무의 질적 요인에 따른 죽음도 과로죽음일 수 있다. 일례로 불규칙한 연속 야간노동에 따른 돌연사나 성과 압박이나 일터 괴롭힘, 감정노동에 따른 자살을 들 수 있다.

어떻게 과로죽음임을 알 수 있을까? 사실 과로와 죽음의 연관성을 규명하기는 쉽지 않다. 그럼에도 죽음에서 발견되는 SNS나 인터넷 검색 기록, 일기나 유서, 진료 기록, 동료나 가족의 진술, 또는 사건의 기사나 댓글, 통념과 이미지 같은 죽음의 흔적을 텍스트로 삼아 과로죽음을 추적할 수 있다.

과로와 죽음의 연관성을 거리로 표현하면, 그 거리는 꽤 가깝다. 과로죽음은 과로+성과체제의 일반적인 죽음 형태이기 때문이다. 이 책은 죽음의 흔적들을 통해 과로와 죽음이 얼마나 가까운 것인지 그 거리를 곱씹어보고자 한다.

그렇지만 과로죽음으로 추정됨에도 '과로'가 사장되어버리는 경우가 사실은 더 많다. 다시 과로와 죽음을 거리로 표현해보면, 그 거리는 꽤 먼 것도 분명한 현실이다. 죽음과 업무와의 연관성이 없다는 담론, 프레임, 이데올로기, 언어가 강력하게 작동하기 때문이다. 이러한 언어가 어디에서 출발하고 어떻게 작동하는지를 비판적으로 검토한다.

과로죽음은 한 개인의 비극적인 죽음이지만 사회·조직의 구조적 모순을 담지한다는 의미에서 집합적인 비극이다. 지금 이 시대 노동자가 어떻게 취급받는지를 보여주는 상징적인 거울이다. 인간적인 삶이 불가능한 비상 상황, 절망 상태를 나타내는 사회적인 사실이다. 그렇지만 과로죽음을 개인적인 비극으로 보는 시각이 꽤 많다. 이는 사실 의심해야 할 시각이다. 이런 시각은 왜 많은지 어디에서 시작하는지 그 자체로 따져 물어야 할 연구 대상이다.

나는 "더 이상은 이렇게 살 수 없다" "더는 이렇게 취급받을 수 없다"는 망자들의 분노를 통해 '이렇게'의 의미를 읽어나가려 한다. 행복한 삶을 꿈꾸지만 행복 없이 살아가는 삶, '살아가는' 삶이 아닌 '죽어가는' 삶에 대한 탈출행위 혹은 저항행위로서 말이다. "삶을 잃어버리는 이 노동을 하루하루 구걸해야만 한다는 수치스러운 부조리를 더 이상 견디지 않겠노라는!"[2] 비참하게 살아가는 대신 비참과 작별하겠다는 실천인 것이다. 이같이 읽으려는 이유는 자살 행동의 많은 경우는 문제, 딜레마, 고통의 실타래를 풀기 위한 몸부림, 고민, 소통, 각오, 계획, 시도이기 때문이다.

자살을 미화하거나 정당화하려는 것이 아니다. 자살 상태의 모순되는 양가성을 인정하지 않으려는 것도 아니다. 자살이 통상 우울증, 무기력, 무력감, 정신적 이상 상태로만 편향되는 것에 문제를 제기하기 위함이다. 이 편향은 일상 깊숙이 침잠해 있는데, 죽음을 개별화하려는 자본의 언어와 꽤 친화적이기 때문이다. 또한 도덕적 비난의 시선이 짙게 깔려 있기 때문이다(《자살에 대하여》의 저자 사이먼 크리츨리는 자살이 우울증이나 무력감으로 인해 일어난 것으로 본다면 자유로운 행위의 여지는 닫혀버린다고 지적한다).[3] 우리가 관심을 가져야 할 점은 망자가 무엇('이렇게')으로부터 탈출하고 저항하기 위해 자살을 생각할 수밖에 없었는가다.

존버하던 과로죽음을 봐야만 하는 이유가 있다. 첫째, 노동 시간이 세계 최고에 달하는 작금의 과로체제에서 '발생할 수밖에' 없는 일반적인 비극이기 때문이다. 예외나 개인적 사건이 아니다. 필연일 수밖에 없는 사건이자 집합적인 사회 현상이다. 과로죽음은 여전히 정상적이지 못한 노동의 임계치가 우리네 마음과 몸을 파괴한다는 선명한 증거다.

둘째, 이전에는 발견할 수 없던 새로운 특징을 보이고 있기 때문이다. 《죽음의 스펙터클》의 저자 프랑코 '비포' 베라르디에 따르면, 억압적이고 규율적인 맥락에서 발생하는 정신질환과 작금의 경쟁적 환경에서 발생하는 정신질환은 구분된다.[4] 발전국가 시기에도 과로죽음이 없었던 것은 아니다. 하지만 질식할 것 같은 경쟁 시스템이 유발하는 정신적 고통, 공황, 우울증, 불안, 고독, 공격성이 '흘러넘치는' 시대의 과로죽음과는 그 결이 다르다.

그래서 과로체제가 지금까지 유지되는 가운데 경쟁적인 성과체제가 덧대진 상황을 강조하기 위해 과로+성과체제라 표현했다. 이러한 맥락에서 발생하는 죽음의 빈도가 계속 증가한다는 점을 주목한다. 이와 관련한 실태조사나 법제도적 개념이 부재한 상황에서 증가 추이라고 말하는 것은 섣부른 진단일 수 있다. 하지만, 1990년대 중반 경제위기 이후 신자유주의가 가속화되는 맥락, 노동과정이 헬조선화되는 맥락, 그리고 코로나19 이후 모래시계의 밑바닥이 깨진 것('깨진' 모래시계형 계층구조)처럼 불평등과 불안이 한층 심화되는 맥락에서[5] 치솟는 불안정성이 과로죽음과 연결되고 그 추이가 증가할 수밖에 없는 이유를 따져본다.

과로죽음의 반복, 켜켜이 쌓인 폭력의 증거

마지막으로 과로죽음이 어이없게도 반복 발생하는 일터가 많다는 사실이다. 이런 죽음의 장소를 면밀히 관찰해 과로죽음의 반복성에 대해 분석한다. 그 반복성은 특수한 현상인지, 과로+성과체제의 보편적인 현상인지를 질문해본다. 이 책은 특수성의 반복됨 그 자체가 과로+성과체제의 꽤 일반적이고 집합적인 비극이라는 가설을 검증하는 작업이다.

한편, 과로죽음이 반복되는 비극에도 불구하고 법제도는커녕 실태조사도 빈약한 게 우리네 현실이다. 과로죽음의 원인 규명도 유가족이 홀로 까다로운 절차와 지난한 과정을 감당해야 하는 몫으로 남는 상황 또한 어처구니없는 지점이다.[6] 과로죽음을 유발하는 착취와 폭력성은 탈정치화될depoliticized 여지가 매우 높다. 그런 가운데 과로죽음은 반복된다. 사회적 부정의가 체계적으로 생산되는 배경이다. 이 모든 것이 과로죽음을 주목해야 하는 이유다.

이 책은 과로죽음을 구체화함으로써 과로죽음이 단순 개인의 문제가 아닌 구조적 문제가 교차하면서 발생하는 사건임을 밝히고자 한다. 결국 존버씨의 죽음을 가로지르는 고통의 흔적과 질식의 징후를 드러냄으로써 과로죽음의 계급정치적 근원들을 추적한다. 과로죽음을 통해 우리가 딛고 있는 현재의 시간을 조망하고 시간의 미래에 대해 성찰하는 시간이다. 역설적으로 보이지만 나다운 나, 인간다운 삶을 되찾고 온전하게 만들어갈 수 있는 조건을 탐색하기 위해 과로죽음에 얽힌 존버씨의 목소리를 읽으려 한다.[7]

믿기지 않을지 모르지만 과로죽음은 매일같이 발생한다. 어떤 곳에서는 반복되는 양상을 띤다. 사건 간 간격이 매우 짧은 걸 보면, '잦다'는 표현이 정확하다. 과로죽음의 반복됨은 몇 개의 기사로도 확인된다. 사건의 빈도는 사망 사고조차 사회적 관심을 끌지 못하는 진부한 뉴스처럼 되어버린 시대라고 할 정도로 다반사다.

길지만 기사 몇 개를 나열해본다. "지난해 설 연휴 서울아산병원 故 박선욱 간호사가 스스로 목숨을 끊은 사건이 발생했다. 그리고 약 1년 뒤, 이번에는 서울의료원 故 서지윤 간호사가 자살했다."[8] "2013년 초입부터 성남, 용인, 울산의 사회복지 공무원들의 자살 소식이 들려왔다."[9] "A씨 사망 4일 뒤인 2015년 12월 28일. 서울시청 공무원 B씨가 또다시 투신자살했다."[10] "최근 10년(2008~2017년) 동안 집배 노동자 166명이 숨겼는데, 사망 원인은 암(55명), 뇌심혈관계질환(29명), 교통사고(25명), 자살(23명) 순이었다. 특히 2017년 자살한 집배 노동자는 6명으로 사고사(6명), 질병사(7명)와 엇비슷했다."[11] "지난해부터 올해 현재까지 21명의 택배 노동자가 사망했고, 그 원인이 모두 과로로 추정된다는 얘기다."[12] "택배 노동자 과로사 대책위원회는 롯데택배 운중대리점 소속 택배기사 임모씨가 전날 뇌출혈로 쓰러져 의식 불명 상태에 빠졌다고 밝혔다."[13]

벼락 맞는 일은 매우 예외적이고 우연적이라고 한다. 그런 데 우연coincidence에 가까운 일이라 하더라도 벼락이 특정한 장소와 조건에서 반복 발생한다면(구체적인 상황), 그 특정 장소에서의 노출 위험으로 발생한 사고는 더 이상 우연으로 취급해서는 안 된다. 그 구체적인 상황에 노출되지 않았더라면, 벼락 맞을 우연은 일어나지 않을 것이기 때문이다. 벼락 맞는 일이 우연적 사건이라 하더라도 '특정 장소에서' 반복되어 일어난다면 그것은 필연inevitability일 가능성이 크다.

프랑스 사회학자 앙리 르페브르는《리듬분석》에서 특정 생활방식이 반복되면 일정한 패턴이 생겨나고 다른 생활방식과의 차이를 만들어, 여기서 생겨난 독특한 특징은 하나의 고유한 존재가 된다고 말한다.[14] 과로 리듬은 오랫동안 계속되면서 우리 마음과 몸에 새겨져 자연화된 질서처럼 되어버렸다. 과로사회에서 우리는 시간 빈곤time poverty에 허덕이는 존재 그 이상도 그 이하도 아니게 됐다. 과로의 악취에 무뎌질 대로 무뎌져 거기서 얼마나 고약한 냄새가 나는지 알지 못하는 저인지 상태, 무감각 상태에 놓여 있을 뿐이다. 과로죽음에서 과로를 읽지 못하는 상태다. 죽음의 무게가 큰 탓만은 아니다. '(과로를) 읽지 못하게 하는' 이란 표현이 적절할 정도로 과로는 탈정치화되어 있다. 저인지는 탈정치화의 산물이다. 이런 상태는 착취와 폭력이 아주 손쉽게 작동되는 상태와 같다. 과로+성과체제가 재생산될 여지가 높아진다.

가능성으로서의 반복은 낙숫물이 바위를 뚫듯이 어떤 균열의 힘으로 작용한다. 변화의 계기는 결정적인 차이를 만들어내기도 한다. 그렇지만 반대의 경우, 폭력의 반복 노출은 존재의 근간을 뒤틀고 연대의 가능성을 차단하고 착취를 재생산하는 악순환으로 작용한다. 존재 자체가 무력화된 암울한 미래가 계속될 것이라는 좌절감을 강화한다. 그 반복은 현재의 비참을 예시하는 동시에 미래의 비참을 예감케 한다.

마모되는 삶에 대한 자조와 우울 감정이 넓게 퍼져 있다. 자조감과 우울감은 개인적인 감정 상태만을 나타내는 건 아니다. 집합적이고 사회적인 증상이다. 물론 일터에 자조와 우울의 감정만 흐르는 건 아니다. 문제는 자조와 우울 감정이 다른 감각과 상상을 잠식하는 모양새란 점이다. '너만 힘드냐 나도 힘들다'는 식의 자조가 팽배한 맥락에서 관용과 존엄을 기대하기는 어렵다. 성과에 짓눌린 자신을 애처로워하면서도 실적 목표치를 채우지 못하는 서로를 질타하는 곳! 자신의 고통은 감내해야 할 대상으로만 여기게 된다. 타자의 고통도 개별화된 채로 묵살될 가능성이 크다. 이런 곳에서 관용과 지지, 권리, 연대, 신뢰, 상상의 가능성을 싹틔우기는 여의치 않다. '직장인이 다 됐다'는 말인즉슨 자조와 우울 감정을 반복 경험하면서 그것이 하나의 패턴처럼 마음과 몸에 새겨졌다는 의미이기도 하다. 이런 경험의 축적은 권리를 선택하고 지지하는 태도와는 멀어지게 한다. 작금의 여러 이름으로 변모하는 경쟁적인 성과 장치는 생존의 절박성만을 높이고 타자의 고통에 대해 무감각과 무관심을 조장하는 방식으로 우리의 권리를 침해한다. 자살 감정suicidal emotions이 양산되는 맥락이다.

과로죽음을 예외나 우연으로 치부하는 일련의 담론에 균열을 낼 필요가 있다. 과로죽음에서 '과로'를 보이지 않게 하는 논리도 문제제기의 대상이다. 과로죽음을 과로위험이 켜켜이 쌓여 발생한 체계적인 폭력의 증거로 드러내야 한다. 동시에 과로자살은 과로+성과체제의 폭력성에 대해 '더는 이렇게 취급당하지 않겠다'는 분노와 저항의 비극적인 흔적임을 분명히 해야 한다. 이는 우리가 주목해야 할 지점이 '어디에서' 시작되어야 하고 존버씨의 목소리에 담긴 고통을 '어떻게' 해결할 것인가를 되새기기 위함이다. 이를테면, '어디에서'는 마음 아픈 사람이 아니라 마음을 다치게 하는 일터와 과로+성과체제에 문제제기의 시선이 향해야 함을 의미한다. 또한 '어떻게'는 마음 치유나 상담, 심리 치료에 그치는 것이 아니라 괴롭힘 방지나 실적 쥐어짜기 장치를 근절하는 데 시선을 돌려야 함을 말한다.

신자유주의 시대의 과로죽음

과로죽음은 지금 이 시대 노동자가 얼마나 막 취급되는지를 상징적으로 보여주는 거울이라는 점을 고려해보면, 존버씨의 존재 조건은 인간적 삶이 불가능한 절망 상태에 노출되어 있는 꼴이다. 아래는 청와대 국민청원 게시판에 올라온 글이다. 우리가 왜 이런 대접을 받아야 하는지, 존버씨의 죽음이 과연 개인의 죽음일 뿐인지 되묻는다.

모든 프로젝트는 기한 내에 끝내야 하는 빅뱅 방식이었다. 쫓기고 쫓기는 중압감은 상상을 넘어선다. 수행사는 비용을 줄이기 위해 개발자들을 쥐어짠다. 수행사의 수익은 개발자들을 쥐어짠 결과물이다. 개발자들은 스트레스에 공황장애, 뇌졸중, 심근경색 등 항상 위험에 놓여 있다. 과연 개인의 죽음일 뿐인 건가?[15]

난이도와 상관없이 일주일에 무조건 몇 개를 채워야 하고 개인별 실적을 일일이 공개하며 52시간을 준수해야 한다며 저녁도 먹지 않은 채 일에 매진하여도 그 실적은 채울 수가 없습니다. …… 현실은 너무 처참합니다. 무리한 수정 요청과 실적을 체크하는 그들의 무시와 압박은 모멸감을 가지게 합니다. …… 책임감으로 자신의 목숨까지 버릴 정도로 최선을 다하는데 우리가 왜 이런 대접을 받아야만 합니까?[16]

위 IT·개발 노동자의 돌연사(40세)나 자살(52세) 사건만 봐도 업무환경의 구조적 문제가 관통하고 있음을 추정할 수 있다.[17] 하지만 현실에서는 과로죽음을 ("우리와는 상관없다" "업무와는 상관없다"며) 개인적인 사유로 치부하는 언어가 난무한다. 이러한 언어는 과로죽음을 "평소 건강관리를 못 해서" "정신 상태가 글러먹어서" "원래 아픈 데가 있어서"와 같이 개인의 취약성을 전면에 내세우는 비난의 언어로 채색돼 있다. 이는 과로죽음의 계급정치적 원인들을 탈정치화depoliticization하는 지점이다. 이에 구조적 문제를 개별화해 은폐·회피하는 화법을 비판적으로 독해하고 과로죽음이 착취적 생산관계의 증거임을 구체화하는 게 필요하다.

과로에 따른 노동자의 건강, 생명, 안전 문제는 오래전부터 많이 제기됐다. 과로는 육체적 파멸을 비롯해 '기형적인 불구자'를 양산한다는 지적에서부터 우울증, 자살 등의 정신질환을 포함해 관계 단절, 지적 타락을 가져오는 동시에 모든 생명체를 황폐화하는 원흉이라는 문제제기까지 다양하다.[18] 과로는 생명의 문제다. 일찍이 마르크스와 엥겔스는 육체적·정신적 고갈, 수명 단축, 아동 사망, 돌연사 등 노동자를 죽음으로 내모는 문제를 '사회적 살인'이라 규정하며, 노동자의 불건강, 노동자의 불구화는 착취적 관계에서 빚어지는 산물임을 분명히 했다.[19] 노동자의 우울도 소외의 한 가지임을!

여기서 덧붙여 강조할 점은 과로의 성질이 이전과 달라지고 있다는 사실이다. 건강 문제의 양상도 달라진다. 자본주의적 착취의 방식이 달라지기 때문이다.[20] 이전의 노동시간은 작업장에 제한된 형태였다면 현재는 작업장 안팎을 가리지 않고 연장되고, 침투하는 형태를 띤다. 또한 업무 특성이 시간량으로는 계상하기 곤란한 '오로지 실적'만으로 평가하는 경우가 많아졌다. 심지어는 '건당'으로 일감을 수행하는 불안정노동에 따른 과로위험도 높아졌다. 불안정성이 보편적인 조건이 되는 시대에 과로를 이전과는 다른 문법으로 읽어야 하는 상황이 연출되고 있는 것이다. 이에 따른 건강 문제의 양상도 달라지는데, 불안감, 고립감, 우울증, 공황장애, 심인성장애psychosomatic disorder를 포함한 정신건강 문제가 두드러지는 이유이기도 하다.[21] 이러한 변화에는 성과 평가 요인과 기술 요인이 크게 작용한다.

첫째, 성과 평가다. 성과 장치의 핵심은 노동자가 노동을 '자발적으로' 연장하게끔 유도하고, 알아서 조금 더 자신의 노동을 짜내도록 노동강도를 강화하는 데 있다. 그런데 성과 장치는 시간량으로는 포착되지 않는 업무와 스트레스를 유발한다. 출퇴근 시간이 자유롭다고 하더라도 또는 퇴근 후라 하더라도 실적 압박, 마감 압박의 무게감에서 자유로울 수 없게 만든다. 계측되지 않는 노동시간의 양도 상당하고 이로 인한 스트레스가 신체 또는 정신건강에 미치는 영향 또한 적지 않다. 삶 전체를 생산시간으로 포섭하는 성과 장치가 우리의 모든 일상에 파고들어 과로위험을 야기한다.[22] 심지어는 분 단위, 초 단위로 실적을 실시간 체크해 평가하는 경우나 실적에 따라 임금을 70~80%까지 삭감하는 경우는 '사람 잡는' 정도의 극심한 스트레스를 낳는다. 또한 지점별 평가, 팀별 평가가 치열한 곳에서는 성과 평가가 직장 내 괴롭힘과 뒤엉켜 작동한다는 점 또한 문제로 제기될 필요가 있다.[23]

둘째, 디지털 모바일 기술은 노동과 비노동의 시공간적 경계를 허무는 핵심 요인으로 장소(공장, 사무실, 작업장)와 시간(출퇴근시간, 업무시간)에 구속되었던 노동과정을 새롭게 재편하는 중이다. 신기술을 매개로 자본주의적 시간이 사회적 시간 전체로 확장된다. 생산성, 혁신, 소비자 편의, 비용 절감, 위기 돌파, 경쟁력의 언어로 무장한 신기술은 기계의 '자본주의적' 사용을 근사한 이름으로 채색하면서 노동을 탈시간화·탈공간화된 형태로 빠르게 바꿔나가고 있다.

신기술이 노동의 고통을 해방할 것이라는 판타지와 달리 노동자는 작업장을 벗어나도 업무시간이 아닌 상태에서도 노동의 굴레에 묶이게 된다. 직장인의 공감 신조어 1위가 '카톡 감옥'이었던 데서 알 수 있다. '항시 대기' '새벽불림'에 대한 강박은 일상에 침투해 시간권리를 잠식한다. 이 때문에 스트레스가 이만저만이 아니다. 디지털 플랫폼 시대는 퇴근 후 또는 작업장 밖이 노동자의 자유시간을 의미하던 시대가 끝났다는 걸 의미한다.

SNS 업무 지시의 일상 '침투'도 문제지만 더 주목해야 할 문제는 업무 및 일상의 전 과정이 실시간으로 데이터화datafication된다는 점이다. 업무용 앱을 통한 성과 평가는 월별, 주별로 매겨지는 것뿐만 아니라 그날그날 개인별로 표기되기에 경쟁을 부추긴다. 업무 처리와 관련된 것만이 아니라 업무시간 밖 시간의 상태도 그것이 on이든 off든 그 모두가 데이터로 기록된다. 초기 산업자본주의 시기 샤를 푸리에가 공장을 '완화된 감옥'이라 불렀던 것에 비춰보면, 디지털 모바일 기술은 투명한 감옥의 외연을 비가시적인 형태로 일상에까지 확장한다. 이로 인한 스트레스가 높지만, 어떠한 법제도적 조치가 없는 상황이 자조감을 한층 심화시키는 건 아닌가 싶다. 노동의 외연을 투명하게 확장하려는 자본주의적 착취를 드러내는 투쟁이 요청되는 시대다. 《역사의 시작》의 저자 맛시모 데 안젤리스는 자본의 비가시화 장치를 가시화하는 투쟁이 대안적인 시스템을 구성하기 위한 전제조건임을 강조한다.[24]

성과 장치나 기술 장치 같은 새로운 변인이 만성적인 과로와 결합하면서 과로위험을 높이고 있는 게 오늘날 우리네 일터 현실이다. 동시에 우리가 직면하는 또 다른 현실은 노동(과정)이 탈공간화·탈시간화되면서 과로와 죽음의 연관고리를 규명하는 일이 더 곤란해졌다는 점이다. 퇴근 후 SNS 업무 지시를 노동시간으로 산정하는 문제, 배달앱 노동을 포함한 플랫폼 노동자의 노동자성을 인정하는 문제, 재택근무 시 보안 유지나 생산성 측정이란 이름 아래 스태프캅, 타임닥터, 티메트릭, 데스크타임, 인터가드, 클레버컨트롤, 테라마인드 같은 보스웨어 bossware 프로그램(보스를 위한 소프트웨어 프로그램이란 뜻)을 통해 마우스 움직임이나 키보드 타이핑, 심지어는 SNS 활동 추적이나 화면 캡처(스크린 샷)까지 실시간으로 모니터링하는 데이터 감시 data surveillance 의 문제 모두 새롭게 부상하는 쟁점이다.[25]

작금의 과로죽음은 발전국가 시기 이후 만성화된 과로위험에 신자유주의적 성과 장치, 기술 장치 같은 새로운 위험 요인이 덧대지면서 발생하는 문제임을 놓치지 말아야 한다. 과로죽음의 유형을 나눠보면, 만성 과로에 노출된 상태에서 실적 압박이 방아쇠 효과trigger effect로 작용해 사망하는 경우가 눈에 띄게 늘었다. 방아쇠 효과는 단기간 또는 비예측적인 또는 급격한 정신적·신체적 부하를 말한다.[26]

여기에 해당하는 과로죽음의 유형으로는 게임이나 IT, 방송, 웹툰과 같이 문화콘텐츠를 제작하는 노동자의 과로죽음이나 보험·증권 등 금융 노동자나 방문판매관리 노동자의 과로죽음, 로켓배송·샛별배송 같은 야간노동＋불안정노동에 따른 택배·물류 노동자의 과로죽음을 들 수 있다. 산재 인정 기준에 못 미치는 노동시간임에도 실적 압박이나 마감 압박, 집중 근무, 야간노동 같은 업무의 질적 요인에 따른 과로죽음 사례다. 핵심은 '분초 단위로' '더욱 높아지는' 그래서 사실상 '달성하기 어려운' 실적 압박·성과 평가 등의 개별화하는 경쟁 장치가 턱밑까지 차오른 과로죽음의 위험을 '격발시키는' 요인으로 작용한다는 점이다. 신자유주의 시대의 과로죽음을 발전주의 시대의 과로죽음과 구별해 다뤄야 하는 이유다.

더는 이렇게 취급당하지 않겠다

앞서 보았듯이, 카드사에서 차세대 시스템을 개발하던 중 IT 노동자가 스스로 목숨을 끊었다. 50대였다. 30년 경력자였다. 재하청업체 소속이었다. 다단계의 하도급 구조상 '병' 또는

'정'에 해당한다. 자살 사건은 설 연휴 기간에 발생했다. 이런 소설이 떠올랐다. 50대면 팀장급일 테고, 팀장급이면 팀을 꾸려 프로젝트에 결합했을 테고, '차세대'란 명목으로 발주사로부터 시작해 수주사, 1차 협력사를 타고 내려온 갑작스런 지시가 잦았을 테고, 재하청 작업의 책임자로서 실적 압박에 대한 상당한 부담에 시달렸을 테고, 이리저리 문제를 풀려 해도 도저히 해결될 기미가 없어 보였을 테고, 앞으로도 '이런 일을 계속해야 하나' 하는 자괴감에 빠졌을 테고, 결국 인간 대접을 받으려는 안간힘도 더 이상 부질없다고 느꼈을 것이다. 읽지 않아도 그려지는 스토리의 소설이겠다 싶었다. 더 참혹한 것은 이런 뻔하디 뻔한 레퍼토리의 사건이 반복된다는 사실이다.

과로죽음은 과도한 업무와 스트레스로 신체적, 정신적 고통에 시달리다 돌연사(과로사)하거나 스스로 목숨을 끊는 행위(과로자살)를 말하는데, 후자의 경우, 자살의 이유에는 참으로 다양한 요인이 얽혀 작용할 테지만, 과로(세계 최고 수준의 장시간 노동)와 자살(세계 1위의 자살률)의 교차 지점에서 발생하는 반복적인 문제임은 분명하다. 그렇지만 현재는 이런 실태, 이런 사회적 사실을 담아내는 개념이나 법제도가 부재한 실정이다.

자살을 하나의 과정으로 본다면, 자살 생각suicidal ideation을 하고, 자살이 나 그리고 가족에게 어떤 영향을 미칠지, 언제 어디서 어떻게 자살할지 자살 계획suicidal plans을 거쳐 자살 시도suicidal attempts에 이르는 과정을 가늠해 이해하기란 쉽지 않다. 하지만 제한적이나마 여러 통로와 흔적을 통해 추적은 가능하다.

2015년 12월 25일 일본을 떠들썩하게 했던 덴츠電通 신입사원(24세)의 자살 사건에서, 그가 생애 마지막으로 남긴 메시지를 보자. "이제 몸도 마음도 너덜너덜하다. 자고 싶다는 생각 말고는 감정이 다 사라졌다. 매일 다음 날이 오는 게 무서워 잘 수 없다. 살기 위해 일하는지, 일하기 위해 사는지 모르겠다. 모든 게 다 무너져버린다." 한 달 초과근무만 100시간이 넘는 과로와 실적 쥐어짜기가 그의 마음과 몸을 어떻게 사막화했는지를 실감케 한다.

말로는 표현할 수 없는 정도의 고통을 호소하는 통증 환자의 상태도 존버씨의 질식 상태를 간접적으로 나타내는 건 아닌가 싶다. '칼에 베인 듯한' '둔기로 맞은 듯한' '끓는 물에 데는 듯한' '(손을 써도) 도통 진정되지 않는' '그 끝을 알 수 없는' '이런 걸 계속 겪어야 해서 두려운' '말로 표현할 수 없는' '더는 견딜 수 없을 만큼 심한' '죽고 싶다. 너무 힘들다'는 고통 말이다. '왜 하필 나에게'라는 반문을 수도 없이 홀로 되뇌면서!

그런데 노동의 고통과 자살 간의 연관성을 밝히는 일은 만만치 않다. "여러 다양한 원인이 있을 텐데 어떻게 과로로 특정할 수 있겠느냐" "증거 있으세요"라는 질문에 답해야 한다.[27] 놀랍지만 '개인 자유의지의 행위act of free will 아니냐'는 반문도 있다. 그 과정에서 많은 경우 개인적인 것, 우연적이고 예외적인 것, 갑작스런 일로 처리되기 부지기수다. 특히 기업들이 '영업비밀 보호'란 이유로 출퇴근 기록 같은 정보를 비공개하는 경우, 죽음을 관통하는 구조적이고 누적된 과로위험과의 연관고리를 찾는 건 더 어려워진다. 영업비밀은 죽음을 은폐하는 또 다른 마법의 언어다. 정보의 불평등한 조건이 죽음의 원인을 개인적인 것으로 환원하고 켜켜이 쌓여온 폭력성의 산물임을 은폐해버린다. 영업비밀 보호 논리는 업무상 질병의 연결고리를 사전에 차단하려는 자본의 대표적인 화법이다. 이는 또한 강력한 자본의 무기이기도 하다. '(개인의) 자유의지' 설과 '영업비밀' 논리는 이렇게 서로를 강화한다. 자살 사건 자체도 문제지만, 사건을 사건으로 인식하지 못하게 주변화하는 기제가 만연한 현실 그 자체가 비극이다.

2. 번아웃과 일터 은어

소진은 몸을 눌 수 있게 내버려두지 않는다. …… 일어설 수
도 누울 수도 없이 그저 앉아서 죽음을 기다리는 가장 끔찍
한 자세이다. (질 들뢰즈, 《소진된 인간》, 2013, 31쪽)

번아웃증후군, 만성적인 직장 스트레스

직무스트레스학회란 곳에 토론자로 참석할 일이 있었다. 세
계보건기구WHO가 2022년 발효될 제11차 국제질병분류에 번아
웃증후군 Burn-out Syndrome을 '직업 관련 증상occupational phenomenon'으로
재정의하겠다고 발표한 터라 학회의 주제 또한 번아웃을 논의하
는 자리였다.[28]

국제질병분류는 번아웃증후군을 '에너지 고갈 또는 소진감 feelings of energy depletion or exhaustion' '일에 대한 심리적 괴리감 또는 일에 관한 부정적인 견해 또는 냉소적인 느낌increased mental distance from one's job, or feelings of negativism or cynicism related to one's job' '업무 효율 저하reduced professional efficacy'라고 규정했다. 물론 이전 버전인 10차 국제질병분류에서 번아웃 규정이 없었던 건 아니다. 그때는 '활력 소진 상태 state of vital exhaustion'로 정의했다. 금번에 주목할 만한 유의미한 변화는 단순히 번아웃을 피로 상태로만 보는 것이 아니라 '제대로 관리되지 않는 만성적인 직장 스트레스chronic stress at work'와 연결지었다는 점이다.

쟁점은 여럿 남아 있다. 번아웃과 우울증을 어떻게 구별할 것인지,[29] 번아웃에 영향을 미치는 다양한 직무 스트레스 요인에 대한 가중치를 어떻게 부여할지, '제대로 관리되지 않는' 상태 또는 '만성적인' 직무 스트레스 상태를 어느 정도로 봐야 하는지 그리고 개인 요인과 생활 요인 및 직무 요인 간의 상호관계를 어떻게 규정할 것인지 같은 쟁점이다. 이에 대해서는 이후 WHO가 개발하겠다는 직장 관련 증거 기반의 지침을 지켜봐야 할 것이다.

고통이 각인된 일터 은어들

번아웃증후군과 같이 직업 관련 증상을 객관적으로 보여주는 분류 기준이 마련되고 일터 현장에 소개되어야 함은 두말할 것도 없다. 노동의 고통을 객관적으로 나타내는 지표는 아닐지는 몰라도, 그 상태를 파악할 수 있는 도구가 있을 텐데 그 하나가 일터 은어다.

일터 은어는 노동의 상태를 경험적으로 살필 수 있는 렌즈다. 은어隱語는 어떤 특수한 환경이나 집단에서 오랜 시간 공통된 생활을 경험하면서 구성원 사이에서 생겨난 독특한 언어다. 주지하듯 일터 은어는 노동 일상의 축적된 경험을 함축하고 업무 관행과 감각 그리고 태도나 관계의 상태를 반영한다. 은어를 통해 우리는 노동자의 마음과 몸에 각인된inscribed 집합적 특성을 읽을 수 있다.

한편으로는 노동의 고통과 감당해야 할 의례와 규율을 의미하면서 다른 한편으로는 그 고통의 과정을 통과했다는 자부심과 성취감의 징표로 여겨지기도 한다. '라떼'식 무용담의 소재로도 활용된다. 때론 행동을 강제하고 틀 짓는 힘을 발휘하고 때론 유인 또는 인정 기제로 작용한다. 이러한 이유에서 은어는 일터 현장의 다면적인, 때론 역설적인 상태를 나타내는 내밀한 언어다. 물론 은어 몇몇은 미디어에 소개되면서 더는 은어라고 말할 수 없지만, 그럼에도 노동의 다면적인 경험과 관행을 확인할 수 있다. 또한 일터 상태를 보여주는 특수한 방식이기는 하지만, 여러 은어의 공통성을 추출해 비교함으로써 죽음을 유발하는 과로+성과체제의 보편성을 읽을 수 있다.[30]

'에너지를 다 써버리다' '다 타버리다' '고장 나다'를 뜻하는 영어 단어 '번아웃'의 사전적 의미만큼이나 노동의 고통을 표상하는 언어는 여럿이다. 일터 은어는 번아웃증후군의 일상적인 표현이면서도 존버씨의 노동 일상을 나타내는 경험적인 증거다.

게임 노동자를 포함한 IT·개발 노동자의 '크런치 모드crunch mode(게임 출시 전 짧게는 몇 주에서 길게는 몇 달에 이르는 야근+밤샘근무 기간을 뜻함)' '구로의 등대' '갈아넣다' '반프리(A업체와는 4대보험 적용되는 정규직 근로계약을 맺어 최저임금을 받고, B업체와는 프리랜서 계약을 통해 나머지 급여를 받는 형태의 이중계약을 일컬음)' '보도방(통상 유흥업소에서 인력을 공급하는 곳을 말하는데, 이에 빗대 IT업계에서 IT 노동자를 수급하는 파견업체를 일컫는 말, 이런 고용 관행은 하청의 하청의 하청구조를 양산하는 문제로 지적되고 있음)'을 비롯해 간호 노동자의 '태움('영혼이 재가 될 때까지 태운다'는 뜻에서 나온 말로, 선배 간호사가 신입 간호사를 교육하는 과정에서 괴롭힘 등으로 길들이는 규율을 지칭)', 콜센터 노동자의 '화출·화착(화장실로 출발하고 화장실에서 나올 때마다 메신저로 보고하는 상황을 일컬음)' '욕받이', 방송 노동자의 '디졸브dissolve(영상 편집 기법으로 화면이 흐려지면서 다른 화면으로 바뀌는 것을 의미하는데, 오늘과 내일의 경계가 없을 정도로 장시간 밤샘 촬영하는 것을 말함)', 사회복지 공무원의 '깔때기 현상(복지사업이 늘어나는 것에 비해 현장 담당 인력이 부족해 업무가 깔때기처럼 집중돼 업무 부담이 가중되는 상황을 일컬음)', 우편집배원의 '겸배(집배 인원에 결원이 생기면 그 구역을 동료가 분담해 배달해야 하는 상황을 가리킴)', 화물운송 노동자의 '따당(부산-서울 같은 장거리 구간을 하루 만에 왕복 운행하는 것을 뜻함)', 증권 노동자의 '밥값 BEP', 보험 노동자의 '욕값' '억지 민원' '환우 동기', 서비스물류 노동자의 '클로프닝 clopening(종업원이 밤 늦게까지 일하다 매장 문을 닫고 퇴근한 뒤 몇 시간 뒤 새벽에 다시 출근해 매장 문을 열어야 하는 상황을 의미함)', 학습지교사의 '순증(학습지교사들이 쓰는 언어로 회원이나 과목 수가 늘어나는 것을 말함)', 삼성전자서비스 노동자의 '분급(분 단위로 계산하는 급여를 뜻함)' '미결', 수습기자의 '하리꼬미(기자가 수습 교육을 받는 기간 동안 경찰서 기자실에서 숙식하며 밤새 취재한다는 뜻)', 근로기준법 59조 사업장 노동자들의 '노동자무제한이용권', 여느 직장인들의 '카톡 감옥' '카톡 지옥', 배달·대리 플랫폼 노동자의 '전투콜' '꿀콜' '똥콜'이 그러하다.

은어에 담긴 노동 관행이나 업무 프로세스, 노동자의 인식이나 태도는 상당히 자조적이고 냉소적이다. 또한 자유와 권한을 잃은 상태, 고갈된 느낌, 무력감, 불만족, 관계 철회, 번아웃, 자살 감정 등의 소외 상태를 내포한다. 소외 상태의 노동자는 세계, 노동, 타인, 자기 자신과의 관계에서 심각한 제약과 왜곡, 박탈을 겪는다.

여러 은어에서 보이는 문제의 공통 원인을 추려보면, 유혈적인 성과 경쟁, 과도한 업무량, 빠듯한 인력, 권위주의적 조직문화, 자존감을 갉아먹는 괴롭힘, 솜방망이 처벌, 느슨한 관리감독, 위계적 기업관계, 취약한 노동권리, 반인권적인 실적 압박으로 요약할 수 있다. 물론 이러한 원인들이 결합되는 정도는 과로죽음 사례마다 다를 것이다. 하지만 분명한 것은 과로죽음은 이러한 얽힘이 야기한 고통이자 누적되어 발생한 결과이며, 역사적으로 반복되는 문제이자 과로+성과체제의 집합적인 비극이다.

고용불안이 높을수록 번아웃 정도가 높은데, 소득 불평등이 심한 사회일수록 고용불안이 번아웃에 미치는 영향은 더 크다. 프로젝트를 따라 이동하는 거대한 철새집단의 무리처럼 이직률이 기이할 정도로 높고, 프로젝트별로 업무에 결합됐다 해체되는 과정을 자주 반복하고, 치열한 경쟁 상황에 내몰리고, 업종 내 소득 격차의 정도가 높아 노동자들은 이미 상당한 수준의 번아웃에 노출된 상태라고 말할 수 있다.

이와 같은 문제적 상태가 빚어지게 된 원인을 조금만 더 거슬러 올라가면, 위계적인 기업 간 관계, 더 구체적으로는 갑을관계의 모양을 띠는 원청-하청, 모회사-자회사, 유통업체-납품업체, 발주사-수행사·대행사, 본점-지점, 프랜차이즈 본사-지사-가맹점 간 불공정한 거래도 빼놓을 수 없는 원인이다. 개별 기업 차원 또는 개별 노동자 차원의 대책을 넘어서, 업종 전체 또는 시장 차원에서 기업관계의 불공정 행위를 진단하고 해결할 수 있는 대책도 함께 요구된다.

핏빛 자본주의 세상

위화의 소설 《허삼관 매혈기》는 돈을 벌기 위해 피를 팔며 살아가는 사람들을 다룬 기이한 소재의 이야기다. 주인공 허삼

관은 '노동자'다. 땀을 흘리며 돈을 번다. 한데 이런저런 계기로 피를 팔아 돈을 번다. 그는 피를 팔아 결혼을 하고 집을 장만하고 빚을 갚고 외식을 하고 아이들을 키운다. 한 번 피를 팔면 석 달은 쉬어야 하는데, 큰애 일락이의 간염 치료를 위해 사흘 걸러 닷새 걸러 피를 팔다가 목숨을 잃을 뻔도 했다.

> 일락이가 대장장이 방씨네 아들 머리를 박살 냈을 때 피를 팔러 갔었지. 그 임 뚱땡이 다리가 부러졌을 때도 피를 팔았고. …… 피가 땀처럼 덥다고 솟아나는 것도 아닌데……. 식구들이 오십칠 일간 죽만 마셨다고 또 피를 팔았고, 앞으로 또 팔겠다는데……. 하지만 그렇게 하지 않으면 이 고생을 어떻게 견디나……. 이 고생은 언제야 끝이 나려나.[31]

기이한 모습의 매혈 인생은 소설만의 이야기가 아니다. 소설은 자본주의에 발을 딛고 있는 노동자들의 평범한 이야기임을 빗댄다. 또한 매혈賣血이 노동자에게는 돈벌이일 테지만, 매혈買血은 자본 착취의 오래된 방식임을 보여준다. 피는 자본주의 그 자체가 핏빛(노동력 착취도)의 산물임을 은유한다.

일터 은어는 그 양상이 천차만별인 듯 달라 보이지만 결국은 갈아넣고 쥐어짜고 태우는 핏빛 자본주의라는 동일한 시스템에서 비롯한 것임을 말해준다. 표준적인 분류 기준으로 마련될 '직업 관련 증상'으로서의 번아웃증후군은 핏빛 자본주의의 일반적 양상인 동시에 다양한 형상으로 표출되는 노동의 고통을 비교 평가할 수 있는 유용한 언어가 되리라 기대한다.

우리는 노동자들이 매혈賣血할 수밖에 없게끔 노동을 '효율적으로' 빨아들이는 매혈買血 장치가 어떻게 핏빛의 착취도를 높이는지를 구체화하는 언어와 지표가 더욱 필요하다. 일터 은어는 일상적으로 경험되는 노동의 고통을 현상적으로는 잘 드러내고는 있지만, 많은 경우 객관적이지 못하고 대표할 수 없는 특수한 이야기라고 치부하는 무수한 논리들의 장벽에 자주 가로막히기 때문이다.

3. 괴롭힘은 갈수록 심해진다

~하라, ~하라, 더 ~하라

우연한 기회에 홋카이도 다이얼로그에 참가하게 됐다. 홋카이도 다이얼로그는 홋카이도대학에서 한국, 중국, 일본, 대만의 연구자와 활동가들이 모여 아래로부터의 목소리에 기초해 동아시아 공통의 문제를 토론하고 새로운 방향을 모색하는 자리다. 지금까지 노동, 환경, 미디어, 친밀성, 불확실성 같은 주제를 다뤄왔다. 겨울 추위는 한풀 꺾였지만 여전히 눈발이 세차게 날렸던 2019년 3월 22일~3월 25일, 이번 교류 모임의 주제는 하류계층 underclass이었다.

하류계층에 대해 '하' 자도 모른다는 두려움 때문에 참가를 주저했지만, 하류계층에 대한 논의로 준비해간 '주거 문제: 고시원, 쪽방, 비닐하우스 같은 비주택 거주' '과로 문제: 위험의 외주화' '이주 문제: 농어촌 여성 이주노동자' 주제 가운데, 두 번째

주제가 접점이 돼서 논의 실마리를 풀어갈 수 있어 꽤 다행이다 싶었다. 각국의 연구자와 활동가는 자국 내 비정규직 문제나 청년 실업, 블랙 알바 그리고 넷카페난민이나 맥난민McRefugees 또는 맥슬리퍼McSleeper에 대한 실태를 소개했다. 동아시아의 존버씨 이야기를 들은 셈이었다.[32]

인상적이었던 점은 덴츠 신입사원의 자살 사건이 발생한 이후 정부 발 '일하는 방식 개혁법'이 공포(2018.7.)되고,[33] '과로사방지법'의 일환으로 과로사 백서가 발표(2016.10.)되면서[34] 과노동이 개선되는 듯 보이지만, 그 변화가 실업과 블랙바이트(블랙 기업과 아르바이트를 합친 신조어)[35]를 오가는 불안정 상태의 프레카리아트에게는 현실적으로 유의미하지 않다는 비판의 목소리였다. 일하는 방식 개혁이나 과로사방지법은 몫 없는 자 또는 목소리 없는 자의 몫과 목소리를 제대로 대변하지 못한다는 지적이다.

노동 상담을 주로 하는 비영리 단체인 포세POSSE의 활동가 이와하시 마코토와 포세 대표이자 《블랙 기업》의 저자인 곤노 하루키를 만난 건 행운이었다. 이들은 블랙 기업의 책임을 묻지 않는 개혁안, 대기업 정규직 노동자 이외에 80%가 넘는 노동자의 목소리를 대변하지 못하는 개혁안은 무책임과 다르지 않다고 비판했다. 곤노 하루키는 2006년부터 포세를 조직해 2000~3000건의 노동 상담을 이어오면서 프레카리아트의 목소리에 귀 기울여왔다. 특히, 청년 노동 문제를 노동자의 '의지 결여'나 '의존적 태도'의 문제로 해석하는 것을 비판하면서 착취를 일삼는 문제적 기업, 블랙 기업에서 비롯하는 것임을 강조해왔다. 블랙 기업의 위법적인 노무관리 테크닉에 대한 폭로 및 노동 상담과 투쟁 기록을 담아낸 책이 《블랙 기업》(2012)이다.

과로사방지법 이후의 변화된 노동환경을 묻는 말에 손사래를 치면서 "현실은 전혀 변화가 없다"던 그의 제스처는 일본 내 변화(과로사방지법의 제도 효과)에 작은 희망을 걸었던 나에게 충격을 줬다. 사실 그런 기대를 크게 가지지 않았기에 현실을 확인했다는 표현이 적절할 것이다.

일터 현실은 여전히 파와하라power harassment, 직장 괴롭힘, 세크하라sexual harassment, 성적 희롱가 계속되고 있고 카스하라custom harassment, 진상 고객의 갑질 등의 괴롭힘harassment이 갈수록 심해지는 양상이라고 한다. 일하는 방식 개혁 이후 최근에는 지타하라時短 harassment까지 덧대지면서 과로 문제는 해소되기는커녕 변모한다는 이야기다.

지타하라는 시간 단축時短과 괴롭힘을 뜻하는 하라스먼트를 합성한 신조어로 업무량은 줄이지 않으면서 '업무시간을 줄여라'는 회사의 지시가 괴롭힘을 자아내는 상황(업무 강도 강화, 실적 압박 스트레스)을 일컫는 말이다. 2~3인분의 업무량은 그대로인 채, 장시간 노동 관행이나 규범 등의 조직문화에 대한 개혁이 없는 채, 그리고 반인권적인 성과 장치에 대한 문제제기가 없는 채 과로사방지법의 제도 효과를 기대하기 힘듦을 방증하는 대목이다. 비제도적·비공식적인 제약이 제도 효과를 무력화하는 모양새다. 이런 상황은 주어를 주 52시간 상한제 이후의 한국으로 바꿔도 크게 다르지 않아 보인다.

'효율'이라는 이름, 위험의 외주화

교류 모임 내내 꽤나 궁금했던 것은 사고 사망의 분포처럼 위험(과로죽음의 위험)이 외주화되는 경향을 띠지는 않는지, 그 정도는 어떤지였다. 〈최근 5년간(2011~2015) 주요 업종별 30개 기업 중 중대재해 발생 현황〉(고용노동부, 2016)을 보면, 전체 사고 사망 수치는 줄어드는 경향(2013년 57건, 2014년 45건, 2015년 38건)을 보이고 있지만, 고용 지위별로 나눠보면 새로운 사실이 발견된다. 하청 노동자의 사고 사망 비율은 되레 증가하는 경향이다(2013년 87.7%, 2014년 91.0%, 2015년 95.0%). 하청 노동자의 산재사망만인율(1만 명당 산재사고 사망률) 또한 원청 노동자의 8배다(하청 노동자 0.39 대 원청 노동자 0.05).

또한 '원자력발전소 안전관리 외주화 노동실태 토론회' (2019)에서 보듯이, 하청 노동자 1624명의 피폭선량은 978.29밀리시버트mSv로 정규직 노동자 411명의 9.9밀리시버트보다 25배나 높았다. 2012년부터 2017년까지 사고로 187명이 다치고 9명이 숨졌는데, 이 가운데 90% 이상이 하청 노동자였다. 어느 비정규 노동자가 "우리는 피폭받이"라며 '너무도 태연하게' 건넨 말은 위험의 외주화가 얼마나 관행적인지를 가늠케 한다. 외주화된 위험이 어느 특정한 '패배자 지역'으로 흘러가 고일 수 있음을 언급한 울리히 벡의 지적처럼, 불평등한 위험은 하층에 더 깊게 파고들어 쌓인다risks accumulate at the bottom(위험의 하층 축적). 비용 및 위험의 외부화externalization는 언제나 다른 누군가의 위험 내부화

internalization다.[36]

전체 산재 통계를 파악하는 일도 중요하지만, 고용시장이 양극화된 맥락에서는 고용 지위별 세부 통계를 파악하는 작업이 반드시 마련되어야 함을 방증한다. 사고사나 과로죽음의 위험이 어떻게 차별적으로 분포하는지를 파악해야, 노동 위험의 어떤 지점을 태클해나갈지 그 해법을 적확하게 만들어갈 수 있기 때문이다.

세부 항목별 산재 통계가 부족한 한국에 비해 다른 나라는 상황이 어떤지 매우 궁금했다. 중국은 말할 것도 없고, 대만도 마찬가지였다. 일본 역시 크게 다르지 않았다. 세부 항목별 전체 통계를 찾기는 어려웠고, 그나마 업종별 실태조사나 활동가·연구자가 실시한 지역 단위의 실태조사 정도였다.

모임 이후 온천 투어에서 "일본은 온천이 이렇게 많은데 이런 곳에서 여유를 가지면 과로 스트레스도 꽤 줄일 수 있지 않겠느냐"는 농담 섞은 반문에, 홋카이도대 엔도 켄 교수는 예상될 만한 답변을 주었다. "일단 올 시간이 없다." 온천이 아무리 많더라도 노동자에게 여가시간 자체가 빈약하다는 설명이다. 과노동과 시간 빈곤 그리고 여가 결핍lack of leisure의 상관성이 높음을 지적하는 대목이다.

그는 이어 과로사 추이도 면밀히 살펴봐야 한다고 지적했다. 전체 수치는 줄어드는 것처럼 보여도, 과로사가 특정 계층에 가중된다는 사실이다. 물론 그도 세부 항목별 통계를 갖고 말하는 건 아니었다. 그렇지만 과로위험이 개선된다는 진단보다는 하층에 전가된다는 진단이 적절하다고 강조했다.

한편, 취약 노동자 및 하류계층의 고통에 대한 사회적 공감의 특징을 짚을 필요가 있다. 연구자 및 활동가의 대부분은 자국 맥락에서 비정규 청년 문제나 과로죽음 등 고통의 크기가 남다름을 강조했다. 궁금한 것은 그 힘듦의 목소리가 사회적으로 얼마나 공감되는가였다. 고용불안을 매개로 경쟁을 가속화하는 신자유주의적 시스템 속에서 사람들은 자신의 고통의 무게에 눌려 고립되고, 타자의 고통에 다다르는 데 어려움을 겪거나 심지어 무감각해지는 경향을 보이는 건 아닌가 하는 의문이었다. 비정규직의 정규직화를 '무임승차' '로또 취업'으로 취급하고 위험 업무의 외주화를 '효율'이란 이름으로 둔갑시키는 환경에서 연대와 지지는 힘들어질 수밖에 없기 때문이다. 타자의 고통은 나와 분리되어버리고 공감의 대상이 아니게 된다. 관계 생성을 기대하기 어렵다. 파편화되고 고립된 상태만 자라난다. 베라르디는 무감각과 비공감을 우리 시대의 윤리적 재앙이라고 진단한다.[37] 작금의 신자유주의적 경쟁 시스템에 대한 문제제기나 연대에 대한 새로운 모색이 개별 국가 차원에서는 물론 동아시아 관점에서도 치열하게 모색되어야 하는 건 아닌가 싶다.

홋카이도 다이얼로그는 이번 여섯 번째를 마지막으로 종료되었다. 꽤 아쉬운 대목이다. 참가자들은 아래로부터의 목소리에 주목해온 홋카이도 다이얼로그의 정신과 역사를 계속 이어갔으면 하는 바람을 내놓았다. 나도 마찬가지였다. 다이얼로그 참여가 처음이었지만, 열띤 논의와 환대는 여느 학회와는 다른 새로운 경험이었기에, 다음 다이얼로그가 이어졌으면 하는 바람이 컸다. 주관자였던 홋카이도대 치 나오미 교수에게도 여러 차례 의견을 피력하기도 했다. 홋카이도 다이얼로그는 아니더라도 서울 다이얼로그, 타이페이 다이얼로그, 도쿄 다이얼로그 같은 새로운 형태를 모색하자는 바람을 덧대면서!

　마지막으로 교류 모임의 시작을 알린 엔도 켄의 모두 발언이 기억에 맴돈다. 그는 와세다대 하시모토 겐지의 《일본의 새로운 계급사회》(2018)를 인용하면서, 하루하루를 버텨나가기에도 벅찰 정도의 임금(연평균소득 186만 엔)을 받는 언더클래스만 1000만 명에 달한다는 실태를 전했다.[38] 이어 동아시아 공통의 문제[39]로 부상하는 불평등과 빈곤의 고착화 경향 속에서 연구자와 활동가는 대변되지 않는 또는 못하는 존버씨의 목소리가 잘 드러나도록 사회적 정의의 관점을 정교화해야 한다고 강조했다.

2장

특별한 또는 특별하지 않은 죽음

1. 정신질환을 어떻게 볼 것인가?

새로운 착취 양상

신체질환이 산업화 시대를 표상하는 질병이라고 한다면 작금의 시대를 상징하는 질병은 정신질환일 것이다. 혹자의 말처럼 정신질환은 노동자를 끊임없이 쥐어짜고 태우는 성과주의 시대에 지배적일 수밖에 없는 질병이다. 물론 여기서의 '쥐어짬'은 단순히 노동시간의 길이를 늘리는 방식과는 결이 다르다. 실적을 경쟁적으로 뽑아내야 하는 방식인 동시에 자기착취에 기반하는 방식이다. 정신질환mental illness이나 정신장애mental disorder, 정신건강 문제는 이런 맥락에서 두드러진다.

얼마 전 열린 제11회 아시아미래포럼(2020.12.2.)에서《프레카리아트》의 저자 가이 스탠딩은 지금 시대를 위협하는 요인으로 불평등의 심화, 불확실성이 야기하는 불안감, 폭증하는 부채, 자동화의 파괴적 영향, 지구적 멸종 위기, 네오파시즘의 또 다른 이름인 포퓰리즘의 문제, 그리고 자살 충동을 유발하는 스트레스를 꼽았다. 코로나19 이후 급변하는 사회환경은 불안, 위험, 불평등으로 점철되고 있고 '코로나 블루'로 표상되는 정신건강 문제는 전방위적인 상황이다.

정신질환을 유발하는 원인은 코로나19와 같은 상황적 조건에서부터 개인 차원, 가족 차원, 조직 차원까지 다양하다. 하지만, 정신질환을 자본주의적 생산체제와 연관지어 고민해야 함은 분명하다. 프랑코 '비포' 베라르디가 앞서 언급했듯이, 작금의 자본주의적 생산체제에서 정신질환은 코로나19 이후 발생한 특수한 문제가 아니라 보편적인 특징임을 주지할 필요가 있다.

업무상 정신질환을 어떻게 볼 것인가에 대한 답을 구하기 위해서는 먼저 일과 정신질환 간의 관계를 어떻게 볼 것인가에 대해 답변해야 한다. 우선, 일을 어떻게 볼 것인가? 자본주의적 생산체제 속에서 노동은 착취의 거점이다. 노동자의 비참과 소외 상태는 노동-자본 간 착취적 관계에서 필연적으로 발생한다. 좀 더 짧은 노동을 하더라도, 조금 덜한 강도로 일하더라도, 좀 더 안전한 상태에서 일하더라도 착취적 관계에서 발생하는 노동의 비참과 소외 문제가 사라지는 건 아니다. 정신질환도 예외는 아니다.

작금의 생산체제는 포드주의 시대처럼 근면한industrious 노동자를 요구하는 방식이라기보다는 성과를 경쟁적으로 뽑아낼 수 있는 능력을 요구하거나 또는 필요한 때에만 노동력이 제공되기를 바라는 방식이다. 자본은 노동자의 시간 파편만 사려 한다. 아마도 플랫폼 노동은 오로지 건별로만 노동력을 추출하는 최신 버전의 생산방식 가운데 하나로 봐야 하지 않을까 싶다. 성과급을 자본주의적 체제의 가장 적합한 임금형태라고 비판한 마르크스의 말처럼, 오로지 건별 일감에 대해서만 수수료를 보상하는 방식의 플랫폼 노동이야말로 성과 추출 시스템의 극단적 형태다.

성과 추출의 밀도를 높이려는 자본의 담론/장치는 여러 방식으로 변주한다. 작업장 안에서뿐만 아니라 우리 일상의 모든 부분에까지 침투한다. 이를테면, 회사와의 동일시organizational identification를 조장하는 상징이나 프로그램부터 자기계발 유의 수많은 기능주의적 담론, 인생이모작, 부캐를 통한 대박 신화까지 근사한 언어를 앞세운 설득의 언어가 그렇다.

이러한 성과주의·능력주의 담론은 노동과정에서 발생하는 각종 문제를 개인적인 것으로 치환하고 탈정치화하는 논리를 구사한다. 언제나 그렇듯 개인 선택-선호preference 논리는 구조적 문제까지 '네가 원해서 선택한 것'에 따른 결과로 취급한다. 구조적 문제의 극단적인 양상인 과로사나 과로자살조차 개인 선택에 따른 결과로 처리해버린다.

예외주의exceptionalism 시각도 노동과정상의 구조적 문제를 개인적인 것으로 환원하는 통념을 강화한다. 각종 문제를 우연적이고 예외적인 것으로 특수화하고 개인 결함/문제로 전가해버리는 시각은 비난문화blame culture와 교차하면서 더욱 강력하게 작동한다. 우리는 이런 지배의 언어를 통해 다른 사람을 바라볼 때뿐만 아니라 자신을 바라볼 때도 스스로를 타자화한다.

기질론temperament theory은 낡아빠져 효과가 없는 것처럼 보이지만, 자본이 동원하는 여전한 프레임으로 언제나 강력한 힘을 발휘해왔다. '쟤는 원래 예민해서 그래' '나약해 빠져가지곤' '정신 상태가 글러먹었어' '완벽주의 성향' '유리 멘탈·두부 멘탈·쿠크다스 멘탈(유리, 두부, 쿠크다스처럼 부러지기 쉬운 멘탈)' '멘존약(멘탈 존나 약함)' 등. 한 노동자의 상태가 일터의 다양한 연관고리에 영향받아 구성되는 산물이라는 사실을 탈각시켜버리고 오로지 그 개별 노동자의 원래 속성인 것으로 여기게끔 하는 일종의 물신주의fetishism와 다르지 않다.

실적 쥐어짜기식 성과주의가 팽배한 작금의 맥락에서는 심지어 과로사/과로자살조차 개인적인 문제로 치부되기 십상이다. 성과주의가 어떻게 문제의 개별화와 연관된다는 것인가? 개인 능력과 성과를 기준 삼는다는 건 성공(과 이에 따른 인센티브)은 물론 실패(와 이에 따른 책임)까지 모두를 개인적인 것(개인의 능력 부족, 관리 실패 등)으로 환원하고 착취와 소외, 불평등의 구조적 문제를 자연스레 은폐하고, 재생산하는 효과를 발휘한다. 더 중요한 점은 능력 기준과 성과 기준 그 자체에 대한 문제제기를 봉합해버리고 기준 미달에 대한 죄책감('나는' 능력이 없어서!)과 비난('쟤는' 능력이 없어서!) 심지어는 경멸을 동시에 불러일으킨다는 것이다.[1]

그간 자본 장치/담론은 핵심역량·핵심인재론, 경쟁력 담론, 능력주의, 성과주의 등의 분할 장치를 반복 변주하면서 (시기를 거슬러 올라가면 발전국가 시기의 모범 근로자, 산업전사, 수출 역군이나 1987년 노동자대투쟁 이후의 삼성맨, 현대맨 등도 포함할 수 있을 것이다) 한편으로는 핵심, 경쟁력, 능력, 자격 있음, 성과를 포섭하는 동시에, 다른 한편으로는 주변, 무능력, 자격 없음, 저성과에 대한 배제/차별을 정당화해왔다. 작금의 능력주의는 이러한 분할선을 공정한 것으로 둔갑하는 최신 버전의 어법이다. 사실상 대단히 차별적이지만 외견상 공정한 것으로 여겨지는 새로운 분할선! 이런 분할 장치/담론의 폭력성(문제의 개별화, 배제/차별의 정당화 등)은 노동의 비참과 고통을 반복 유발하는 일터 문제와 긴밀하게 연결된다.

정신질환 유발하는 실적 쥐어짜기 시스템

정신질환을 다루는 데 자본주의적 생산체제를 고려하는 것과 함께 한국적 노동 현실도 중요하게 고려해야 한다. 발전국가 시대의 잔재가 노동권을 여전히 취약한 상태로 방치하는 가운데, 여기에 자기계발, 경쟁력, 핵심역량·핵심인재, 뉴노멀new normal이라고 설파하는 새로운 유연화 장치가 덧대지면서 새로운 형태의 질병인 정신건강 문제가 불거지고 있다. 이런 상황이 지금 우리네 노동 현실 속 노동자가 처한 상태이다.

'버텨라'라는 발전주의의 명령, 근면 규범 이데올로기, 노동력을 갈아넣는 식의 쥐어짜기, 정신과 영혼을 연료로 태우는 식의 압박이 교차하는 세계! 노동의 힘이나 노동권리, 노동교육, 법제도가 취약한 한국적 맥락, 그리고 불안정성과 경쟁을 가속화하는 자본의 장치/담론 속에서 착취는 한층 교묘해지는 양상을 띨 것이고 이에 따른 정신질환은 더 빈도가 높아질 것이다.

고로 정신질환은 자본주의적 착취의 변형이라는 맥락에서 출현하는 소외 문제로 독해해야 한다. 실제로 정신질환의 상당부분은 개인 문제로 치부되고, 여타 신체질환에 비해 상대적으로 관심이 덜하고, 심지어는 가볍게 지나가는 감기 정도로 여겨지고 만다. 이런 경향 속에서 정신질환 유발형 착취는 더 수월하게 재생산된다.

정신질환을 소재 삼아 노동의 고통, 질식의 징후를 다루는 이유는 착취 양식이 끊임없이 변주하면서 작동하는 바를 구체화하기 위해서다. 다시 말해, 정신건강 문제를 통해 노동-자본 간 착취적 관계를 드러내기 위함이고, 착취의 고리를 자연스러운 것으로 여기게끔 만드는 성과 장치(한편으로는 포섭하고 다른 한편으로는 배제하는 자본 장치)를 다르게 배치하기 위함이고, 정신질환을 견고하게 에워싸고 있는 우리네 통념과 상식을 역전시키기 위함이고, 또한 스스로를 착취하고 나가떨어지게 만드는 실적주의 프레임을 정치화하기 위함이다.

업무상 정신질환에 대한 대응으로 자주 언급되는 것이 고위험군 high-risk group 을 대상으로 한 심리치유 프로그램이다. 그런데 이런 명상코칭, 마음챙김, 마음근육관리, 성격코칭, 최면치료, 소진관리, 치유체험, 감정대화법 등의 심리치유 프로그램은 정신질환을 개별화하려는 자본의 프레임을 벗어나지 못한다는 점에서 탈맥락적이고 비정치적이다.[2] 또한 심리치유 프로그램은 증상에 대한 대처일 뿐 고통을 유발하는 스트레스의 구조적 원인에까지는 다가가지 못한다. 고통을 유발하는 구조를 바꿀 수 없다면 현재 상황에 (있는 그대로) 적응하라는 식이다. 자본에 다시 잘 복무하라하는! 과로+성과체제 그 자체에 대한 문제제기를 봉합하는 효과를 발휘하는 메커니즘이다.

정신질환을 유발하는 실적 쥐어짜기 시스템 그 자체에 대한 비판, 낯설게 보기defamiliarization, 비율 감각을 역전시키기inverting the sense of proportion, 되받아치기speaking back, 퀴어링하기queering의 시각을 연습하는 게 필요하다. 이어 개인 환원론 유의 자연화되다시피 한 통념을 비틀고, 대안적 언어를 발명하고, 대안적 관계를 실험하고, 조직 전체 차원에서 정신질환에 대한 감수성과 공감력을 키우는 등의 새로운 진지를 구축하는 실천이 요청된다.

2. 성과 장치는 죽음조차 개별화한다

투견장에서 미소 짓는 건 투견주일 뿐

자살 전 고통과 절망의 상태를 온전히 언어화하기란 쉽지 않다. 그럼에도 자살 시도자나 망자가 남겼던 기록이나 유서 등의 흔적suicide voices을 통해 그 상태를 가늠해볼 수 있다. 그 언어는 바로 자살의 본질적인 어휘를 이루기 때문이다.《자살하려는 마음》(2019)의 저자 에드윈 슈나이드먼이 강조하는 바다.

자살 전 심신의 고통과 좌절 상태를 제한적으로나마 확인할 수 있는 곳이 미디어에 소개된 자살 사건일 것이다. 앞에서 언급했듯이 일본 최대의 광고회사 덴츠에서 자살한 신입사원의 일기를 볼 수 있다. "이제 몸도 마음도 너덜너덜하다." "모든 게 다 무너져버린다." "몸이 납덩어리처럼 무겁다." "내일 같은 건 안 와도 상관없다." "죽는 게 나을 만큼 힘들었다." 이런 표현들은 자살 전 마음과 몸의 상태가 어떠한지를 가늠케 한다.

고통의 언어, 질식의 징후는 무얼 말하는가? 자살의 원인을 어느 하나로 지목하는 일은 어불성설일 수 있겠지만, 실적 압박 스트레스가 유발한 자살 사건이 증가하고 있음에 주목할 필요가 있다.

부산경남경마공원 기수·말관리사의 자살, LG유플러스 콜센터 상담원의 자살, 동부그룹 인턴사원의 자살, LG전자 전장사업부 연구원의 자살, 네이버 개발자의 자살, 삼성전자서비스 노동자의 자살, HMC투자증권 노동자의 자살은 서로 상관없어 보이는 별개의 자살 사건이지만, 여기에서 공통적으로 발견되는 것은 실적 압박-괴롭힘-자살 간의 연관성이 높아 보인다는 점이다. 물론 죽음과 업무 간 관계가 상당인과관계에 해당하는지에 대한 논란이 있을 수는 있지만, 실적 압박의 폭력성이 노동자들을 불안감+쥐어짜임+타들어감+짓눌림+무력감+고립감 상태로 내몰아 자살 감정에 휩싸이게 만든다는 점은 과로자살 사건을 보면 볼수록 선명해지는 공통점이다. 신자유주의적 성과 장치의 문제적 양상을 하나의 사회적 사실로 포착해 대안적인 논의를 시작해야 하는 지점이라고 본다.

투견은 투견장에서 지면 최소한 중상을 당해 실려나간다. 이기더라도 다음 싸움을 대기해야 한다. 싸움에 미소 짓는 건 투견주일 뿐이다. 이는 치열한 경쟁과 실적 압박에 치이는 우리네 삶의 모습을 적확하게 풍자한다. 경쟁만이 유일한 법칙인 투견장에서 생존은 끊임없이 의문시된다. 다음 게임 또는 다다음 게임에서 언제든 떨어져 나갈 수 있기 때문이다. 드라마 〈오징어 게임〉에 참가한 누군가가 '무궁화꽃이 피었습니다' 게임에서 승리해 살아남고 그다음 '뽑기' 게임에서 승리해 살아남더라도 또 다른 게임에 투입돼 죽고 죽이는 살인 경쟁에 놓여야 하는 것처럼 말이다. 경쟁은 살인까지 정당화하는 모양새다. 게임 참가자 모두는 그저 재미의 대상에 불과하다. 마지막까지 살아남아 456억 원을 가져가는 사람도 마찬가지다. 게임의 재미를 맛보는 건 투견주-오일남뿐이다. 현실판 투견주-오일남은 누구일까?[3]

또 다른 투견장, 실적이 곧 인격인 세계

성과 장치는 업종이나 업체마다 다양한 형태를 띠지만, 그 가운데 현실적으로 불가능한 실적 목표치를 부여하고 이게 말이 되나 싶을 정도의 성과 평가가 난무하는 경우도 있다. 일례로, 생산성 향상이란 명분으로 금융권에서 도입하는 'BEP 급여'를 들 수 있다.

영업실적 손익분기점BEP, break-even point 급여는 증권맨이 부여받는 실적 목표치로 '목표' 실적을 올리지 못하면 급여를 삭감하는 조치를 포함한다. 성과가 낮은 경우 급여를 10~30% 정도 삭감하는 방식이다. 그런데 실적 목표치를 한 번 달성했다고 끝나는 게 아니다. 실적 기준은 전년 대비 계속 올라간다. 놀랄 만한 건 인터뷰 사례 가운데 임금을 70%까지 삭감했던 곳도 있었다.

증권맨의 상황을 고스란히 나타내는 한 구술자의 표현이

잊히질 않는다. "앱을 통해 개인별 실적, 팀별 실적이 다 뜬다. 1등부터 줄 세우기가 가능하다. …… 정규직이라 해도 고정급은 20% 정도이고, 나머지 80%는 매출 실적에 따른다." '여기는 실적이 곧 인격'이라는 것이다.

실적이 곧 인격인 세계는 어떤 세계인가? 실적 압박 스트레스로 결국 회사 비상계단에서 목매 자살한 증권맨의 사례를 조금 더 짚어보자. 당시 주식거래 급감으로 실적 목표치를 채우지 못하는 직원들이 속출하고 있었고, 이에 회사는 소장펀드, 퇴직연금, 연금저축펀드 같은 각종 프로모션을 벌이며 직원들을 더욱 압박했다. 매일 아침·저녁으로 할당 목표치와 실적을 공개했다. 직원들은 일간-주간-월간-분기간-연간 목표치를 언제까지 어떻게 달성할지 실적 계획서를 써내야 했다. 베테랑 증권맨으로 불리던 망자도 실적 스트레스에 시달리기 시작했다. 과장이었던 망자의 경우 매달 500~600만 원에 해당하는 영업실적을 채워야 했는데, 그렇지 못하면 월급에서 100~200만 원을 삭감해야 하는 상황이었다. 망자는 성과를 못 낼 경우 감봉은 물론 퇴출 1순위로 전락할 수 있다는 불안감이 컸다고 한다.

실적 압박과 퇴출의 공포, 항상적 불안감 그리고 자살 위험 간의 상관성이 높음을 확인할 수 있는 대목이다. 성과주의 시스템이 업무 스트레스와 정신질환을 유발하는 요인으로 파악된다. 물론 실적 압박과 자살 간의 관계가 선명하게 드러나지 않는 경우가 다반사다. 그렇지만 성과 장치는 노동자를 치열한 경쟁 속으로 몰아넣고, 때로는 타자의 고통은 물론 자신의 고통에도 무려지게 하면서 인간적 관계, 동료관계보다는 경쟁관계, 괴롭힘 관계로 치닫게 한다. 때로는 병리적 상황에 대한 집합적 투쟁이나 권리 실천보다는 자기만의 신을 숭배하거나 각자도생의 생존 방식을 선택하게 한다. 나아가 감내의 한계치를 끝없이 끌어올려야 하는 상황으로 내몰리고 고립과 우울의 상태 등 다양한 문제적 지점과 뒤엉키는 형태로 발현되고 있다. 실적이 곧 인격인 세계는 인격살인이 더 쉽게 자행되는 곳이다. 기업들은 생산성 향상, 고객만족도 제고라는 명분으로 성과 평가를 경쟁적으로 확대하고 있는데, 성과 장치에 과도한 목표치, 무리한 일정, 가혹한 평가 같은 '반인권적인' 요소는 없는지, 정신질환을 유발하는 점은 없는지 따져 물어야 할 것이다.

성과주의 담론이 유도하는 것

자살은 개인의 극단적인 선택이지만 사회·조직의 모순을 함축하는 집단적인 비극이다. 노동자 자살은 일터에서 노동자가 어떻게 취급받고 있는지를 상징적으로 보여주는 거울이다. 자살이 인간적 존엄이 불가능한 절망 상태를 보여주는 행위임을 감안할 때, 노동자 자살은 분명 존엄과 권리를 기대하기 어려운 일터의 집단적 비상 상태를 나타내는 증거다.

앞서 보았듯이 경쟁적 성과 장치는 자살까지도 개인의 특수한 문제로 타자화한다. 개인의 능력과 성과에 대한 책임을 강조하는 성과체제는 노동의 고통 또한 스스로 감당해야 할 것을 전제한다. 헬조선이라는 사회적 맥락은 이런 감각을 더 부추긴다. 자살을 '무능력한' 개인의 흔치 않은 일이라고 보는 개별화하는 시선, 예외주의 관점이 작동하는데, 이는 노동자 자살이 착취적 생산관계에 따른 산물임을 은폐하려는 신자유주의적 성과주의가 깊숙하게 파고들었음을 보여준다. 이런 가운데 사회조직의 모순, 비극의 집단성은 가려지고 만다. 정신질환을 유발하는 성과체제가 작동하는 작금의 방식이다.

자본은 끊임없이 문제의 원인을 개인 자질/결함으로 치부하고, 전가한다. 그건 지금도 마찬가지다. 이는 수많은 노동자 '자살' 사건에서 사측이 보이는 공통적인 첫 번째 반응이자 의외로 강력한 프레임이다. '나약해서' '무책임해서' '그냥 그만두면 될 것을' '정신 상태가 글러먹어서' '무능력해서' 또는 '극복하지 못해서' '맷집이 약해서' 등이 구조적 문제를 개인 자질/결함으로 치환하는 대표적인 어법이다. 심지어 업무상의 사건·사고에 따른 손해·손실조차 개인이 책임져야 할 것으로 당연시한다. 성과주의 담론이 유도하는 바다. 이에 신자유주의적 통치(경쟁적 조직문화, 실적 중심의 관리, 그리고 개별화)가 빚어내는 폭력성을 드러내고 동시에 문제의 원인을 개인 사유로 특수화하는 담론을 차단하는 실천이 더욱 요청된다.

3. 성과주의와 금융 노동자의 자살 사건[4]

밥값 스트레스

성과주의는 금융업의 본질적 특징으로 여겨진다. 인터뷰를 하다보면, 성과주의는 '이쪽 일'을 하려면 응당 감내해야 할 것으로 얘기하는 경향이 강했다. 또 다른 경향은 성과 압박과 불안, 우울, 자살 위험 간의 상관성이 높다는 점이다. 제반 문제에 대한 대응을 개인이 각자 알아서 처리해야 한다는 인식도 눈에 띄는 점이다. 실적 압박, 감내의 태도, 문제의 개별화 메커니즘이 뒤엉킨 노동의 세계는 어떤 세계인가?

20년 경력의 증권 노동자는 "영업 직원들이 제정신일 수 없습니다. 감정의 기복이 어마어마하게 심합니다. 실제로 감정의 기복이라는 게, 우리는 속된 말로 '뽕 맞는다'라고 하는데요"라며 고충을 전했다. 업무 스트레스로 호흡 곤란, 가슴 통증, 우울증, 공황장애, 위장장애, 불면증, 심인성질환이 상당히 잦고, 이는 강도 높은 실적 요구와 연관성이 높다고 말한다. 성과체제 위의 금융 노동자는 언제나 탈락 위험을 안고 사는 느낌이라고 하소연한다. '벼랑 위의 시시포스 노동'처럼 위태로운 상태에 놓여 있는 모습이다.

특히, '밥값BEP'과 '욕값'에 대한 스트레스가 상당했다. 밥값, 욕값에 대한 질문에 대부분이 '이쪽 일'을 하려면 너무나 당연한 것으로 인식하고 있고 이로 인한 정신질환의 정도는 '빨간불' 상태였다. 정신질환 지표는 일반 인구 대비, 여타 업종 대비 유달리 높았다. 그런데 빨간불 상태의 정신건강 문제, 밥값이나 욕값에 대한 높은 스트레스는 업종 전체의 공통적인 특징임에도, 그 고통의 계급정치적 지점은 탈정치화된다. 성과주의 프레임은 노동의 고통을 개별화하는 방식으로 작동하기 때문이다. 타자의 고통에 대한 공감이 떨어질 수밖에 없는 환경이다. 이 또한 성과체제가 양산하는 상식화된 감각이다. 빨간불이지만 탈정치화된 상태는 금융 노동자에게서 두드러지게 나타나는 특징이지만, 금융 노동자만의 특수성으로 볼 일은 아니다.

실적 쥐어짜기 시스템이 유발하는 문제적 양상은 다양했다. 우선, 자살을 포함한 비극적 사건으로 나타났다. 때로는 직장 내 괴롭힘과 뒤엉킨 형태로, 때로는 남성주의적 조직문화를 강화하는 형태로 발현되고 있었다. 또한 각종 고위험에 대한 회사의 책임 회피를 정당화하고 개별 노동자에게 그 책임을 전가하는 방식으로 작동했다. 심지어 차명계좌나 일임매매 같은 위법적 관행 또한 실적 쥐어짜기 시스템이 방조하면서도 체계적으로 양산하는 문제일 수 있다. 이는 성과 압박이 팀별, 지점별로 가중되는 경우에 더 두드러진다. 이런 맥락에서 자살 감정의 만연과 자살 사건의 반복은 어렵지 않게 예감할 수 있는 사회적 사실이다. 그렇지만 정신건강 문제가 빨간불 상태라 할 정도로 심각함에도, 이에 대한 조직 차원의 인식이나 대응은 미미하고 마음의 감기 정도로 여기는 정도다.

마음이 아픈 상태를 어떻게 이해해야 할까? 그 양상은 꽤나 모호한 경우가 많고 원인을 특정하기 어려운 게 사실이다. 물론 이는 의학적 설명이라기보다는 신체질환에 비해 정신질환이 상대적으로 원인 규명이 불명확함을 말하는 것이다. 그렇기에 자신의 아픈 마음 상태를 이야기로 끄집어내는 것이 쉽지 않고 사회적 발언으로 드러내는 건 더 어렵다. 많은 인터뷰 대상자도 "사실 저도"라며 치료 경험을 꺼내놓기는 했지만, 그 상태에 이르기까지의 과정을 가족 또는 동료나 회사에 털어놓지는 않는다고 했다. 물론 스스로도 자신의 정신건강 문제를 쉽게 인정하(려 들)지 않았다. 특히 남편/아내, 동료/친구에게 아픈 마음 상태를 말하는 경우는 극히 적었다. "굳이 힘든 얘기해서 뭐 하냐"는 것이었다. 마음이 아픈 상태를 '굳이 들춰낼 필요가 없는 것'으로 치부하거나 '말하기도 뭐한 것'으로 여기는 경우가 여럿이었다.

아픈 마음 상태를 회사에 이야기하는 것도 소수를 제외하고는 '쓸모없는 일'이라고 답했는데, '다 그래' '너만 그런 게 아냐' 심지어 '그러면 정신병원 가야지'라고 말하는 분위기의 조직에서는 아픈 마음 상태를 쉽게 털어놓지는 못할 것이다. 마찬가지로 늘 인력이 부족한 일터에서, 실적 목표치를 개인별, 팀별, 지점별로 푸시하는 연쇄적인 성과 평가의 환경에서, 이쪽 일을 하려면 어쩔 수 없는 것이라고 여기는 조직문화 속에서, 분 단위 초 단위로 실시간 실적을 체크·평가하는 곳에서 이런 마음의 아픈 상태가 발화될 여지는 크지 않다. 공감의 여지도 낮다. 정신질환의 구조적 문제는 개인적인 결함으로 치환될 여지는 높아진다. 정신건강 문제가 무능력이나 나약함으로 비치거나 동료에게 미안함을 유발할 수 있기에 각자가 알아서 감당해야 할 것으로 취급되고 만다.

"미치도록 단 커피 주세요"

개별 노동자는 정신건강 문제에 대한 조직적 대응을 기대하기 어렵기에, 각자만의 요법을 찾아 감내의 한계치를 끌어올리면서 각자도생해나간다. 조직 전체의 문제로 인식하고 집단적으로 해결하기 위한 실천보다는 자신만의 노하우를 찾거나 자기만의 신을 섬기는 상황이 연출되는 맥락이다. 모든 것이 불확실한 세계에 자신이 자주 가는 유튜브만을 진리의 근거로 삼게 되는 경향과 유사하다. 일종의 주술적 태도다.

아픈 마음 상태가 문제로 불거졌을 때 그 원인을 조직의 구조적 특징과 연결짓기가 어려워진다. 개인의 성격이나 태도를 탓하게 된다. 일상적으로도 그렇게 얘기하고 내버려두는 경우가 잦다. 그런데 업무 관련 스트레스가 유발한 정신질환이라 하더라도 개인의 기질이나 성격을 원인으로 연결짓는 관점은 아픈 마음 상태를 구조적인 것과 거리 두게 하고 문제의 화살을 개인에게 향하게 하는 자본의 언어, 비난문화와 상당히 맞닿는다는 점을 유념해야 한다.

마음이 아픈 상태를 각자 버티고 이겨내야 할 개인 문제로 취급하는 조직 분위기 속에서도 많은 경우는 버틸 수 있는 한계 상황까지 버티려 하고 어떻게든 극복하려 애쓴다. 병원을 찾는 건 감내의 한계치에 다다른 경우라고 볼 수 있다. 그 과정에서 '잘 버티기/이겨내기' 위한 자기만의 노하우를 하나씩은 찾는다. 인터뷰이들은 네일아트, 복싱, 미치도록 단 커피 마시기, 진짜 매운 거 먹기, 영어공부, 반신욕, 사우나 가서 지칠 때까지 땀 빼기, 정말 아주아주 조용한 곳에서 그냥 쉬기, 힘을 빼고 가만히 아무것도 안 하기와 같이 자신만의 노우하우를 꺼냈다. 자세히 설명해달라는 요청에 약간은 '업된' 목소리 톤으로 이야기를 풀어내는 모습들이 기억에 남는다.

자기만의 노하우는 어쨌든 고위험 환경에서 버텨내기 위한 각자만의 미세 전략이다. 하지만 이는 고위험-고성과 시스템 그 자체가 유발하는 문제를 문제 삼는 건 아니다. 이런 각자만의 미세 전략은 지극히 개별적인 것이고 심지어는 주술적인 것이어서 '친한' 동료와의 상담 시 노하우를 건넨다 하더라도 '케바케(경우에 따라 다 다르다)'라고밖에 볼 수 없다. 각자의 노하우로 아픈 마음 상태를 개별적으로 해결할 수 있을지는 몰라도 고위험-고성과 일터는 여전히 마음이 아픈 상태에 처한 사람들을 계속 양산할 것이기 때문이다. 아픈 마음 상태를 조직의 공통적인 문제로 인식하고 집단적으로 해결하기 위한 노력이 문제 해결의 첫 출발일 것이다.

만성피로, 불안증, 가슴 통증, 질식의 고통으로 마음과 몸이 이곳저곳 아프지만 '무능력하다' '유별나다'는 평가를 받지 않기 위해 또는 동료에게 '민폐'를 끼치지 않을까 하는 미안함 때문에 일터로 향할 수밖에 없는 노동자의 아픈 마음/몸에 대한 이야기를 다룬 책 《아파도 미안하지 않습니다》(조한진희, 2019)를 두고 여성학자 정희진은 이 책을 계기로 많은 이들의 '몸 일기'가 나오기를 바란다는 글을 남겼는데, 아픈 마음에 대한 마음/몸 일기를 조직 차원에서 꾸리는 것도 한 방법일 수 있겠다.

아픈 마음/몸 상태를 조직환경적 접근을 통해 드러내는 과정에서 공통적인 유발 요인을 문제제기할 수 있고 해법도 가능하리라 본다. 조직 차원의 집단적 대응이 마련된 가운데 아픈 마음에 대한 폭넓은 공감과 지지가 가능하게 될 것이다. 개별 노동자를 대상으로 하는 상담 프로그램과 같은 조치는 조직 내의 구조적인 문제를 제어하는 데는 역부족이다. 문제를 개별화하는 자본의 프레임을 벗어나지 못한다는 점, 그리고 증상에 대한 대처일 뿐 고통의 구조적 원인에까지 다가가지 못한다는 점에서 그렇다. 어떤 대안을 마련해야 할지 더 고민해야겠지만, 조직 분위기를 다르게 구축하는 게 필요한데, 이를테면 아픈 마음/몸 상태를 '혼자만 끙끙 앓고 애쓰게' 방치하는 조직이 아니라 충분히 발화되도록 지지하는 조직으로의 전환 말이다.

우울증 블랙홀

그간 금융 노동자의 자살 사건이 적지 않았다. 1990년 이후 2020년까지 지난 30여 년간 미디어에 노출된 자살 사건을 조사했는데, 이 중 금융 노동자의 자살 사건은 총 109건이었다.[5] 전체적으로 가파른 증가세(1990년대 22건에서 2000년대 32건, 2010년대 55건)를 보였다. 특히 2010~2013년(6건, 7건, 7건, 14건)과 2004~2005년(10건, 6건)에 사건의 빈도가 유독 높았다.[6] 자살 빈도가 높았던 두 시기를 별도로 분류해 자살의 공통 원인을 추출할 필요가 있어 보인다. 일종의 집합적 사건으로서 자살의 특징이 드러나지 않을까 싶어서다. 우선, 두 시기는 대규모 구조조정이 감행되던 시기로 인력 감축이나 지점 통폐합을 주요 원인으로 꼽을 수 있다.[7]

자살 사건 가운데 업무 관련성 자살의 비율을 보면, 전체적으로 증가하는 경향이다. 여기서 '업무 관련성'은 산재 판정 기준에 따른 상당인과관계를 요하는 엄격성보다는 망자의 고통과 문제적 상태를 드러내기 위한 차원에서 폭넓게 산정했다. 기사 분석의 한계상 업무 관련성을 판정하기 위한 근거 자료가 부족하지만, 유가족, 동료, 회사 관계자, 노동조합, 경찰 등의 진술에 나타난 업무 관련성 내용(분실에 대한 변상 책임, 과중한 업무, 인원 감축으로 인한 업무량 증가, 고객 항의로 인한 스트레스, 잦은 전환배치, 실적 압박)을 보다 적극적으로 포함해 업무 관련성 자살을 카운트했다.[8]

관련 내용으로는 실적 압박에 대한 것이 많았다. 이를테면, '촉박한 개발 일정' '할당 약정 스트레스' '고객과의 금전적 분쟁' '월급값 하라는 인격적 모독' '불완전 판매에 대한 고객 항의를 책임져야 하는 상황' '실적 압박 스트레스' '새 부서 배치' '상사 지시의 잘못된 결과를 책임져야 하는 상황' '5개월 새 2번 연속된 발령' '지점 통폐합과 영업실적 압박' '영업실적 저조' 'BEP 스트레스' '과도한 실적 목표치'와 같은 내용이 발견됐다.

자살 기사 가운데 눈에 띄는 건 우울증 등의 정신질환을 개인 문제(가족력, 과거 치료력 또는 기질)로 환원하는 표현이 잦았다는 점이다. 이를테면 ① "고인은 평소 우울증과 비슷한 정신질환을 앓고 있어서 자살을 선택한 것 같다"는 진술이다. 개인 과거력은 업무와의 연관성을 부정하는 근거로 활용된다. 마찬가지로 ② 고등학교 때 목매 자살을 기도한 적이 있었다거나 ③ 2년 전부터 우울증 증세로 병원 치료를 받아오던 중이었다거나 ④ 평소 소심하고 내성적인 성격 때문이라거나 ⑤ 빈틈을 전혀 안 보이는 완벽주의자였다는 다양한 형태의 개인 과거력이 등장한다.

우울증, 자살 시도 같은 개인 과거력이 등장하는 순간 다른 해석과 판단의 여지는 사라지고 목숨을 끊은 이유가 꽤나 그럴 듯하게 설명되는 것처럼 여겨진다. 우울증이 왜 자살 시점에서 악화했는지, 그 연유가 혹시 업무와 연관성은 없는 것은 아닌지,

업무 문제가 아니었다면 과거 치료력이 있더라도 별문제 없이 살아갈 수 있었던 건 아닌지를 따져 묻는 질문이 파고들 자리는 없다. 과거 치료력으로서의 우울증은 자살 사건과 연관된 모든 원인을 빨아들여 날려버린다는 점에서, 우울증 블랙홀depression black hole이라 부를 수 있다. 마찬가지로 '범죄'나 '투자 실패'도 업무와의 연관고리를 주변화 또는 은폐하는 프레임으로 작동한다.

실적-위법-자살의 연관고리

논쟁적인 대목이지만, 금융 노동자의 자살 기사에서 실적주의가 유발하는 불법적 관행과 연관된 자살 사건이 많았던 점도 문제로 제기되어야 하는 지점이다. '논쟁적'이라고 표현한 이유는 업무 관행과 불법적 요소 그리고 실적 압박 간의 경계가 모호하고 뒤엉켜 있기는 하나 과연 불법적 지점을 업무 관행이나 실적 압박의 산물로 연결 지어 해석하는 것이 적절한가 하는 의문 때문이다. 그럼에도 '문제제기가 필요'하다고 말한 이유는 업무 관행을 합법-불법의 잣대로만 재단하기에는 불법이 방조된 채 실적을 채워야 하는 업계 관행이 꽤 빈번하고 또한 여기서 비롯하는 자살이나 문제적 사건도 적지 않기 때문이다.

관련 기사만 놓고 보면, 금융 노동자들은 업계 관행에 따라 움직이는 수동적 인간에 불과하거나 아니면 애초부터 개인 비위의 여지가 높은 사람들이란 이야기일 텐데, 물론 그렇게만 볼 수는 없을 것이다. 이러한 관점은 불법적 관행을 조장하는 실적 중심의 경영방식이 그 맥락임을 누락해버리기 때문이다. 불법적 관행은 실적 쥐어짜기 시스템이 내모는 여러 선택지 가운데 하나로 보는 것이 적절하다. 그런데 우울증 블랙홀처럼 불법적 요소가 미디어에 노출되는 순간 실적 쥐어짜기 시스템이 유발한 자살의 맥락(불법을 감수하고 실적을 채우려다 문제가 생긴 경우, 그 문제로 스트레스를 받다 극단적인 선택을 하게 된 자살 사건)에 대한 모든 판단은 중지되고 개인 비위로 처리되어버린다.

위법 관행이 공격적인 영업방식, 실적 쥐어짜기 시스템과 연관되어 있음을 어떻게 파악할 수 있을까? 인터뷰 가운데, 차명계좌(일명 '모찌' 계좌)를 활용한 자기매매나 보고 없는 매매, 임의매매, 포괄적 일임매매,[9] 쪼개 팔기, 지인(명의)계약, 작성계약[10]이 사실상 실적 채우기에서 비롯하는 경우가 잦았다. 각종 캠페인과 프로모션이 개인별, 팀별, 지점별로 동시다발적으로 진행되는 때가 되면 실적 부담은 더 가중된다.

'매년 상향 조정되는' '(현실적으로) 달성하기 어려운' 실적 목표치를 채우기 위해서, 특히 지점별 실적 경쟁이 치열할 때면 위법적 방법을 선택할 여지가 높아지는데, 자살은 이런 관행이 방조되는 고위험-고성과체제에서 빚어지는 비극이다. 위법적 관행이 만약 문제로 불거졌을 경우, 그 책임은 오롯이 개인 사유/결함에 의한 것으로 전가되기 때문이다.

위법적 관행-손실(스트레스)-자살로 이어지는 사건이 미디어에 노출되는 순간, 차명계좌 같은 위법적 요소는 더 극화되는 반면, 실적을 채우기 위한 업계 관행은 누락된다. 결국 자살의 원인은 불법한 개인에서 비롯한 것으로 설명된다. 위법적 요소는 더욱 미디어에 노출되고→자살은 개인 비위 문제로 귀착되면서→위법 관행을 방조하는 실적 쥐어짜기 시스템은 재생산되는 상황! 이러한 악순환은 실적 목표치가 높을 경우, 인센티브의 덩어리가 클 경우, 실적을 평가할 시기 즈음 목표치를 밑도는 상황에 있을 때, 캠페인·프로모션 압박이 클 때, 또는 고위험·고수익을 공격적으로 운영하는 조직일 경우, 또는 조직 간 매출 경쟁이 치열하게 벌어질 때 두드러지는 것으로 예상할 수 있다.

증시 폭락 상황에서 투자 손실에 따른 고객과의 분쟁으로 자살 사건이 발생한 경우 또한 빈번했다. 관련 기사의 전형적인 서사는 투자 손실에 대한 부담과 스트레스를 '이기지 못해' '극복하지 못해' 우울증을 겪다 자살한 것으로 설명하는 패턴이다. '스트레스를 이기지 못해 우울증을 겪다 스스로 극단적인 선택을 했다'는 표현은 자살 기사의 고정 레퍼토리일 정도다. 여기서도 투자 손실의 책임을 개별 노동자에게 지우는 모습이다. 그 부담과 스트레스는 개별 노동자가 극복하고 이겨야 할 것이 아니라 회사가 관리하고 보호해야 할 책임 대상은 아닌가 싶다. 하지만 현실은 그렇지 않아 보인다. 이를테면, 자살 사건에 대한 해석 또한 '높은 인센티브'를 가져가는 것에 대한 '대가'(손실에 따른 고객과의 분쟁도 개별 노동자 선에서 해결해야!)라고 여기는 경향이 강했다. 높은 인센티브에는 문제에 대한 책임까지 개인이 알아서 감당해야 하는 것도 그 몫으로 들어가 있음을 의미한다. 다시 말

해, 문제에 대한 회사의 책임 회피를 인센티브 장치가 합리화하
는 것이다.

욕값도 월급에 포함

한편, "욕값도 월급에 포함되어 있다"는 인터뷰가 보험 노동
자 및 창구상담 노동자에게서 상당히 많았다. 어느 구술자에 따
르면, VIP를 하루에도 서너 번은 만난다. 여기서 VIP는 육두문
자를 남발하는 진상 고객을 일컫는 은어다. 경력이 오래돼 진상
고객을 대하는 노하우가 생기고 어느 정도는 감당할 수 있다고
해도, 막상 욕을 직접 들을 때면 심장이 내려앉는 건 어쩔 수 없
다. 감정노동이 심한 터라 울화나 공황장애, 호흡 곤란, 가슴 통
증을 호소하는 동료를 보면 '왜 그런지 십분 이해가 된다'는 구술
이 기억에 남는다. '십분 이해가 된다'는 말은 정신적 고통의 원
인이 업무에서 비롯하는 구조적인 것이라는 걸 알고 있지만 여
기서 계속 일하려면 어떻게든 '네가 감내하고 이겨낼 수밖에 없
다'는 경험치에 근거한 자조적인 공감이라고 본다. 공감은 맞지
만 연대로 이어지는 공감이라고 보기는 어렵다.
　욕값이 만연한 스트레스지만 '어쩔 수 없는' 부분이라고 말
하는 빈도도 적지 않았다. 불가피한 관행으로 여기는 태도가 짙
었다. "욕값도 월급에 포함된다"는 표현은 그만큼 '이쪽 일'을 하
려면 욕먹는 일은 응당 감내해야 하는 것으로 본다는 의미일 것

이다. 보상 업무나 고객 업무를 담당하는 노동자의 경우 특히 그러했다. 물론 이런 양가적인 태도가 금융 노동자만의 특징은 아니라고 보지만, 정신적 스트레스가 고도로 높은 금융업이라는 환경에서 발현되는 독특성이지 않을까 싶다.

그만큼 욕에 대한 회사의 보호 조치를 선제적으로 문제제기하기보다는 욕도 개별 노동자가 감내해야 할 것으로 받아들이는 형국이다. 또한 손실 부담에 대한 고객 불만도 인센티브를 받는 만큼 그것을 감당하고 극복해야 한다는 식이다. 이러한 인식이 상식화된 맥락에서는 손실·손해 책임에서 비롯한 자살 사건조차 개인 문제로 귀착되고 만다. 여기에서도 자본은 '책임 회피 프레임'을 수월하게 재생산할 수 있게 된다. '이러한 인식이 상식화된 맥락' 그 자체에 대한 문제제기로부터 논의가 시작되어야 할 것이다. (정신적) 고통마저 개별적인 것으로 타자화하는 실적주의 프레임과 거기에 얽혀 있는 일상 감각에 균열을 내는 정치가 필요하다.

회사로부터 '출발하는' 불완전 판매의 경우에도 불거진 문제에 대한 책임을 개별 노동자가 떠안고 "끙끙 앓아야 한다". 고위험·고수익 상품에 높은 인센티브를 부여하는 곳에서는 개별 노동자가 느끼는 실적 압박도 크고 만약 문제가 불거졌을 경우에 대한 책임이 개인에게 지워지는 경향이 강하다. 고수익 가능성에 '위험의 대가'가 포함되어 있다는 게 당연시 여겨진다는 말이다.

리스크를 안정적으로 운영하는 회사와 공격적으로 운영하

는 회사 간의 정신질환 유병률의 차이가 어떤지도 궁금해지는 지점이다. 추정이긴 하지만 후자가 월등히 높을 것이다. 가설이 경험적 사실로 밝혀진다면 금융 노동자의 자살은 개인적 비극의 형태를 띠지만 그것은 방조되거나 조장된 결과로 양산된 부정의다. 문제가 충분히 예상됨에도 방치됨으로써 비극이 유발됐기에! "(자살 사건) 그건 실적 압박 때문이라고 말할 수 있죠"라는 어느 구술자의 강조도 과로죽음의 체계적 방조를 뒷받침한다. 우리가 여기서 참조 삼을 만한 대목은 정신질환 대응에 있어 개별 노동자 차원의 상담 프로그램을 제공하는 방식에 그치는 것이 아니라, '실적 쥐어짜내는' 조직문화나 공격적인 영업방식을 전환하는 데까지 나가야 금융 노동자의 자살 감정, 자살 위험을 낮출 수 있다는 것이다.

금융 노동자 상당수가 노동강도를 강화하는 요인으로 '업무 성과에 대한 압박'을 꼽는다. 여러 조사에서 공통적으로 확인되는 바다.[11] 일례로 성과 압박에 대한 부담이 높을수록 자살 위험(자살 생각이나 자살 시도의 위험)이 높았다.[12] 금융 노동자에게 실적 채우기와 성과 압박이 가장 큰 스트레스 요인이라는 점은 자살 사건에서도 명확하게 드러나는 대목이다. 실적중심주의는 동료관계를 경쟁관계로 내몰고 '도달할 수 없는' 실적치에 좌절케 하면서 몸과 마음을 고갈시키는 것이다. 여전히 여러 기업에서 성과 독려, 대책 강구라는 미명 아래 변형된 형태의 저성과자 프로그램을 통해 마음과 몸을 짓밟는 괴롭힘 사례가 발생하고 있다. 실적 쥐어짜기 시스템을 개선하지 않는 채로 금융 노동자의 정신건강 문제에 가시적인 변화를 꾀하기는 요원해 보인다. 노동과정상의 제 문제를 철저히 개별화하고 배제/차별을 대놓고 정당화하는 능력주의, 성과주의 등 일련의 분할 장치/담론에 균열을 내는 정치가 더욱 요구된다.

4. 한 경마장에서 일어난 죽음의 행렬

누구도 살아남기 힘들다

이런 곳에서는 노동자의 존엄이 존중받기를 기대하기는커 녕 누구도 살아남기 힘들다. 이런 곳은 열악한 노동조건, 미약한 노동권, 반인권적 경쟁 장치, 위계적 관계 같은 문제가 여러 겹으로 교차하는 곳이다. 7명의 반복된 죽음이 분명히 말하는 바다. 부산경남경마공원의 이야기다. 부산경남경마공원에서 자살한 망자들의 유서를 보자.

"이제는 고통도 없고 편히 숨 쉴 곳엘 가기 위해"라는 유서를 남기고 숙소에서 자살한 이명화 기수(25세, 2005년 3월).

언니의 죽음 5년 후 "경마장은 참 많은 것들을 잃게 만드는구나. 명화 언니를 데려가고 …… 내 자존심 또한 남아나질 않게 밑바닥으로 떨어뜨리고 떨어뜨린다. …… 부산경마장 기수들이 최고 힘들고 불쌍해, 도대체 부산에서 몇 번의 자살 시도냐. …… 경마장은 내 기준으로는 사람이 지낼 곳이 못 되는구나"라는 유서를 남기고 자택에서 자살한 박진희 기수(28세, 2010년 3월).

"한 달에 많이 서면 12번의 당직을 섭니다. 이게 어찌 사람 사는 일입니까. …… 이제 조금은 쉬어야겠네요. 극단적인 생각을 하지 않으려 많은 노력을 했는데, 너무 많이 힘들어 이제는 내려놓을려구요. 너무나 많은 과중한 업무 스트레스 정말 제가 정신병자가 되지 않은 게 신기할 정도예요 …… 이제는 그런 쳇바퀴에서 벗어나려 합니다"라는 유서를 남기고 자살한 박용석 말관리사(34세, 2011년 11월).

"X 같은 마사회"란 비난의 유서를 남긴 채 마방馬房에서 목매 자살한 박경근 말관리사(39세, 2017년 5월).

충분한 치료를 받지 못한 채 인력 부족으로 인한 업무 과로에 시달리다 교외 인근 차량에서 번개탄 피우고 자살한 이현준 말관리사(36세, 2017년 8월).

국내 최고 권위의 그랑프리까지 석권할 정도로 한국 경마계 최고의 스타로 불렸으나 경기가 없는 화요일, 경마장 내 경주로 1600미터 지점까지 자신의 차량을 끌고 가 불을 피워 자살한 조성곤 기수(37세, 2019년 7월).

"마사회 놈들을 믿을 수가 없어서" "복사본을 남긴다"는 자필의 단서를 단 장문의 유서를 남기고 숙소에서 자살한 문중원 기수(40세, 2019년 11월).

반복된 자살은 여러 면에서 기이하다. 우선, 한 곳에서의 자살률이 너무 높다는 점이다. 일반 인구의 자살 십만인율과 비교해도 그렇고 일반 기업의 자살률에 비해서도 상당한 정도다. '여가선용'의 장소가 아니라 '죽음의 장소'라 일컬을 만하다. 또한 연령대가 매우 낮다는 점이 눈에 띤다. 거의가 20~30대다. 자연사가 아닌 이상 20~30대의 죽음 그 자체는 문제적 사건이다. 그런데 그런 일이 반복된다는 점은 더욱 충격적이다. 기이한 면은 이뿐만이 아니다.

죽음이 말하는 것

반복된 죽음의 행렬은 무엇을 말하는가? 자살은 흔적을 남기게 마련이다. 자살을 일종의 과정으로 볼 때, 자살 생각이나 자살 계획, 자살 시도로 이어지는 과정에서 동료나 가족에게 털어놓은 고민처럼 기록되지 않은 행위를 비롯해 인터넷 검색이나

SNS, 일기나 유서, 진료 기록이 그렇다. 일종의 자살의 목소리 suicide voices 다.

유서 가운데 "X 같은 마사회" "경마장은 사람이 지낼 곳이 못 되는구나" "마사회 놈들을 믿을 수가 없어서"란 표현에서 보 듯이, 분노, 울분의 화살은 한 곳을 가리키고 있음에 주목할 필요 가 있다. 자살은 지극히 개인적인 죽음(성적 스트레스, 사업 실패, 불화, 개인 비위, 신변 비관)이라 생각할 수 있고 또한 다양한 기여 요인(업무, 가족, 개인, 관계, 문화, 상황)이 작용한 것이라 볼 수 있 겠지만, 반복된 자살은 공통적으로 그곳에 대해 목소리를 냈다. 망자들의 고통, 문제, 딜레마 속에서 공통적으로 확인할 수 있는 바다. (물론 이 또한 상당인과관계의 관점에서는 업무와 죽음 간의 상 당성을 판단하기 어렵다고 할 것이다.)

논란의 여지가 있을 수 있지만, 자살 장소도 일종의 흔적이 다. 자살 장소를 보면, 많은 경우 숙소나 마방 또는 경마장 내 경 주로였다. 비참을 유발한 원인의 원인이랄 수 있는 장소, '이곳' 을 마지막의 장소로 선택해 산화한 것으로 보인다. 《자살, 차악 의 선택》(2010)을 쓴 박형민의 논의를 참조하면, 기수·말관리사 의 유서에 나타난 메시지의 성격은 문제 지향적인 경향이 강했 고, 소통방식은 때론 일방적이면서 때론 상호적인 타자 지향성 (고발형 자살, 탄원형 자살)으로 정리할 수 있다. 죽음을 통해 이곳 의 문제를 '밖으로 알리려는' 그리고 '해결하려는 기대를 담은' 몸부림이 자살 장소에 투사됐음을 읽을 수 있다.[13]

마지막으로 죽음 속에서 공통으로 발견할 수 있는 점은 죽음의 원인에 대한 조직 차원의 해결을 기대하기는 어렵다는 사실이다. 이명화 기수의 자살 사건이 발생한 2005년 이후 그간 여러 차례의 문제제기가 있어왔다. 그럼에도 동일한 사업장에서 비극적 사건이 반복된다는 것은 문제가 문제로 받아들여지지 못하고 있거나 문제에 대한 해결책이 미봉책에 그친다는 증거일 것이다. 아니면 지금까지의 비극적 사건을 부수적인 리스크collateral risk 정도로 치부하는지도 모른다. 자살의 반복이 문제로 인식되지 못하든 해결책이 미봉책에 그치든 부수적인 리스크로 취급되든 아니면 회사가 책임을 회피(고용관계 아님, 마찬가지로 하청업체 문제, 자회사 문제, 가맹점 문제 등도 유사한 회피의 언어다)할 수 있어서든 이러한 모든 것은 기수·말관리사가 현재의 자리에서 어떻게 취급받는지를 보여주는 바다. 마사회는 어떠하든 '공공'의 이름을 걸고 있는 당사자임에도 책임을 다하고 있지 못하다는 비판에서 자유로울 수 없다.

'선진경마'라 이름 붙은 실험의 도구

왜 다른 곳이 아닌 부산경남경마공원인가? 고 박진희 기수가 유서에 서울과 제주에 비해 "부산경마장이 가장 힘들다"고 말한 문제의 원인은 무엇일까? 서울경마공원이나 제주경마공원이 아닌 왜 부산경남에서 자살이 반복되는가에 대한 질문은 죽음의 원인이 부산경남경마공원의 특수한 그 무엇과 연결되어 있음을 말해준다.

비슷한 질문은 이전 다른 자살 사건에서도 제기됐다. 이를 테면, 여느 항공사에 비해 대한항공의 자살자 수가 왜 그 시기에 그렇게 많았는지? 여느 대학교에 비해 카이스트의 자살자 수가 왜 그 시기에 그렇게 많았는지? 여느 철도에 비해 서울도시철도 기관사의 자살자 수가 왜 그 시기에 그렇게 많았는지? 여느 부품 업체에 비해 폭스콘의 자살자 수가 왜 그 시기에 그렇게 많았는지? 이는 업종 전체적인 문제 진단과 동시에 업체 특수적인 문제가 어떻게 자살 사건과 연결되는지를 규명하는 작업이 요망되는 경우다.

우선, 마사회 전체 차원의 공통적인 문제를 짚어보자. 마사회는 산재가 상당히 많은 사업장으로 악명 높다. 연간 재해율 13.9%는 전국 평균 재해율의 25배에 달하는 수치다. 말관리사의 경우, 적정 인원이 유지되지 않는 경우가 많아 노동시간도 꽤 길다. 주당 60시간 이상이 46.5%를 차지한다.[14] 이는 마사회의 전반적인 특징이다.

과로죽음 문제가 계속되는 데는 변화된 지형이 한몫한다. 이전까지 마사회는 단일 마주로 모든 말을 관리해왔다. 당시에는 조교사, 기수, 말관리사 모두 마사회 소속 직원이었다. 그런데 1993년 승부 조작 등 경마 비리 해결책의 하나로 개인마주제로 전환하면서 고용구조 또한 바꿨다. 일종의 다단계로 이뤄진 개별 고용방식이다. 개인 마주가 조교사에게 경주마를 위탁하고 조교사는 말관리사와 고용계약을 맺고 기수와는 기승계약을 맺는 방식으로 바뀌었다. 조교사에 개별로 고용된 말관리사의 경우 언제든지 해고될 수 있었다. 물론 서울의 경우는 조교사협회와 말관리사 노조가 단체협약을 체결하는 방식이다. 한편, 조교사와 기승계약을 맺는 기수는 개인사업자 신분으로 노동권이 부정된 채 조교사의 지시를 전적으로 따라야 하는 처지에 놓이게 됐다. 이런 위계적인 다단계 고용구조는 조교사에 대한 종속성을 높였다.[15]

　달라진 계약관계, 열악한 노동조건, 노동권 없음, 위계적 관계 구조에 또 하나의 문제가 덧대져 있다. 마지막 문제의 지점은 반인권적인 경쟁 시스템이다. 이는 2004년 새로 개장한 부산경마공원의 특수성에 해당한다. 서울의 경우, 임금 및 소득 분배 방식은 순위상금의 일부를 분할해 기본급 형태로 말관리사와 기수에게 지급하는 '부가순위상금' 방식이다. 고정급 70%, 상금성 30%로 구성된다. 상금을 균등 분배하는 비율이 높기에 소득의 고정성과 안정성이 상대적으로 높다. 이에 비해 부산경남의 경우는 '순위상금' 방식이다. 고정성 임금 30%에 비해 경쟁성 상금 70%로 "너무 지나치게 경쟁성 상금이 많다".[16]

　경쟁성 상금은 '선진경마'라는 명목으로 도입된 것이다. 순위에서 밀리면 소득의 안정성을 기대하기가 매우 어렵게 된다. "우리는 선진경마라 이름 붙은 실험의 도구"에 불과하다는 어느 기수의 자조는 경쟁 시스템의 폐해가 심각함을 말해준다. 위험도가 높은 경쟁 시스템은 마사회를 정점으로 하는 위계적 구조를 한층 고착화하면서 기수·말관리사의 존재 조건을 취약하게 만들어왔다. 물론 경쟁 시스템 그 자체가 새로운 건 아니지만, 그 강도가 생존권은 물론 인간 존엄성을 침해하는 정도로 문제적이다. 반인권적이라고 말하는 이유다.

이런 일은 또 반복될지 모른다

부산경남에서의 반복된 자살은 경쟁 시스템의 강화라는 경향 속에서 읽어야 할 사건이다. 서울은 물론 제주 또한 부산경남의 경쟁 시스템으로 바꿔나가는 추세라고 한다. 부산경남에서 발생한 사건은 부산경남만의 특수성에 그치는 것이 아니라 마사회 전체 기수·말관리사가 당면할 문제가 될 수 있다는 이야기다.

반인권적 경쟁 장치가 노동자를 쥐어짜는 곳에서는 언제나 자살 사건이 반복 발생했다. 막돼먹은 취급을 유발하는 경쟁 장치를 거둬내는 일이 급선무다. 또한 조직 전체 차원에서 다단계의 위계적 고용구조를 정비하고 열악한 노동조건을 개선하는 작업도 병행되어야 한다. 해결책을 만들어가는 방식은 망자들의 목소리suicide voices에 귀 기울여 문제, 고통, 딜레마를 논의 테이블에 올려놓고 풀어가는 데서 출발해야 할 것이다.[17]

5. 부품으로 전락한 개발자들[18]

연이은 사망 사고

2016년 가을 한 게임업체에서 개발 노동자가 연이어 사망하는 사건이 발생했다. 해당 업체는 사망 사고와 업무와 연관지을 근거가 없다고 하고 개인 사유에 의한 사망이라는 입장을 되풀이했다.[19] 그럼에도 몇 가지 질문을 해볼 수 있다. 왜 갑자기 20~30대의 돌연사와 자살이 반복된 것인가? 돌연사 및 자살은 예외적인 일인가? 우연적으로 겹친 것인가? 과연 업무와 연관지을 근거는 없는가? 그저 개인 사유에 의한 사망인가?

물론 잇단 사망 사고를 우연히 예외가 겹친 것이라고 말할 수 있다. 또한 자살과 돌연사는 별개의 것이라고! 그렇지만 우연이 반복되면 필연이라고 하지 않던가! 우연적인 예외라고 하더라도 망자의 연령대가 20~30대였던 점을 감안할 때, 사망률(순환계통질환 및 고의적자해에 의한 사망률)이 일반 인구 대비 유독 높았던 점을 볼 때,[20] 더욱이 사망 사고가 반복된 점을 비춰볼 때, 노동자의 잇따른 죽음에 구조적인 문제가 관통했음을 의심하는 것은 지극히 상식이다. 원론적으로 들리겠지만 노동자의 죽음 자체가 그 조직·환경의 구조적 문제를 현시하는 상징적 징표라는 점도 합리적 의심의 이유다.

우연은 인과론적 메커니즘을 찾지 못하거나 이유를 설명할 수 없는 때를 말한다. 그렇지만 사건이 우연히 발생했다고 해서 무원인인 건 아니다. 또한 상당인과관계가 선명하지 않다고 해서 사실상 무한히 연결되어 있는 업무 연관성이 없다고 볼 수 없다. 통상적인 사망률에 비춰보아도 우연이라고 넘기기에는 '너무나 큰 사건'이라는 지적을 눈여겨봐야 한다.

IT노조의 노동 실태조사(2018)에 따르면, IT 노동자의 25.3%가 주당 12시간을 초과근무했다. 초과근무를 하지 않는 비율은 12.4%에 그쳤다. 특히 계약직(28.6%)이나 프리랜서(29.6%)의 초과근무비율은 정규직(23.5%)에 비해 높았다. 더욱 문제는 초과근무비율이 높음에도 초과근무수당을 제대로 받는 경우는 5.4%에 불과했고 실비 명목으로 일부만 지급받는 경우(32.5%)나 포괄임금제인 경우(14.1%)가 많았다. 아예 지급하지 않는다는 경우(36.3%)도 꽤 높았다. 업계 전반에 무료노동이 잦았다.[21]

죽음이 과로 때문이라는 추정이 유별날 게 없을 정도로 IT·게임업계의 과노동은 새로운 게 아니다. 장시간 노동이 업계에서 새로운 게 아님에도 개발자들이 갑작스럽게 쓰러진 이유는 뭘까? 본 장은 반복된 사망 사건을 일종의 사회적 사실로 놓고 업계의 장시간 노동이라는 오래된 관행과 새로운 위험 요인이 결합하면서 발생할 수밖에 없었던 죽음이었음을 추적한다. 특히, IT·게임 개발 환경의 구조적 변화가 과로죽음으로 외화될 수밖에 없었던 지점을 짚어본다.

크런치 모드라는 말이 있다. 크런치는 땅콩·아몬드 등 견과류를 으깨 넣은 과자류나 특정 신체 부위의 지방을 집중적으로 태우는 운동법을 가리키고 또는 시중에 자금의 통로가 막혀 있어 기업이 자금 조달을 하기 어렵게 되면서 도산 같은 극단적인 상황을 일컫는 신용 경색credit crunch을 뜻하기도 한다. 크런치 모드는 출시 마감일을 맞추기 위해 짧게는 몇 주부터 길게는 수개월 동안 야근+밤샘을 반복하는 업무 관행을 일컫는 업계 은어다. 표현법이 말해주듯 크런치 모드는 노동자들을 으깨어 갈아넣고 태우는 번아웃의 게임업계 버전인 셈이다. 업체들이 오해 또는 오명일 뿐이라고 말하는 판교의 등대, 구로의 등대, 오징어 잡이 배라는 표현은 크런치 모드가 무한 루프처럼 반복되는 IT·게임업계의 민낯을 그대로 보여주는 상징어다. 발암물질처럼 암을 유발하는 시간, '발암시간'이 있다면 한두 달씩 야근+밤샘을 반복하는 크런치 모드 관행이 그것이 아닐까 싶다. 출근시간대에 IT개발 노동자를 대상으로 구로의 등대란 표현을 들어봤느냐는 길거리 인터뷰에서 "우리'도' 등대"라는 답변은 IT·게임업계의 일상화된 야근+밤샘노동을 말해준다.

그간 IT·게임업계에서 장시간 노동은 당연한 것 또는 감내

과정으로 생각해왔다. 개발자들은 "예전엔" "자유로운 분위기에서" "자신의 작품"을 만들기 위해 "예술혼" "헝그리 정신"을 불태웠다고 한다. 일종의 장인 노동 같은 "인고의 과정"처럼 여겼다. 2~3일 밤샘을 안 해봤으면 "아직 개발자 되려면 멀었다"며 농을 건네기도 한다. 여기서 긴 시간 노동을 억압 기제만으로는 설명할 수 없다. 물론 지금보다 개발 기간이 상대적으로 길었고 개발 프로세스상의 자율성이 높았으며 근저에는 성공신화가 넓게 깔려 있었기에 장시간 노동이라는 문제는 문제화의 대상에 오르지 않을 수 있었다.

그런데 최근 개발 환경이 급변했다. 주력 플랫폼이 변화하면서 개발 과정은 물론 개발자의 태도나 상황도 달라졌다. 이런 가운데 장시간 노동의 가혹함은 그 정도가 더해지면서 IT·게임 노동자의 신체적·정신적 감내의 한계치를 넘어서는 실정이다. 물론 감내의 한계치가 법정 기준을 넘어선 지는 이미 오래됐다. 다시 말해, 오랜 관행에 새로운 위험이 덧대지면서 과로죽음의 위험을 양산하고 있는 것이다. 여기서는 반복된 죽음이 발생할 수밖에 없었던 구조적 원인을 개발 환경의 변화, 개발 프로세스의 변화, 개발 문화의 변화, 기업관계의 변화 차원에서 살펴본다.

'언제나' 크런치 모드

첫째, 주력 플랫폼이 온라인에서 모바일로 급변했다. 해외

유수의 개발사도 스마트 기기 관련 개발에 집중하고 주력 플랫폼을 모바일로 전환해나갔다. 애플 앱스토어(2008년 7월), 아마존 앱스토어(2011년 3월), 구글 플레이스토어(2012년 3월) 같은 모바일 게임의 론칭 창구 또한 늘어났다.[22]

국내 모바일화의 속도도 맞아떨어졌다. 2010년대 들어서면서 세계 최초·최고라 자칭할 만큼 초고속 인터넷 환경이 상당히 짧은 시간 내에 구축됐다. 스마트 기기의 성능이 날로 업그레이드됐고 기기의 보급률도 매해 두세 배씩 증가했다. 2009년 2%에 불과했던 스마트폰 보급률이 88%까지 치고 올라갔다. 퓨리서치센터가 조사한 40개국 가운데 1위에 해당하는 수치다(Pew Research Center, 2015).[23] 보급률의 속도만이 아니다. 사회의 스마트화(혹은 4차 산업혁명)라고 이름을 걸 정도로 기술 변화의 파급력은 상당했고 기술 진보를 앞세운 화려한 언어와 숫자가 넘쳐흘렀다.

모바일이 주력 플랫폼으로 부상하면서 제품의 생산, 유통, 소비 과정 또한 달라졌다. 눈에 띄게 달라진 점은 개발 기간이 이전보다 짧아졌다는 사실이다. 온라인 시절에는 개발 기간이 3~5년 정도였던 것에 비해 모바일로 들어서면서 1년도 채 안 되는 경우가 많아졌다. 게임을 몇 개월 만에 '찍어내기도' 한다. 유행 주기나 라이브 단계도 훨씬 짧아졌다. 게임의 라이프사이클이 짧아진 것이다. 대형 업체들은 유행을 선도하고 시장을 주도한다는 명목으로 '선제적으로' '대량으로' 게임을 출시한다. '공격적으로 찍어낸다'는 표현이 더 적절하다.[24]

엔진 기술의 변화도 개발 과정의 가속에 한몫한다. 엔진을 직접 짜던 예전과 달리 요즘은 기성품처럼 나온 엔진(언리얼Unreal 엔진이나 유니티Unity 엔진)을 주로 사용한다.[25] 메인 엔진에 여러 모듈(모듈1+모듈2+모듈3+⋯+모듈n)을 올리는 방식이다. 대형 업체들은 기성품 형태의 '잘 나온' 엔진에 모듈을 얹는 방식으로 게임을 더 빨리 찍어내고 성패를 단번에 확인할 수 있어 기성품 엔진+모듈 방식을 선호한다. 개발의 편의와 속도를 높이는 방식은 역설적으로 개발의 다양성을 제한하기도 한다. 물론 중소 개발사도 자사의 게임을 론칭해 목 좋은 자리에 놓으려면 대형 퍼블리셔의 프로세스 속도와 방식을 따라야 한다. 그렇지만 대형 업체의 '돈 되는' 게임을 찍어내는 식의 속도전으로 개발자의 세계관이나 작품성은 사업부의 '돈 되는' 방향성에 밀리곤 한다. 개발자로서 자부심보다는 자괴감을 느끼게 되는 지점이다.

"PC 개발을 할 때는 조금 더 많은 것을 할 수 있어요. 더 개발 쪽으로 기획 쪽으로 다양한 걸 시도해볼 수 있고, 좀 더 논의가 필요하고, 모바일 때보다 사실 일정이 더 길거든요. 애초에 투자를 받을 때나 시작을 할 때도 개발을 한 2~3년 정도로 넉넉하게 잡고, 그것도 순수한 개발 기간만 2~3년 이고 후에 테스트나 이런 것도 하면은 대부분 PC게임이 나오는데 4~5년 정도 걸리죠. …… 사실 원래대로 프로세스라면 자기 의사도 반영하고 원활하게 같이 논의해야 하는데, 개발 기간이 짧다보니까 논의할 시간이 없는 거예요. 그러다보니까 시키는 대로만 하고 시키는 대로만 하는 게 사실 일정이 줄어들면 그렇게 되죠. 의논할 시간도 없고 좀 더 여유롭게 할 시간도 없고 만들 것만 만들고 왜냐면은 그것 만드는 것만도 벅차니까." (개발자 ㅂㅅㅎ)

"너네 없어도 다른 사람 데려와서 개발할 수 있다 이 기준이에요. 그런데 실제로 그렇게 했는데도 성공을 하니까 계속 그렇게 나가는 거구요. 그게 이제 중요한 거는 게임업계가 PC 온라인 시대에서 모바일 시대로 넘어오면서 그게 점점 더 심해진 거죠. 왜냐면은 모바일은 금방 만들고 금방 출시해서 빨리 돈을 벌 수 있는 구조다보니까 적은 인건비로 더 많은 이익을 낼 수 있는 구조다보니까 아무래도 그게 더 심해진 거죠. 옛날 PC 온라인 시대에서 같은 경우는 이렇게까지 심하지는 않았어요." (개발자 ㄱㅅㅁ)

개발 프로세스가 달라진(빨라진) 만큼 노동과정상의 흐름 또한 그 속도를 따라가야 했다. 론칭할 때나 업데이트 또는 이벤트 때마다 야근+밤샘이 반복되는 크런치 모드의 빈도가 "더 잦아졌다". 이벤트는 한 달에 한 번꼴이라고 하는데, 새해, 설날, 벚꽃 필 때, 어린이날, 월말, 월초, 여름방학, 겨울방학, 개학 전후, 휴가 시즌까지 사실상 '언제나' 이벤트라고 할 정도로 빈번해졌다. 괄호 쳐진 새로운 위험의 첫 번째 요소다.

물론 크런치 모드가 업계의 새로운 풍경은 아니다. 그렇지만 크런치 모드로 들어갈 때면 최소한의 '설득 과정'을 거쳤던 이전과 달리, 지금은 너무나도 당연시된다는 것이다. 개발 기간과 업데이트 주기의 단축으로 인한 크런치 모드의 '잦음'은 개발자 회복력을 떨어트리는 원인으로 추정 가능하다. 특정 개발 기간에 집중된 초장시간 연속 노동을 월 단위·주 단위로 규제하는 조치가 반드시 필요한 사항이다.

"아니 근데 조금 더 심해졌던 거 같아요. …… PC 때는 업데이트 주기가 이렇게 빠르지 않았고, PC 때는 쉬는 날에는 쉬고 어쨌든 24시간 막 그런 것도 아니었고 …… 업데이트를 PC 때보다 몇 배 이상으로 빨리빨리 들어가야 되고, 또 24시간 이슈가 발생한 거에 대해 빨리빨리 대응해야 되고 그니까 주기가 빨라진 거죠. 그거에 맞춰서 하려다보니까 그렇게 된 거예요. …… 그니까 쉬는 날에도 못 쉬는 거예요. 사실상 쉬는 날이 없는 건 아니지만 항상 대기 중인 거예요. 메신저를 계속 봐요, 계속 쉬는 날에도. 그러다가 안 되겠다 싶으면 회사로 뛰어오는 거고 아니면 집으로라도 원격으로라도 일을 해야 되고." (개발자 ㄱㅎㅈ)

"엄청 빠르죠. 거의 분기마다 업데이트를 해야 될 정도이기 때문에. PC는 1년에 뭐 2번? 거의 뭐 1학기 2학기 대부분 여름방학 겨울방학 시즌으로 나누죠. 근데 모바일 게임은 거의 달에 이벤트 업데이트 이게 달마다 있죠." (개발자 ㅂㅅㅎ)

"모바일 오면서 많이 힘들어졌죠. 사람들이 아무래도 업무 강도나 이런 것들이 굉장히. 모바일 게임 자체가 트렌드가 빨리빨리 변하고 아까도 말씀드렸다시피 일주일에도 몇 번씩 업데이트를 하고 이벤트를 하고 이런 게 많아졌거든요. 그래서 아무래도 문제도 더 많이 생기게 되고 버그도 더 많이 생기게 되고." (개발자 ㅈㅎㅈ)

또 하나의 변화는 서버 기술이 버전업될 때나 엔진(개발툴)의 패러다임이 바뀔 때마다 그 내용을 학습해야 하는 개발자의 몫이 늘어났다는 것이다. 이를테면, PC 온라인일 때의 엔진에서 모바일일 때의 엔진으로 그리고 모바일 기기의 성능이 '버전업' 할 때마다 개발자들은 "이곳저곳 뒤져가며" 알아서 팔로우업 해야 한다. 콘퍼런스에 주기적으로 참여해 신기술에 대한 정보나 트렌드를 파악하는 등 자기계발 또한 개발자가 알아서 챙겨야 하는 '업무'다. 그만큼 개발 주기나 기술 속도가 빨라진 환경에 따라 개발자들이 신경 써야 할 부담이 상당해졌다. 신자유주의 시대에 자본은 더 이상 노동자의 이용 가능성에 돈을 지불하지 않는다는 말처럼, 재교육 비용까지 노동자 각자가 '알아서' 감당해야 하는 상황이다. '자기계발의 이름으로' 또는 '감을 잃지 않기 위해' 또는 '살아남기 위해'!

혁신적인 프로세스, 낡은 조직문화

둘째, 개발 프로세스상의 새로운 위험이다. 전통적으로 개발 과정은 폭포수 프로세스에 따라 진행됐다. 폭포수 프로세스 waterfall process는 분석 → 설계 → 개발 → 구현 → (알파 → 클로즈 베타 → 오픈 베타) 테스트 → 유지보수까지 전 과정을 전체 계획하에 중앙에서 관리·통제하는 방식이다. 그런데 폭포수 프로세스는 시장·유행·기술의 빠른 변화를 담아내는 데 부족하다고 평가받는다.

빠른 시장·유행·기술의 변화에 부합하는 방법론으로 혁신 프로세스가 도입되고 있는데, 그중 하나가 애자일 프로세스 agile process다. 애자일은 중앙 통제식 개발이라기보다는 시장·유행 흐름의 빠른 변화에 대한 기민한 대응을 강조하는 개발 프로세스다.

그렇지만 혁신이란 이름으로 새로운 형태의 프로세스가 도입되고는 있지만, 많은 경우 중앙 통제식 관리가 여전하다. '사업부' 주도로 개발 일정을 '무리하게' 짜거나 갑자기 일정을 줄이거나 계획서상에 없던 지시를 '들이밀거나' 아예 개발 프로젝트를 엎는(드롭하는) 경우도 있어 개발자의 부담과 불안정성은 이전보다 더해졌다.

"갑자기 말도 안 되는 일정을 요구하는데 어떻게 야근을 안 합니까?"[26]

개발자들이 받는 스트레스는 급이 다르다. 새로운 게임 론칭이나 이벤트 타임 전에 쪼아대는 상사와 빡빡한 일정에 밤샘 작업해서 만들어놨는데, 이벤트 당일에 버그나 오류 터지면 새벽 3시 4시에도 자다가도 택시 타고 회사 달려가서 서버 점검하고 새벽 4시에 개발자 집합해서 버그 찾겠다고 눈에 불 켜고 며칠 동안 자리에서 일어나지도 못한다. 항상 문제가 터지면 개발자 책임이고 PM이나 상사들은 "언제까지 가능하냐?", 기획자들은 "이거 하나 못 바꿔줘?" 니들 입장에선 이거 하나지만 개발자한텐 미치는 작업이다.[27]

"유행에 따라 이렇게 바꾸자 저렇게 바꾸자며 없던 요구들이 훅 들어온다." (개발자 ㅇㄱㅊ)

"저희 직원끼리 얘기하는데 사업부가 힘이 되게 세요. 입김이 강해요. 사업부가 끼면은 회의 시간이 길어져요 싸우다가~. 말도 안 되는 걸 요구하고 그거는 게임이 컨셉과 맞지 않는다 사업부는 저는 잘 모르겠어요. 저는 사업부는 일을 잘한다고 생각한 적이 없는데, 그런데 무소불위 권력을 갖고 있기 때문에 권력이라고 하는 것도 걔네들 합법적으로 쪼거든요. 뭐 그렇다고." (개발자 ㅂㅅㅎ)

"지금 그런 개발사 퍼블리셔 구조에서는 어쩔 수 없이 벌어지는 일이기는 해요. 어떤 개발사가 퍼블리셔와 계약을 한다고 하면 그 퍼블리셔에서 그런 요구하는 것들을 개발사가 맞춰주게 되어 있거든요 지금 게임업계는. 그런 것들을 안 해주면 보통은 퍼블리셔가 거대 자본을 들고 갑의 입장에서 이렇게 계약을 맺게 되다보니까 아무래도 퍼블리셔 입김이나 영향력들이 상당히 크죠." (개발자 ㄱㅅㅎ)

개발 과정상의 공정 마감을 허들이라고 부르는데, 계획에 없던 허들이 '훅' 들어오는 경우가 잦다. 이런 경우는 사업부가 '돈 될 만한' 아이템을 끼워 넣으라는 지시가 대부분이다. 출시한 게임의 매출이 떨어지기라도 하면 게임 흐름과 관련 없는 콘텐츠(확률형 아이템)를 '이곳저곳에' 끼워 넣으라는 주문이 들어온다. 개발자들은 "허들 넘기 위해 개발"하는 꼴이라고 자괴한다. "새로운 프로세스를 들여와도 똑같다" "너무 훅훅 들어온다" "(단계별) 개입만 잦아졌다"고 푸념한다. '환경 변화에 유연하게 대처해야 한다'는 프로세스 혁신은 변화에 대한 대응이라는 이유 아래 잦은 개입의 형태를 띤다. '더 잦아진' 크런치 모드의 성격이 이전과 달라진 지점이다. 개발 과정상의 책임과 권한을 부여하고 독립성을 보장하는 해외 스튜디오에 비해 개발 과정이 '비합리적'이라고 지적되는 이유다. "크런치 모드는 필요악인가"라는 질문에 "일정만 잘 짜도 크런치 모드는 없앨 수 있다"는 어느 개발자의 말처럼, 운영방식에 따라 크런치 모드의 여부는 달라진다는 의견을 눈여겨볼 필요가 있다.

착취하기 좋은 구조

셋째, 노동자의 상태 차원에서 발견되는 새로운 위험도 주목할 지점이다. 개발 과정의 모듈화로 개발 물량이나 속도가 이전보다 몇 배나 '많아지고 빨라진' 동시에 단순 반복 작업을 해야 하는 부품화 경향은 더해졌다. 이전 시기 '자유로운 분위기'에서 '자신의 작품'에 '예술혼'을 불태웠던 (물론 이 또한 미디어화된 판타지일 수 있지만) 개발자들은 개발 규모가 커지고 개발 속도가 빨라진 요즘에는 단순 기능공처럼 부품화된다고 한다. 개발 속도가 빨라지면서 세계관이나 게임성을 개발 과정에 녹여낼 시간과 여지는 사라지고 '사업부'에서 제시한 방향에 맞춰 게임을 내놓는 데만도 정신없다는 것이다. 한편, "직원 …… 톱니바퀴" "사람 …… 소모품" "구성원 …… 기계부품"이란 표현을 아예 대놓고 하는 경우도 발견된다. 개발 속도가 유발하는 부품화와 동시에 일상의 언어폭력이 중첩되면서 소외가 더 심해졌다.[28] 괄호 쳐진 위험의 세 번째 요소다.

"착취하기 좋은 구조가 되는 거죠. …… 일단은 이 산업 자체가 완전히 그렇게 되었어요. 이거는 뭐 모두가 인정하는 부분이니까. 게임 쪽이 예전에는 장인 같은 느낌! 아주 유명한 개별자들은 뭐 송재경 김태곤 뭐 이런 분들은 되게 유명하잖아요. 이런 어떤 개인의 역량이나 이런 것들이 좌우가되었다면 지금은 어떤 산업화, 그니까 어떤 부속화 뭐 이렇게 해서 되는 거죠. 딱 이렇게 딱 그걸 그려보면 그게 딱 나오는 거죠. 몇 명 투입 뭐 어떻게 해서 몇 장을 그리고 이렇게 해서 오늘까지 이만큼 하고 뭐 이런 것들이 점점 더 가속화되는 거죠. …… 일단은 부속품이 된다는 것은 아무래도 거기서 자기 역할을 해야 된다는 거니까. 그런 뭐 일상이나 이런 것들이 단조로와지고, 업무 자체도 창의력인 것보다는 뭐 그런 데 많이 좌우되죠." (개발자 ㅈㅎㅈ)

"구성원을 대하는 태도도 약간 그냥 뭐 게임업계에서 일을 하고는 싶은데 별다른 기술은 없고 여기저기 떠돌다 온 애들처럼 취급을 하더라고요. 그냥 내부적으로도 이제 그렇게 생각을 하니까 여기는 별로 미래가 없구나 생각을 …… 거의 하청업체 수준이에요." (개발자 ㄱㅎㅈ)

"그렇게 몇 달만 일해봐. …… 마인드가 개발자에서 공장기계로 변하니깐. 시간이 지날수록 내가 창의적인 일을 하는지 공장에서 부품을 찍어내는지가 헷갈려."[29]

한편, 개발 과정의 모듈화로 진입 장벽 또한 낮아졌는데, 이에 따른 미숙련 개발 노동자의 시장 유입은 부품화를 가중시키는 요인이 된다. 이는 개발자의 저임금-장시간 노동조건을 확대재생산하고 고용의 불안정성에 노출될 위험을 높인다는 것이다. 핵심 개발자의 작업 또한 개발보다는 '관리'에 그치는 경우가 많다고 지적한다.

회사 분위기도 '자유롭고' '가족적'이었던 것에 비해 물량과 속도를 맞추느라 '기계적인' 분위기로 눈에 띄게 바뀌었다.[30] 물론 개발 방식이 바뀌었다고 해서 동료관계의 양상이 달라졌다고 단정할 수는 없다. 차림새나 호칭에서 개발 문화의 자유로운 면모를 확인할 수 있다. 그렇지만 게임 엔진을 '처음부터 직접 짜던' 때에 비하면 자유로운 소통과 관계에 기초한 자율적인 개발 문화는 많이 사라졌다. 개발자들의 성공 신화에 대한 꿈의 크기도 이전만큼 그리 크지 않아 보인다. 1~2세대와 비교해도 "많이 쪼그라들었다". '벤처 정신 운운하던 시절'에도 못 미친다. 스타트업이 아닌 이상 회사 '직원'으로서 일하는 것뿐이라는 인식이 팽배하다. 기술 변화-개발 과정의 변화-개발 문화의 변화-노동자 상태의 변화가 어떻게 맞물리는지 엿볼 수 있는 대목이다.

"게임 트렌드가 빨라지면 아무래도 게임을 빨리빨리 출시하게 되고 …… 예전보다 어떤 이렇게 서로를 돌아볼 수 있는 그게 짧죠. 그래서 내가 빨리 개발을 해서 하고 내가 딴데 간다든지 아니면 다음 프로젝트에 투입된다든지 기존의 동료와의 유대감 같은 거는 이전보다 훨씬 더 줄어들 수는 있겠죠." (개발자 ㅈㅎㅈ)

물론 개발자들이 부품화되었다고 해서 성공 신화가 완전히 사라진 건 아니다. 1~2세대와 비교해 성공 사례가 줄었을지는 몰라도, '터진' 게임에 따른 인센티브의 낙수 효과가 변변치는 않더라도, "성공만 하면 내 인생 핀다" "이 붐이 언제 가라앉을지 모르니까 얼른 대박 하나 터트려야죠"라는 대박 신화에 대한 기대는 여전히 깔려 있다. 그렇지만 대박 신화는 '이 모양의 헬조선' 맥락에서 '타이틀' '포트폴리오'를 하나라도 채우려는 경력 관리 형태를 띤다.

여기서 우리가 문제로 제기할 점은 부품화 경향이 날로 높아짐에도 노동권·건강권을 보호할 수 있는 조직적 대응이 부재하다는 사실이다. 자신이 언제든지 교체될 수 있다는 두려움 때문에, 노조 형태의 교섭 창구를 만든다는 건 언감생심이라고 한다. 업계의 평판에 대한 우려 또한 집단적인 발언권을 제약하는 요인이 된다.[31]

노동자 정체성보다는 개발자, 디자이너 같은 전문가 정체성이 강하다는 점도 특징이다. "내가 어떻게 노동자냐"라고 반문하는 경우도 있다. "시키는 일을 하는 것"이 아닌 "좋아서 하는 일"이란 이유다. 현실은 '3D 노가다'라고 자조하면서도 개발자 또는 디자이너로서의 정체성이 더 강하다. 개발 과정의 가속과 부품화가 유발하는 소외 상태와는 역설적인 인식이 문제적 현실을 문제로 드러내는 데 있어 제약 요인으로 작용하는 모습이다. 이러한 상황에서 더 잦아진 과로위험은 (푸념이나 하소연 수준으로만 표출될 뿐!) 확대 재생산된다. 괄호 쳐진 새로운 위험의 또 다른 요소다.

소작농화

마지막으로, 기업관계 차원에서 발견되는 위험이다. 언제부턴가 퍼블리셔와 개발사 간의 위계가 생겨났다. 그 관계가 한층 위계화되었다는 표현이 적절하다. 중소 개발사는 마케팅·홍보를 하려면 또는 더 많은 유저를 확보하려면 혹은 인기 순위 노출같이 일단 눈에 띄려면 대형 퍼블리셔를 통해야 했다. 물론 중소 개발사의 입장에서 많은 유저를 이미 회원으로 보유한 대형 퍼블리셔를 통하는 게 유리하지만, 기업 간 위계는 구상과 실행의 기업별 분리 구조를 더 심화시켰다. 이를테면, 기획은 대형 퍼블리셔가 주도하고 중소 개발사는 지시·명령을 수행하는 형태의 기업관계다. 개발사는 점차 하청업체와 유사한 지위로 떨어지게 된다. 물론 중소 개발사와 대형 퍼블리셔 간의 위계가 새로운 건 아니다. 그렇지만 시장 내 유통 파워가 부각되면서 중소 개발사는 대형 퍼블리셔 '사업부'의 실력 행사(일정 단축, 단가 낮추기, 계획에 없던 지시)에 맥 못 추는 게 다반사다. 개발사들은 론칭하려면 "어쩔 수 없이 감수해야 할 부분"이라고 말한다.

대형 퍼블리셔는 강력한 유통 파워를 앞세워 홍보·마케팅, 유통·서비스, 론칭 순서나 시기를 주도적으로 결정하는 것은 물론 개발사의 매출까지 좌지우지할 수 있다. 대형 퍼블리셔는 자회사 형태의 여러 개발사를 '거느리면서' 개발사 간 경쟁을 유도하고 결과물을 수시로 평가해 그 가운데 상품 하나를 선택해 론칭하는 전략을 취한다. 이는 일종의 상품 목록화repertoire 전략으로 상품의 휘발성이 높고 유저·고객·소비자의 욕구를 확인하기 쉽지 않은 시장에서 위험을 분산하기 위한 방법이다.[32]

상품 목록화 전략은 게임, 음악, 방송, 출판, 영화 같은 문화콘텐츠산업에서 두드러지는데, 이는 유통 과정에 대한 자본의 통제를 강화하는 효과를 발휘한다. 대형 퍼블리셔는 문화상품의 마케팅이나 개발(구상) 단계에의 개입, 매점과 독점적 배포 기획 등 유저·고객·소비자에 대응되는 문화상품 목록을 배치해 위험을 분산·회피하려 한다. 그런데 대형 퍼블리셔의 위험 분산·회피 전략이 상품의 시장 성공률을 높이는 데 최적화되어 있다고는 하지만, 개발 과정상의 리스크(실패의 부담)를 중소 개발사 및 개발자에 전가하는 방식으로 작동하고 있는 점은 분명 문제로 지적해야 한다. 자못 연예기획사의 연습생 데뷔 프로세스와 유사하다. 문화콘텐츠산업의 시장 성공 전략이 유발하는 위험은 가려진 채 K-게임, 한류산업, 창조경제, 경제 활성화, K-콘텐츠 담론이 앞세워지고 있는 현실이다.

"모바일 게임은 약간 좀 뭐랄까 개발 기간이 다 짧다보니까 한 번에 여러 개 프로세스를 발주할 수가 있어요. 예를 들어서 PC 온라인 게임 하나 만들 걸 이 투자 금액이면 모바일 게임 한 열다섯 개 일곱 개 여덟 개를 만들 수 있거든요. 그러면 이렇게 진행을 했는데, 이 게임 이 게임 이 게임은 이거는 안 될 것 같아, 잘라! 이 게임이 될 것 같아, 그러면 얘 하나만 밀고 나머지 다 잘라버리는 거예요. 그러면 얘만 성공

하면 나머지는 다 커버가 되는 거예요. 그러다보니까 아무래도 엎어지는 경우가 더 많죠." (개발자 ㄱㅅㅁ)

론칭 경쟁에 밀린 개발사는 다른 업체에 편입되거나 아예 회사를 접어야 한다. 개발자들은 권고사직을 당하거나 전환배치('사내 전배')를 받기도 한다. 개발자들은 게임이 "접히면(프로젝트 드롭)" 또는 "잘 안 나오면" 먼저 이직할 생각을 한다고 말한다. 그 정도로 이직이 잦다. 근속 기간은 평균 3년에 그친다. 기업의 평균 수명도 5년 미만인 비율이 57% 정도다.[33] 재밌는 점은 이직이 "하도 잦아" 이직한 혹은 전환배치 된 개발자에 대해 "능력이 안 돼서"라고 여기기보다는 "그냥 게임이 안 됐구나"라고 넘기는 정도다. '접히면, 이직'이 어쩔 수 없는 관행이라는 이유로 고용의 불안정성이 일상화되어 있는 모습이다. 이직이 일상화된 환경에서 자본의 기획은 더 기승을 부리고 노동의 권리는 더욱 유예되기 마련이다. 과로위험은 이렇게 구조적으로 재생산된다.

"전배 받아서 온 사람이 능력이 없어서 왔다고 생각하지 않고 다 게임이 안 되어서 그냥 이렇게 왔다고 생각하니까 왕따시키거나 문제제기하거나 그런 경우는 별로 없어요." (개발자 ㅈㅎㅈ)

"드랍시켜서 그 인원들을 다른 데로 전배를 하는데 대부분

회사에서 전배시키면 다 나가고 그러잖아요. …… 근데 그
런 건 없고요. 거기에 잘 녹아들고요." (개발자 ㅂㅅㅎ)

"정직원으로 들어가기는 한데 느낌은 약간 프리랜서 느낌
이라. …… 워낙에 이직율도 높기도 하고. …… 그래서 뭐 프
로젝트가 망하거나 접히거나 그러면 퇴사 사유가 된다 이런
내용이 뭐 다 기입되어 있으니까. …… 망한 거는 어쩔 수 없
지만 프로젝트가 접히게 되면 대체적으로는 다 이직을 해버
려요. 이직을 하거나 다 정리해고가 돼버려요. 그게 관례이
기도 관례이고 그게 근로계약서에 그렇게 명시되는 것도 있
고. …… 라이브 서비스하다가 매출이 안 나와서 접히는 경
우도 있구요, 개발 중인 프로젝트가 하다가 접히는 경우도
있구요. 뭐 여러 가지." (개발자 ㄱㅅㅁ)

수직적인 위계구조 아래 개발 과정상의 위험을 중소 개발사
및 개발자가 떠안게 되는 양상이 커진다. 위험이 중소 개발사에
전가된다는 이야기다. 이렇게 장시간 노동의 외형에는 기업 간
위계상의 불평등이 가로지르고 있음을 놓치지 말아야 한다. 직
장 민주주의workplace democracy를 위해서는 기업 간 불공정 거래 관
행이 함께 문제화되어야 한다. 이에 대한 문제제기가 함께 뒤따
르지 않는다면, 직장 민주주의의 가능성은 언제나 요원할 수밖
에 없다.

IT산업 중 특히 SI 업무는 대기업들의 일감 몰아주기 도구로 전락한 대형 SI 회사들과 그 밑에 2차 3차 하도급업체들로 구성되어 있다. 공공기관에서는 하도급을 극히 예외적인 경우를 제외하고 법률로 금지하고 있으나, 프로젝트 기간 동안만 고용하거나 최저임금만을 지급하고 별도 이면계약을 하는 등 편법이 난무하고 있다. 특히 하도급업체들 중 속칭 '보도방'이라 불리는 인력업체들은 소프트웨어 개발자를 섭외해 계약직으로 파견하되 중간 마진만을 취할 뿐이고 업무에 대해서는 원청업체에게 일임하는 인력소개소의 형태를 취하고 있다.[34]

개발사의 소작농화라는 표현이 말해주듯 앱스토어, 플레이스토어, 카카오, 네이버 같은 플랫폼을 매개로 자본은 생산과정에 개입하지 않고도 배타적 통제, 유통 또는 브랜드를 통해 막대한 지대를 수취한다.[35] 구술자들은 게임의 전체 이익 가운데 인앱결제 수수료 형태로 30% 정도가 (초국적 플랫폼) 자본에 고스란히 빠져나간다고 토로한다.[36]

앱마켓 수수료, 플랫폼 수수료, 퍼블리싱 수수료를 개발사가 이중·삼중으로 중복 부담하는 구조는 수익 분배의 불균형은 말할 것도 없고 유통 파워만 높이는 결과를 낳는다. 동시에 소위 성공 요소에 콘텐츠 자체보다는 홍보·마케팅을 위한 자금력이 더 중요해지는 상황이다. 유통 파워가 뒷받침되지 않는 중소형 개발사가 콘텐츠만으로 살아남기는 어려워지는 것이다. 이러한 위계구조에서 성공한 게임의 수익은 유통 파워로 대거 흡수되는 반면, 실패의 위험은 중소 개발사에 전가되는 양상이 빚어진다. 게임산업의 연평균 성장률이 6~9% 이상을 기록하고 매출 총액이 17조 원(2020년 기준)까지 치고 올라가는 고성장에도 불구하고, 개발자의 실질임금 인상률이 매출액 성장률에 비례하지 않는 이유는 불공정한 수익 분배 구조에 기인한다.[37] 저임금-장시간 노동의 재생산이 불공정한 수익 분배 구조와 연결되는 대목이다. 플랫폼을 매개로 한 국내외 자본의 막대한 지대수익을 사회적으로 제한·환원하는 장치가 요청되는 이유다.

국내에서 통용되는 룰은 7 대 3 법칙이다. 어떤 게임으로 100만 원의 이익이 났을 때 30만 원은 앱스토어, 구글플레이, 올레게임 등이 가져간다. 남은 70만 원 중에서도 다시 7 대 3 원칙이 적용된다. '애니팡' 등 카카오톡 기반 게임의 경우 브랜드 사용료 개념으로 다시 70만 원 중 30%(21만 원)를 가져간다. 총수익의 절반도 안 되는 49만 원으로 다시 퍼블리싱 업체와 실제 개발자들이 분배한다. 개발 과정에 외주나 하청 형식으로 참여한 업체들도 이 '49만 원' 안에서 지분을 갖는다.[38]

"넥슨·넷마블 등 대형 퍼블리셔(배급사)가 자본을 쥐고 개발사와 개발자들이 이를 따라가는 구조가 되면서 …… 수직적 관계가 고착화하고 있다." (대형 게임업체 2곳에서 표면적으로 드러난 자살 등 3~4건의 사망 사고는) "한국의 게임 개발 현실 (게임사의 수직적 구조)이 그대로 반영된 것"이다.[39]

"한국 시장 자체가 거의 그런 대규모 몇 개의 게임이 독과점하는 형태다보니까 매출의 대부분을 차지하는 그런 형태다보니까, 그런 대기업만 유리해지는 상황이 되어버렸고, 소규모 개발사들은 오히려 다양한 시도를 하기에는 너무 가난해진 상황이 온 게 아닌가." (개발자 ㄱㅅㅎ)

만성적인 장시간 노동에 잦아진 크런치 모드, 무리한 일정, 갑작스런 지시, 이벤트의 상시화, 위험의 전가, 부품화, 언제든지 대체될 수 있다는 불안감, 유사-하청화 또는 소작농화까지 온라인에서 모바일로의 플랫폼 변화와 함께 야기된 새로운 위험 요소가 교차하면서 게임 노동자에게 가해지는 스트레스의 결은 이전과 많이 달라졌다.[40]

턱밑까지 차오른 장시간 노동 관행에 새로운 위험 요인이 일종의 방아쇠처럼 작용하면서 과로죽음의 위험성을 격발시킨다. 산업시대의 과로죽음(발전주의적 과로죽음)과는 다른 신자유주의적 과로죽음이라고 이름 지을 수 있다. 물론 죽음을 유발하는 수많은 복잡성을 고려하면 그 원인을 하나로 단정할 수 없지만, 최근 들어 과노동과 실적 압박, 여기서 빚어지는 괴롭힘이 중첩되면서 발생한 죽음의 빈도가 높아진다는 점에서 새로운 현상으로 분류해 대응할 필요가 있다.

혹자의 말대로 "제3, 제4의 사망 사고가 발생하지 않을 것이라고 보장할 수 없다." 개발자들의 죽음은 우연히 발생한 예외가 아니라 구조적 위험에 노출되면서 필연적으로 발생할 수밖에 없었던 비극으로, 개발자 모두의 현실, 업계 전체의 실태를 담고 있기 때문이다. 우리가 더욱 주목해야 할 사실은 신자유주의적 과로죽음이 특정 집단에 한정되는 것이 아니라 과노동과 실적 압박에 노출된 누구에게나 관통할 수 있는 사회적 비극임을 보여준다는 점이다.

6. 최악의 살인기업 특별상,
우정사업본부[41]

또 죽어간다

설 연휴를 앞두고 '또 한 명'의 우편집배원(40대)이 근무 중 뇌출혈로 쓰러져 중환자실에서 치료를 받던 중 사망했다(2020년 1월 31일). 그간 집배 노동자의 수많은 사망 사건처럼 '또 하나'의 여느 사건으로 여겨질 수 있는 죽음이다. 하지만 기존 반복되던 사망 사건의 대안으로 '집배원 노동조건 개선 기획추진단'의 권고안이 제출되었고 이에 우정사업본부는 집배원 증원 등 노동조합과의 합의사항이 차질 없이 추진되도록 노사 공동 태스크포스를 구성해 합의안이 제대로 실행되는지 매월 점검한다고 밝혔던 터라[42] 경북 영덕 우편집배원의 죽음은 '새로운 사건'으로 읽혀야 한다.

망자의 평소 배달 물량이 우편물 500여 통과 소포 40여 개였던 데 비해 특별 소통 기간으로 분류되는 설 연휴 즈음부터는 우편물 1000여 통과 소포 80여 개로 늘어났던 것으로 보아,[43] 장시간 중노동이 죽음의 원인이라 말해도 하나도 이상할 것이 없을 만큼 과로위험이 여전했다는 점에서 여느 사건과 크게 다르지 않아 보인다. 하지만 기획추진단의 사회합의나 태스크포스의 점검 노력이 유효하지 못함을 방증하는 새로운 사건이다.

살인기업이란 표현이 있다. 이는 호주의 '산업살인법Industrial Manslaughter Law', 영국의 '기업과실치사 및 기업살인법Corporate Manslaughter and Corporate Homicide Act'에서 비롯한다. 수도 캔버라가 속한 호주 수도 준주The Australian Capital Territory는 기업뿐만 아니라 최고 임원에게 작업 중 발생한 노동자 사망에 대한 책임을 지우는 법을 2003년 제정했다. 법 적용은 정규직 노동자는 물론 비정규직 노동자, 아르바이트 노동자에 이르기까지 작업장에서 일하는 모든 노동자의 사망 사건에 가능하다. 사망 사건에 대한 형벌이 여느 나라에 비해 진일보한 편인데, 경영자에게 최대 징역 25년까지 선고할 수 있고 기업에 최대 60억 원의 벌금을 부과할 수 있다. 한국 법원의 형량이 산재 사망 사건의 피고인 가운데 징역과 금고형을 받은 피고인 비율이 3%에 못 미치고 이 또한 대부분 집행유예나 500만 원 전후의 벌금형에 그치는 것과 비교하면,[44] 호주 산업살인법의 무게감과 제도 효과를 가늠할 수 있다.

영국은 1987년 3월 16일 193명의 목숨을 앗아간 헤럴드 오브 프리 엔터프라이즈호의 침몰 사고 이후 기업의 살인죄에 대한 형사책임을 묻는 논의를 거쳐 2007년부터 기업살인법을 제정 시행해왔다. 기업살인법은 기업의 과실로 발생한 대규모 공공재해는 물론이고 산업안전보건법을 위반해 노동자 사망 사건이 발생한 경우 기업에 형사책임을 물음으로써 기업이 재해예방과 산업안전보건 관련법을 준수하도록 유도하기 위함이었다.[45]

한국의 경우, 노동건강연대는 매달 '이달의 살인기업'을 발표하고 매년 '최악의 살인기업'을 선정한다. 최악의 살인기업은 한 해 동안 산재 사망이 가장 많이 발생한 기업을 말한다. 선정식은 산재 사망을 기업의 살인행위로 규정해 처벌을 강화하고 산재를 예방하기 위함이다. 2006년부터 지금까지 GS건설, 현대건설, 한국타이어, 코리아2000, 대우건설, 한라건설, 현대제철, 현대중공업, 한화케미컬, 삼성중공업, 포스코건설이 최악의 살인기업으로 꼽혔다. 그 가운데 우정사업본부는 '최악의 살인기업 특별상'을 수상했다.

우정사업본부는 '최악의 살인기업 특별상'에 2년 연속으로 꼽혔다. 2017년의 경우, 사망한 노동자 39명 가운데 과로로 추정되는 돌연사 및 자살만 해도 16명이었다. 2017년 기준 우정사업본부 사망자 현황을 보면 아래와 같다.[46] 업무 관련성에 대한 논란이 있을 수 있지만, 그 범위를 넓게 잡아 추정한다면 26명으로 늘어난다. 2018년의 사망자 수는 44명으로 2010년 이후 최고치를 기록했다.[47] 과로죽음의 사례로 집배 노동자를 다뤄야 하는 첫 번째 이유는 이처럼 과로(로) 추정(되는) 사망 사건의 반복성 그 자체에 있다.

• 김○○, 34세, 강원 화천하남 집배원, 설날 소통기 중 뒤따

르던 차량이 추월하며 이륜차를 추돌해 사망(1.18.)

- 안○○, 54세, 파주 위탁 택배원, 배달 중 쓰러졌고 심근경색으로 사망(1.31.)
- 조○○, 45세, 충청 아산영인 집배원, 일요일에도 출근해 밤 11시까지 우편물 분류 작업을 했고 잠을 자다 원룸에서 심근경색으로 사망(2.6.)
- 김○○, 26세, 경기 가평 집배원, 회식 후 본인 차 안에서 번개탄 피운 뒤 자살(2.28.)
- 김○○, 32세, 전남 나주 집배원, 근무지 내 폐가에서 목맨 채 자살(3.7.)
- 박○○, 44세, 충남 보령웅천 계리원, 업무에 대한 힘듦을 토로하는 일기장 등을 남기고 자살(3.29.)
- 김○○, 55세, 부평 집배원, 강원도 산간 지역에서 자살(3.30.)
- 곽○○, 47세, 충청 아산 집배원, 화요일 오전 자택에서 숨진 채 발견, 심근경색으로 추정(4.25.)
- 신○○, 50세, 대전 유성봉명동 계리원, 오전 9시 50분경 우체국 내에서 갑자기 쓰러진 뒤 심정지로 사망(4.26.)
- 김○○, 40세, 대구 성서 집배원, 교차로 직진 주행 중 오른편에 오는 트럭과 충돌, 동료의 구역을 겸배 가던 중 발생한 교통사고로 사망(5.22.)
- 용○○, 57세, 경기 가평 집배원(집배실장), 당일 '출장' 상태로 우체국에 출근할 필요가 없었지만, 오전 6시 출근 뒤

우편물 분류 작업을 하다가 휴게실에서 쓰러진 채 발견, 뇌출혈로 사망(6.8.)

- 원○○, 47세, 경기 안양 집배원, 오전 11시 우체국 앞에서 분신 시도, 이틀 후 사망(7.6.)
- 김○○, 44세, 서울 동작 우편원, 저녁 7시 즈음 교통사고 (8.25.)
- 강○○, 27세, 서울 구로 집배원(비정규직), 자택에서 자살 (8.27.)
- 이○○, 53세, 서광주 집배원, 자택에서 유서 남긴 채 번개탄 피워 자살(9.5.)
- 김○○, 55세, 대전 집배원, 귀국 중 교차로에서 버스와 충돌 의식불명 후 사망(10.31.)

사망 사건이 두 해에만 유별난 건 아니다. 시간의 스펙트럼을 조금만 넓혀보아도 사망 사건의 반복성은 더 선명해진다. 2010년 이후 우정사업본부 노동자의 사망자 수는 331명이었다. 매해 30~40명에 달하는 수치다. 교통사고, 질병, 자살 등의 다양한 이유 가운데, 과로사(뇌·심혈관계질환 사망자) 비율은 24.8%(82명)였다. 문제는 일련의 조치(2017년 '집배원 근로시간 단축 대책 방안', 2018년 '집배원 노동조건 개선 기획추진단', 2019년 '노사 합의사항 이행점검 태스크포스 운영')에도 불구하고, 그 수가 줄어들 기미가 보이지 않는다는 점이다(뇌·심혈관계질환 사망자의 경우 2010년 10명, 2011년 7명, 2012년 4명, 2013년 9명, 2014년

9명, 2015년 6명, 2016년 11명, 2017년 11명, 2018년 15명).[48]

물론 잇단 사망 사고를 예외적인 상황이 우연히 겹친 것이라고 말할 수 있다. 그렇지만 벼락 맞는 일 같은 매우 우연적인 것이더라도 특정한 조건과 장소에서 반복되는 사건이라면 더 이상 그것을 우연으로만 취급해서는 안 된다. 또한 상당인과관계를 밝히기 어렵다는 이유로 사실상의 업무 연관성 모두를 부정할 수는 없다. 반복된 죽음 자체는 그 조직 환경의 구조적 문제를 나타내는 상징적 징표가 되기 때문이다. 노동자의 잇따른 죽음에 구조적 문제가 관통함을 의심하는 건 합리적인 추정이다.

집배노동을 다뤄야 하는 또 다른 이유는 사망 사고가 반복됨에도 불구하고 실노동시간을 둘러싼 진단 차이가 너무 크다는데 있다. 집배 노동자들은 현재의 장시간 노동이 연이은 사망 사고의 직접적인 원인일 정도로 '살인적'이라고 주장한다. 반면, 우정사업본부는 주당 평균 노동시간이 48.7시간으로,[49] 문제로 지적되는 장시간 중노동의 원인은 인력 운영의 불균형, 혁신도시및 신도시의 세대·인구수 증가라고 본다.

실노동시간에 대한 온도 차이만큼이나 그 해법에도 차이가 상당하다. 우정사업본부는 인력의 재배치, 우체국 간 업무량 불균형을 평준화(과부하 관서 집배원 업무도 경감), 초소형 전기차 보급 및 드론 배송을 통한 물류 혁신 등의 배달 환경 개선을 내세운다. 최근 내놓은 주 52시간 이내로의 단축 해법도 인력 배치 및 물류의 효율화를 전제로 하기는 마찬가지다.[50]

이에 반해 집배 노동자들은 우정사업본부가 밝힌 인력의 효율화 및 증원 계획[51]으로는 과도한 업무량을 해결할 수 없다며 사망 사고의 선행 요인이 장시간 노동인 만큼 인력 충원 없는 혁신안은 혁신이 될 수 없다고 맞서는 상황이다.

노동시간에 대한 진단 차이와 해법 차이가 전혀 좁혀지지 않는 가운데 집배 노동자들의 건강권, 시간권리는 무력화된 상태에 놓인다. 노동시간 단축이 노사 합의에 기초해야 하는 것이 원칙이지만, 연이은 과로죽음 같은 문제의 심각성을 고려하면 사회적 개입이 긴급히 요청된다.

특히 노동시간에 대한 진단 차이가 빚어지게 된 지점(집배 부하량 산출방식)을 사회적 논의 테이블로 끌어내 노사가 서로 신뢰할 수 있도록 하는 기준을 만드는 것이 우선되어야 한다. 그렇지 않은 상태에서 장시간 노동에 대한 진단과 처방은 노사 간의 접점을 찾기가 어렵고 소통 불능 상태는 계속될 것으로 보인다.

살인적인 장시간 노동

집배 노동자의 노동시간은 살인적인 것으로 유명하다. '살인적인' 노동시간은 어떤 정도인가? 우선, 우편집배원 1인당 담당 가구 수를 해외와 비교해볼 수 있다. 우편집배원 1인당 담당 가구 수는 미국이 514가구, 일본이 378가구인 것에 비해 한국은 1160가구다(2015년 기준). 일본의 3배가 넘는 수치다. 우편집배원 1인당 담당 인구수로 환산하면, 한국은 2763명으로 미국

1400명, 일본 905명에 비해 두세 배다.[52]

주당 평균 노동시간으로 보면, 평상시의 주당 평균 노동시간은 57.6시간인데, 매달 14일에서 22일 즈음의 폭주기에는 70.2시간, 명절이나 선거 기간 같은 특별기에는 85.9시간까지 치솟는다. 식사시간과 휴식시간을 제외한 하루 평균 노동시간도 10.8시간에서 13.1시간, 15.3시간으로 늘어난다(2013년 기준).[53]

열악한 노동환경에 대한 보고는 반복된다. 〈부산경남 지역 집배 노동자 노동환경 실태조사 보고서〉에 따르면, 시기별 주당 평균 노동시간의 차이가 컸다. 평상시 주당 평균 노동시간은 57.1시간인 데 반해, 폭주기에는 64.9시간, 특별기에는 72.1시간으로 늘었다. 휴식시간 또한 편차가 컸는데, 평상시 휴식시간이 18.4분인 것에 비해 폭주기는 12.5분, 특별기는 9.5분으로 줄었다. 이에 따른 건강 장애(소화불량, 수면 부족, 불면증, 피로도, 근골질환, 뇌심질환)도 상당히 심각했다.[54]

"일반 시기와 폭주기와 물량이 많이 차이가 나는데, 물량 자체로 보면 약 1.5~2배 정도 차이가 나거든요. 편지만 배달하는 것이 아니고…… 도심지 같은 경우 비수기 때. 책자를 다량으로 비수기로 옮기기 때문에…… 결국은 책자 1개가 더 힘들거든요. 구분도 힘들고. 편지보다는…… 편지는 기계실에서 나오니깐. 책자는 구분을 다 해야 하고, 다 올려야 하고. 그러다보니 그렇게 하면 예전에 비해서 차이가 거의 없다고요. 책자와 편지의 차이지요. 택배 사과 박스 10개와 조

그만 한 것 10개 하는 것 차이라고요. 이제는 성수기와 비수기가 거의 차이가 없다고."

"오전하고 오후하고 나눠서 생각하면…… 오전에는 일찍 나와서 하는 이유는 지정된 초과근무시간에 일을 끝마치기 위해서는 아침에 일찍 나와서 일을 하고, 전날 하지 못한 일도 하고. 초과근무를 일을 한 만큼 인정해주지 않기 때문에 오전에 하고…… 오후에는 초과되도 인정 시간이 일하는 양에 비해서 주어지지 않기 때문에……"

"노동강도는 택배는 한 30% 늘어났거든요. 우편 서비스가 이전부터는 비대면 서비스라면 가면 갈수록 대면 서비스가 늘어나고…… 본인 지정, 서류 작성, 신분증 확인 이렇게 되니깐 노동강도가 늘어나고, 시간이 늘고, 여유 시간이 줄고, 그러니깐……"[55]

과중노동의 양상은 일상화된 겸배兼配로도 확인된다. 겸배는 집배 인원에 결원이 생기면 그 구역을 동료가 분담해 배달해야 하는 상황을 일컫는 집배 노동자들의 은어다. '죽을 맛'이라고 이야기될 만큼 장시간 중노동의 가장 큰 문제로 지목되는 지점 가운데 하나다. 그 실태를 보면, 한 달 평균 5.7회다. 이로 인해 발생하는 초과 노동시간은 매달 8.6시간이다. 그 가운데 6~10회가 11.3%, 11~20회가 6.5%, 21회 이상이 5.6%였다.[56]

2017년 5월 22일 대구 성서우체국의 김OO(40세) 집배원은 겸배를 하기 위해 다른 구역으로 이동 중 트럭과 충돌해 사망했다. 충청 아산우체국의 곽OO(47세) 집배원 또한 사고로 공백이 생긴 다른 우체국을 지원하던 중 심근경색으로 사망했다.[57] 사망 사고의 동선을 따라가보면, 겸배로 표상되는 인력 부족, 2~3인분의 몫을 혼자서 담당해야 하는 열악한 노동조건과 맞닿아 있음을 확인할 수 있다.

겸배는 독특한 집배원 문화로 설명되기도 한다. 누군가 아프거나 일이 생겨서 출근하지 못하면 그 업무를 나머지 사람이 나눠서 거들어주는 품앗이 문화라는 얘기다. 하지만 겸배는 인력 부족이라는 구조적 문제의 증거로 '강제된' 것으로 읽혀야 한다. "내가 쉬면 동료가 내 몫까지 배달해야('개고생')" 하기에 "상을 당하거나 아기가 태어나는 일 정도가 아니면 연차를 쓸 엄두를 못 낸다".[58] 연차 사용에도 죄책감과 미안한 감정을 불러일으킨다. 인력 부족은 과중노동을 양산하는 구조적 원인인 동시에 노동자의 쉴 권리를 무력화하는 제약 요인으로 작동하는 모습이다. 품앗이 문화를 얘기하기 전에 미안함과 죄책감을 유발하는 업무의 구조적 원인을 제거하는 것이 우선이지 않을까?.

"겸배하면 배달시간 1시간, 분류 작업 30분 정도가 더 늘어난다고 보면 됩니다. 생기는 이유가 사고사, 개인 경조사, 개인적으로 볼일 등 때문인데, 개인적인 볼일은 거의 안 써요. 사고로 결원이 생기는 경우가 많은데, 보충 안 해줍니다."

"올해는 연가를 빨리 써라 압박이 계속돼서 요즘 하루 건너 하루 겸배하고 있어요. 작년은 22일 중에 반은 연가수당을 줬는데 올해는 1/4만 주겠다, 억울하면 연가 써라 이런 식이니 어쩔 수 없이 써야 해요. 우리 우체국은 오늘 하루 빠진 집배원만 해도 14명이에요. 동료들이 아무리 나눠 해도 일일특급, 빠른우편 정도만 처리했고, 일반우편, 일반등기는 손도 못 댔어요. 평소에도 빠지는 게 평균 10명이니 다들 지쳐 있죠."

"일을 하더라도, 정말 사람들이 힘드니깐, 근본적으로 해결하려면 일본처럼 해야 한다고. 여유 인력이 있더라구요. 그런데 우리는 그렇지 못하니깐. 치료를 하려면 병원에 가야 하는데. 겸배 때문에 겁나는 거예요. 미국도 여유 인력이 있다고 하는데, 우리는 그런 것이 없으니깐. 여유 인력이 없으니깐. 10명 일할 것을 12명이 있어야 하는데 우리는 8명이 하니깐. 그러니깐 악순환이 되니깐."[59]

한편, 장시간 노동에 대한 여럿의 보고와 달리 우정사업본부는 전체 집배원의 연평균 노동시간이 2531시간(주당 48.7시간)으로 근로기준법을 준수한다고 말한다(2016년 기준). 다만 문제가 되는 지점은 개인·관서 간 업무량 차이로 인해 7300여 명(46%)이 주 52시간을 초과한다는 것이다.

한 달 평균 초과근무에 대해서도 우정사업본부는 50.2시간으로 본다. 전국우정노조가 65.8시간으로 진단한 것과 비교하면 차이가 상당하다. 연평균 노동시간에 대한 계산도 2531시간(우정사업본부)과 2869시간(전국우정노조)으로 다르다. 물론 조사 방법의 차이나 다양한 이유가 있을 수 있겠으나, 일련의 조사 결과는 후자의 결과치와 유사한 것으로 보고된다. 실노동시간에 대한 진단 차이에 대해 전국우정노조는 무료노동 때문이라고 꼬집는다.[60]

구체적 사례를 보자. 2017년 9월 자살한 서광주우체국의 고 이길연 집배원의 경우, 출퇴근 기록이 새벽 6시 이전부터 저녁 9시나 10시 혹은 11시까지 이어지곤 했다. 일례로 출퇴근 시간표를 보면, 2017년 1월 18일 수요일 5시 49분 출근~21시 22분 퇴근, 1월 19일 목요일 5시 48분 출근~22시 1분 퇴근, 1월 20일 금요일 5시 48분 출근~21시 6분 퇴근, 1월 21일 토요일 5시 51분 출근~18시 40분 퇴근, 1월 23일 월요일 6시 54분 출근~18시 퇴근, 1월 24일 화요일 5시 51분 출근~21시 35분 퇴근, 1월 25일 수요일 5시 50분 출근~23시 50분 퇴근이었다. 물론 표본의 차이가 있을 수는 있겠으나, 우정사업본부가 말하는 근무시간의 양보다 현저하게 길다는 걸 알 수 있다.[61]

실노동시간이 왜곡되는 문제는 그야말로 심각했는데, 신창현 의원실을 통해 알려진 우정본부의 〈공무원 집배원 최근 3년 초과근로시간 전수조사〉(2017) 결과를 보면, 전국 9개 우정청 가운데 서울·강원청을 제외한 7곳에서 2014년 10월부터 2017년 9월까지 3년간 집배원의 초과근로시간을 축소·조작한 사실이

드러났다. 전체 집배원 3분의 1에 해당하는 4452명의 노동시간이 17만 시간 가까이 삭제됐다(16만 9398시간). 이에 따른 초과근무 미지급액만 12억 원이 넘는다. 일례로, 아산우체국 한 집배 노동자의 경우 2016년 1월 실제 초과근무시간이 143시간이었지만 95시간만 인정됐다. '특별소통기'였던 2016년 4·13 총선 땐, 한 달간 197시간 초과근무했지만 122시간만 인정됐다. 선거철은 홍보물 배달이 많아 집배원 사이에선 '죽음의 2주'로 불린다. 이런 식으로 받지 못한 초과근로수당은 2016년 한 해에만 686만 원에 이르렀다.[62]

비밀스러운 알고리즘 vs 현장 노동자의 온도 차이

장시간 중노동에 따른 문제가 여러 형태로 보고됨에도 실노동시간을 둘러싼 우정사업본부와 집배 노동자 간의 온도 차이는 좁혀지지 않는다. 그 차이는 집배부하량의 산정방식에서부터 빚어진다. 우정사업본부의 인력 산출 기준은 집배부하량 산출시스템에 근거하는데, 이는 집배원의 업무평준화를 목적으로 만들어진 것으로 집배 업무를 세부 단위 업무별 표준시간으로 분류하고 집배원이 수행한 결과를 표준시간으로 계산해 부하량을 산출한다.

우정사업본부의 집배부하량 산출시스템에 따르면, 집배 소요 인원(1만 5458명) 대비 현 인원(1만 5,582명)은 적정할뿐더러 오히려 인력이 남는다고 본다.[63] 전국 224개 우체국 가운데 62개 우체국에서 589명이 부족하고 162개 우체국은 590명이 남기에, 전체 집배 인력 규모는 '적정한' 수준이라는 것이다. 해결책도 인력의 미스 매치를 재배치하는 방법을 줄곧 강조한다.[64]

그런데 '과학적인' 방법이라 표방되는 집배부하량 산정방식이 현장의 실측 자료에 기초한 것인지에 대한 비판이 제기된다. 이를테면, 각 단위 업무의 표준시간이 현실적이지 못하다는 지적이다(아래 인용: 우정사업본부의 집배부하량 산출시스템에 따른 표준시간). 통상 우편물 배달을 위한 도보 이동 시간을 0초로 계산한 경우도 있다. 또한 정규 근무일 247일 이외의 토요일, 공휴일 근무에 대한 부하량을 산정하지 않은 점도 문제다. 이 밖에 비수기, 폭주기, 특별수송기 같은 시기별 업무 변화량에 대한 고려도 부족하다. 이와 같이 우정사업본부의 집배부하량 산정방식은 현장 상황과 동떨어져 있고 노동자의 목소리에 기초한 것이 아닌 집배 효율성을 우선으로 산정한 결과, 인력 부족의 상태를 적절히 반영하지 못한다는 비판에서 자유로울 수 없다.[65]

일반통상 배달 2.1초, 등기 28초, 저중량 소포 30.7초, 국제등기 39.1초처럼 배달 소요 표준시간을 정하고 도착 안내서 발행 35.4초, 전화 통화 37.1초같이 각각의 표준시간을 초 단위로 설정한다.

일례를 보자. 2017년 7월 '휴가 중 자신이 일하는 우체국 앞에서' 분신한 안양우체국 집배원(47세)은 경인 지역 평균(1.132)보다 높은 집배부하량(1.154)을 감당하고 있었다. 우정사업본부가 규정한 집배부하량 1.000은 한 사람이 감당할 수 있는 업무량인데, 1.000 이상이면 각종 고지서와 택배, 등기 등 배달할 우편물이 많다는 의미다. 그런데 부하량이 이미 높은 상태에서 배달구역이 바뀌자 업무 스트레스가 가중됐던 것으로 보고된다.[66] 가상의 평균인(배달 구역에 어느 정도 익숙한 상태의 배달원)을 가정한 채, 업무환경의 변화를 고려하지 못하면서 발생하는 문제에 집배 노동자들은 무방비로 노출된다.

《블랙박스 사회》의 저자 프랭크 파스콸레는 빅데이터 알고리즘이 "인력을 과소로 또는 과잉으로 산출할 리스크를 제로화 No more understaffing or overstaffing. Just the right staffing"한다는 유토피아를 앞세워 혁신으로 동원되고 있는데, 이것이 노동의 권리와 노동자의 건강 및 안전을 침해하고 나아가 대시민·대국민 서비스의 질을 떨어트리는 방식으로 작동한다고 비판한다. 그 이유는 빅데이터 알고리즘에 기초한 '최적의' 인원 산출은 비용 논리에 따른 것이지 현장 노동자의 집합적인 이해와 요구를 반영한 것이 아닐뿐더러 데이터 요소값이 왜 그렇게 산정됐는지, 왜 그러한 아웃풋으로 산출됐는지 그 알고리즘 로직을 노동자는 알 수 없다는 점 때문이다. 그는 결과치가 "비밀스러운 알고리즘에 의해 작동"하기에 블랙박스와 같다고 일갈한다.[67]

현장 목소리에 기초한 대안 찾기

우선, 가상의 평균인을 가정한 채 업무를 초 단위로 산출하는 현재의 집배부하량 시스템을 현장 노동자의 목소리에 기초해 개선하는 게 필요하다. 또한 어떤 입력값이 투입되고 어떤 로직 아래 결과값이 산출되는지를 투명하게 공개하는 것뿐만 아니라 단위 업무의 표준시간에 대한 산정도 노사 공동의 논의 테이블에서 다뤄져야 한다.[68]

둘째, 집배 노동자에게 부과된 과도한 물량 집중을 해결하는 것이다. 총물량이 감소 추세라고는 하지만, 등기·소포·택배 물량의 증가는 노동강도를 높이는 원인으로 지목된다. 이에 적정 택배 물량 또는 하루 단위의 물량 상한선을 설정해 노동강도를 규정해야 할 것이다.

셋째, 현재의 과중노동은 인력의 재배치나 집배의 효율화를 통해서는 해결하기 어려운 상태다. 여러 문제의 구조적 원인으로 지목되는 인력 부족을 해결하는 것을 기본으로 해야 한다. '우정사업본부 현업 관서 소요 인력 산출 기준세칙'에 따라 집배 분야 예비인력률을 3%로 산정한다고 하지만, 현장에서는 체감하기 어렵다고 한다. 전국우정노조의 조사(2016)에 따르면, 평균 연가 사용 일수는 3.4일로 매우 저조하다.[69] 집배원에게 부여된 약 20일 중 1인당 10일의 연가를 사용할 시 필요한 예비인력률은 약 4%이며, 20일 모두 사용 시 약 8%의 예비인력이 필요하다. 병가, 공가, 교육에 따른 결원까지 감안하면 더 필요하다.[70]

넷째, 유연화 해법으로는 노동자의 건강권을 심히 침해할 뿐만 아니라 과로죽음의 연이은 비극을 차단하기 어렵다. 노동 시간 단축 요구에 합의하는 모양을 띠면서 또 다른 유연화가 시도되고 있다. 관련 쟁점 가운데 하나가 토요 택배다. 우정사업본부는 "지난 2014년 7월 토요 배달을 중단했을 당시 계약 업체가 다수 이탈했고, 우체국을 이용하는 많은 국민이 불편을 호소하며 토요 배달 재개를 요구했다"며 토요 택배를 유지해야 한다고 밝혔다. 2015년 9월부터 재개된 토요 택배는 초장시간 노동의 부활을 알리는 신호탄이었으며 줄곧 초장시간 노동의 주범으로 꼽혔다. 집배노조가 전국 집배원 3054명을 대상으로 한 토요 택배 설문조사 결과, 93.1%가 '폐지해야 한다'고 응답할 정도로 장시간 중노동의 문제로 지목된다.

토요 택배에 대해 우정사업본부는 〈집배물류 혁신전략 10대 추진 과제〉를 발표하면서 토요 배달을 순차적으로 폐지하겠다고 밝혔다. 그런데 그 방식은 위탁 택배 노동자를 늘리는 방식을 통해서다. 위탁 택배원들은 개인사업자 신분으로 우정본부가 추진하는 주 52시간 노동시간 단축 적용 대상에서도 제외된다. 위탁 택배는 장시간 중노동을 근본적으로 해결하려는 방식이라기보다는 과로위험을 외부화해 취약 노동자에 전가하는 '꼼수'라는 비판을 피하기 어렵다.[71]

7. 왜 힘든데도 일을 계속하는가?

개인적인 것? 문화적인 것? 자발적인 것?

2015년 크리스마스에 발생한 덴츠 신입사원의 자살은 한국에도 '사건'으로 등장했다. 과로죽음이 빠르게 미디어화되면서 일본 발 과로사방지법안도 곳곳에 소개됐다. 비슷한 시기에 과로사 예방을 위한 의사·변호사·연구자·활동가 모임인 과로사예방센터의 활동이 시작됐다(2016.3.). 이어 개발 노동자의 사망 사건을 다룬 국회 토론회가 개최됐고 구로의 등대, 오징어 잡이 배, 크런치 모드 같은 은어가 신조어인 것마냥 유통됐다(2017.2.). 또한 30여 개 노동시민단체가 결성한 과로사OUT대책위원회가 출범했다(2017.9.). 먼저는 국회에 과로사방지법, 산업안전보건법 개정안 등 과로사 방지 관련 법안이 발의되기도 했다(2017.3.). 대통령 직속 사회적 대화 기구인 경제사회노동위원회는 과로사방지법에 대한 논의를 다뤘다(2019.12.). 과로죽음을 다룬 《어느 과로사》(2018), 《과로자살》(2019)이 출간됐다. 사건, 법안, 운동, 지식이 결합하면서 과로죽음이 제도화되는 듯했다.

그렇지만 과로사·과로자살 개념은 여전히 논쟁적인 상태로 남아 있고 관련 논의는 공회전하고 있다. 다분히 과로사·과로자살로 규정해도 무방해 보이는 사건이 발생해도 그게 왜 과로죽음이냐는 반문을 반박하기 쉽지 않다. 과로죽음은 '과로'와의 연결고리가 끊어진 채 개인적인 비극으로만 치부하는 통념과 담론이 견고한 실정이다.

푸코주의 연구자 요시오 시바타는 과로에 대한 개인 환원론이나 문화적 설명을 비판하면서, 통치 효과로 읽어야 한다고 강조한다. 과로죽음을 권력 작용으로 풀어내는 푸코주의 분석, 생경하지만 궁금증을 유발한다. 그것도 과로사·과로자살을 처음 개념화한 일본을 대상으로 한 것이어서 호기심을 불러일으킨다.[72]

논문을 세 줄로 요약하면 다음과 같다. ① 과로죽음의 원인에 대한 문화적 설명과 개인 차원의 설명은 권력 장치technology of power의 지배 효과를 은폐하는 결과를 낳는다. 개인환원론은 권력 작용을 탈각시키고 문화적 설명은 권력 작용을 모호하게 흐려버린다. ② 완벽주의 성향 같은 개인적 특성이나 소속감 같은 문화적 태도 모두 사실은 통치 기술로서의 작업장 장치에 의해 형성된 산물이다. ③ 그렇기에 그 장치에 스며들어 있는 통치 기술을 드러내고 이에 대항하는 집합적인 투쟁을 전개해야 한다.

요시오 시바타는 '왜 일본 노동자들은 일이 힘든데도 일을 계속하는가?'라는 질문으로 논의를 시작한다. 통상 일본 노동자들의 과중노동을 '회사 충성심' '집단주의' '소속감' 때문이라고 여기는데, 과연 그런가? 두 번째 질문이다. 마지막으로 완벽주의 성향이나 개인의 선호·선택이나 자발성, 자유의지로 보는 기질론이나 개인 차원의 설명은 과연 적절한지를 되묻는다.

노동자의 초과근무 행위를 회사에 대한 소속감이나 멤버십 동기로 설명하는 경우를 자주 볼 수 있다. 일본 노동자는 회사에 '속해 있는belong to' 것으로 설명되곤 하는데, 대표적으로 로널드 도어는 추가 노동을 제공하려는 의지는 회사에 대한 소속감, 멤버십 동기에 따른다고 설명한다.[73] 이렇게 일본인에게 존재적인 특성처럼 전제된 소속감이나 멤버십 동기는 일본인론nihonjinron 같은 국민성으로 연결되곤 한다. 일본인은 개인적인 것이나 전문가적 특성보다는 개인 자유를 희생하더라도 조직 가치나 집단의 화합을 우선시한다는 것이다. 물론 이런 일본인론 같은 설명 방식은 많이 사그러들었음에도 과로사·과로자살 현상을 분석하는 데 여전히 강력한 영향을 미친다. 과로죽음을 '공동사회적 응집성'으로 연결짓는 도쿄대의 이노우에 타츠오의 논의가 그렇다. 여기서 착취의 문제는 사라지고 만다.[74]

이에 반해 요시오 시바타는 멤버십 동기나 소속감이 사실은 동원된 것이라고 지적한다. 통상 어떤 에토스를 국민적·문화적 특수성으로 여기는 문화주의 프레임은 많은 경우 권력 작용을 간과한다. 그는 과로죽음이 집단적 문화나 공동사회적 응집성에 기인한다는 설명을 거부하면서, 문화주의 담론을 관리 장치의 일부로 본다. 문화주의 담론은 과로죽음 현상을 정당화하는 관리 장치라는 것이다. 노동자들의 과로가 혹여 자발적인 것으로 과로사의 원인이 될 수는 있겠지만, 이런 설명은 권력 작용을 놓치고 만다. 직장 인권, 과로사, 일본적 경영을 연구해온 코난대의 쿠마자와 마코토 또한 권력 메커니즘(강제된 자원주의)을 통해 일본 노동자들이 과로하도록 유도됐다고 지적한다.

요시오 시바타는 노동자들의 과중노동을 권력관계 밖에 놓여 있는 '문화적인 에토스'로 설명하는 건 적절치 못하다고 비판하면서, 푸코의 통치성governmentality 개념을 가져와 관리 장치가 어떻게 노동자들을 죽을 때까지 자발적으로 일하도록 내모는지를 분석한다. 통치성은 품행의 통솔conduct of conduct로 '권력이 요구하는 방향으로 개인들의 행위를 유도·관리하는 권력 행사의 방식'을 말한다. 다시 말해, 권력이 유도대로 개인 스스로 행위하게 하는 '장치/테크닉'으로 개인이 알아서 업무 목표를 정하고 관리·감독하고 조정해 일하도록 만드는 것을 의미한다.[75]

"회사를 중심으로 삶을 조직하라"

일본 기업처럼 평가 기준이 모호하고 암묵적인 경우, 사실상의 평가 대상은 '전체적인 인간' 그 자체가 된다. 노동자가 가진 능력이나 기술에 대한 것이 아니다. '열정' '일하려는 의지' '열심' '노력' '희생' '회사에 대한 충성심' '책임감' '사회성' 같은 모호한 기준은 '삶의 태도' 전체를 평가의 대상으로 위치시킨다. 음주 습관이나 대인관계, 부부생활, 성생활 등 개인 일상의 것까지! 그렇기에 노동자는 회사를 중심으로 자신의 삶 전체를 조직할 것을 요구받는다. 이러한 기대는 회사 모토나 계명, 로고송, 배지, 심지어 콘도나 명절 선물세트 같은 회사 의례나 상징 장치를 통해 직간접적으로 유통되면서 노동자의 품행 전체를 통솔한다. 멜버른대 경영학과의 그레이엄 시웰 또한 조직적 상징을 통한 노무관리를 이념적 통제ideational control라고 불렀다.[76]

그간 작업장에서 암묵적인 평가 장치로 역할을 한 건 일본인론이었다. 전인적 평가 장치로서의 일본인론은 직무에 대한 교육보다는 '좋은' 샐러리맨의 '바람직한' '모범적인' 태도를 학습시키는 데 집중했다. 신참자가 '회사 공동체'에 소속감을 갖기를 바랐고 자신의 직업에 열정과 헌신을 다하면서도 집단에 충성을 다하길 유도했다. 푸코의 언어를 빌리자면, 일본인론은 일종의 규범화하는 담론normalizing discourse이다.[77]

규범화하는 담론은 파놉티콘으로 작동한다. 규범적 평가 장치는 노동자들이 언제 어디서나 감시 또는 평가된다고 인식하게 만든다. 회사 밖 활동에서도 '열정적' '희생적'이길 요구받고 노동자 자신도 그런 점을 잘 인식한다. 파놉티콘적 시선panoptic gaze의 확장이다. 규범화하는 담론은 일터, 일상 모든 층위에 스며들어 파놉티콘적 효과를 발휘한다. 여기서 개별 노동자는 권력의 대상인 동시에 권력의 행사자가 된다. 파놉티콘적 시선은 하라스먼트의 방식으로 작동하기도 한다. 일본인론의 관점에서 정시 퇴근과 휴가 신청은 야루키(열정, 헌신)의 부족, 책임감 없음으로 비치기 때문이다. 물론 많은 하라스먼트 사례에서 보듯이, 가해자 자신 또한 관리 장치의 희생자에 불과하다.

기업들은 '의무'와 '자발적인 것'을 뒤섞고 노동과 비노동의 구분을 흐리는 방식을 통해 노동자를 초과노동으로 유도한다. 노동자들이 '자발적'으로 회사 활동에 참여한다는 것은 기업이 아주 손쉽게 막대한 노동비용을 절감할 수 있다는 의미다. 기업은 노동자들의 초과노동을 강제한 것도 아니고 관리감독하에 이루어진 것이 아니라고 주장함으로써 과로죽음에 대해 어떠한 책임도 지지 않을 수 있다. 이렇게 초과노동을 자발적인 것으로 유도하는 관리 장치는 매우 효과적인 노동비용 절감 수단이 된다. 이러한 관리 장치는 간접적으로 작동하기에 노동자가 그 권력의 작동을 인식하지 못하게 만든다. 과중노동은 "걔가 선택해서" 그렇게 된 것이란 언술은 이렇게 만들어지고 발화된다.

"끊임없이 경쟁하고, 목표를 스스로 설정하라"

일본 사회에서 파놉티콘적 시선은 철저한 동료 경쟁peer competition을 통해 설계되고 강화된다. 동료 경쟁은 노동자들이 게임에 참여토록 의지를 발휘하게 하는 신자유주의적 통치 기술이다. 경쟁 장치는 개별 플레이어 하나하나를 신경 쓰기보다는 게임의 규칙을 통해 작동한다. 업무환경 전체를 통치하는 방식이다. 노동자들은 경쟁 게임에서 승리하기 위해 서비스 잔업을 충성심, 소속감, 멤버십 쌓기의 일환으로 여기고 그것을 증명하려 한다. 물론 멤버십의 기준이 명료하지 않기에, 경쟁의 한계는 따로 없다.《밀려난 은행원의 가족 붕괴》《밀려난 은행원의 교대근무 일기》의 저자 요코다 하마오의 연구는 노동자들이 서비스 잔업같이 '자기희생'을 전시하는 게임에 몰두하는 풍경을 보여준다. 실제로 평가되는 것은 겉으로 보이는 행동이기에, 노동자들은 타자의 평가적 시선에 상당히 민감하게 되고 의식적으로 '열심히 일하는' 것처럼 행동한다. 자발적인 과로는 일종의 인상 관리impression management를 위한 '연극적' 행위가 된다.

이렇게 경쟁 게임은 노동자를 '통치될 만한' 대상으로 만들어버린다. 개별 노동자가 경쟁에서 이긴다 하더라도, 게임판에서 그 노동자는 또 다른 경쟁에 배치될 뿐이다. 혹시 누가 경쟁 게임에 거부감을 가지더라도 게임 규칙에 대한 문제제기는 물론 그 게임에서 발 빼기는 어려워진다. 경쟁에서의 이탈은 '능력 없음' '책임감 없음' '낙인' '패배한 삶'으로 등치되기 때문이다. 추락에 대한 불안, 퇴출의 공포는 경쟁 게임을 더 추동한다.

한편, 1990년대 중반 이후 새롭게 부상한 경영 담론은 정규 고용을 줄일 것, 연공성을 줄일 것, 결과 중심적인 평가체계를 구축할 것, 노동자의 책임성을 중시할 것, 전 지구적 경쟁에 맞선 창발성과 성과 평가를 강조했다. 새로운 경영 담론은 자기주도성, 자립성, 위험 감수, 결과에 대한 책임성을 내세워 복지국가에의 의존문화culture of dependency를 공격했던 대처, 레이건의 기업문화 담론과 상당히 흡사하다. 일본의 경영 담론 또한 안정성으로 상징됐던 정규 노동자의 것을 '의존성'으로 규정하고 제거되어야 할 것으로 공격해나갔다.

신자유주의적 경영 담론이 부상하는 가운데, 개인의 자율성을 최대한 끌어내고 자신을 스스로 통치하게끔 만드는 새로운 방법으로 성과 중심 평가체계가 도입됐다. 대표적인 것이 목표 관리Management By Objective, MBO다. MBO는 ① 개인별 특정 업무를 연차별, 분기별, 월별로 구체화하고, ② 업무 목표의 성취도를 수시로 평가하며, ③ 기업 목표와 연계해 개인 업무 목표를 설정하고, ④ 업무 목표를 수와 지표로 바꿔 기업 이익과 연결하는 것이다. 여기서 노동자들은 연공서열이나 학벌에 기대는 것이 아닌 '기업가적'이길 요구받는다. '책임 있는' 사람으로서 할당된 직무 목표를 성취해나가야 하고, 실패에 따른 결과(임금 삭감이나 해고까지)를 수용해야 한다. 또한 노동자들은 이익과 비용을 스스로 계산하고 더 높은 업무 목표를 달성하도록 요구받는다. 업무 성과의 실패는 자기관리의 실패 또는 위기관리의 실패로 연결된다. 영미의 MBO와 달리 일본의 MBO는 항상 성과 달성과 연관됐다. 게다가 관리자나 전문직에만 적용되던 것에 비해 일반 노동자에게도 적용됐다.[78]

MBO는 '자아 기술'을 도입한 통치 장치의 전형이다. ① 직무 목표를 확인하고, ② 스스로 목표를 정하고, ③ 어려운 목표를 성취하게 하며, ④ 목표 달성에 실패하면, 비난을 감수하고 책임을 져야 하며, ⑤ 도전 목표를 달성하면, 다음 라운드에선 더 높

은 목표치에 뛰어들게 한다. 심지어 '무리한' 목표까지도 수용케
한다. 만약 할당량을 달성하지 못할 경우 발생하는 손실을 개별
노동자가 감수토록 하는데, 퇴출의 공포가 만연한 환경에서는
초과노동의 수용이나 비도덕적 업무 처리를 유도하는 기제로 작
용한다. '무리한' 목표를 채워야 하는 상황 속에서 크고 작은 위
법적인 수단을 동원하게 되는 문제와도 연결되는 지점이다. 또
한 노동시장이 분절되어 있고 자본의 분할 지배 전략이 강하게
구사되는 환경에서 노동자는 더 열심히 실적을 쥐어짜내야 하는
압력에 내몰린다. 노동 가격을 낮추는 경쟁 압력, 즉 노동 덤핑
labor dumping이 발생하기 때문이다.

요시오 시바타는 과로죽음으로 내모는 경쟁 장치의 효과를
개인적인 것, 자발적인 것, 문화적인 것으로 오독하지 말아야 할
것을 주문한다. 과중노동을 법제도 차원에서만 문제시하는 접근
또한 경쟁 장치의 폭력성을 대면하기에는 부족하다고 지적한다.
문제의 해결은 작업장에 관철된 권력 장치를 문제화하지 않고서
는 어렵다. 그는 권력 장치에 대항하는 집합적인 투쟁을 전개해
야 한다고 강조한다.

8. 그만두지 못함의 사회학

"그렇게 힘들면, 그냥 그만두면 될 거 아냐?"

댓글에 이렇게 달렸다. '그렇게 힘들면, 회사 그냥 그만두면 될 거 아냐?' 직장인의 자살 사건을 다룬 기사가 나올 때면, 댓글 창에서 한두 건씩 으레 달리는 반문이다.

연재기사의 원고 주제로 "죽을 만큼 힘들었는데도 회사를 그만두는 게 안 되는 이유?"에 대한 질문을 받았다. 이미 출간된 《"죽을 만큼 힘들면 회사 그만두지그래"가 안 되는 이유》(시오마치 코나, 2017)에 대한 서평 형식의 글이기도 했다.

죽을 만큼 힘들었는데, 왜 그만두지 못했을까? 어려운 질문이다. 나는 바로 질문을 주변 사람들에게 던졌다. 너무 힘들어서 회사를 그만둘 판단조차 하기 어려웠을 것이라는 의견이 많았다. 고통에 눌려 그만둔다는 옵션을 선택하지 못할 만큼 무력한 상태에 놓여 있었다는 것이다. 일종의 학습된 무력감learned helplessness[79]이다. 자살을 얘기할 때면 자주 등장하는 개념이다.

자살 전 상태는 통상 "몸이 납덩어리처럼 무겁다" "너무 피곤하다" "내일 같은 건 안 와도 상관없다" "너덜너덜해지는 기분이다" "죽는 게 나을 만큼 힘들었다" "터널 끝의 빛이 보이지 않는다" "끝이 보이지 않는 터널 속을 걷고 있는 것 같다" "갤 것 같지 않은 짙은 어둠 속이다" "도저히 감당이 안 된다"고 이야기된다. 자살은 이렇게 무기력, 목표 상실, 희망 없음, 고립감, 불안감, 우울감, 좌절감으로 판단력이 저하된 정신적 이상 상태의 결과로 설명된다. 여기서 정신적 이상 상태는 '정상적인 인식 능력이 뚜렷하게 저하된 상태'를 말하는데 이에 대한 자세한 내용은 4장에서 다룬다.

그런데 자살 전 상태를 학습된 무력감 개념으로 일부 설명할 수는 있지만, 제한적으로 독해되어야 할 개념은 아닌가 싶다. 자살 전 상태가 우울감과 무기력함으로 채워지고 인식 능력이 저하된 이상 상태로 보는 접근으로는 설명되지 않는 지점이 발견되기 때문이다.

이 책을 작업하는 동안 드라마 〈나의 아저씨〉의 OST 〈어른〉과 밴드 술탄오브더디스코의 〈사라지는 꿈〉이란 노래를 자주 듣게 됐다. 어느 순간부터 자살 감정을 이 노래만큼 잘 표현하는 것도 없는 것 같았기 때문이다. 자살 시도자의 관점으로 읊어보면 더욱 그렇다. 자살을 인식 능력이 저하된 상태로 해석하는 것과는 다른 여지를 열어주었다.

〈어른〉의 가사는 이렇다. "고단한 하루 끝에 떨구는 눈물 /

난 어디를 향해 가는 걸까 / 아플 만큼 아팠다 생각했는데 / 아직도 한참 남는 건가봐 / 이 넓은 세상에 혼자인 것처럼 / 아무도 내 맘을 보려 하지 않고 아무도 / 눈을 감아보면 내게 보이는 내 모습 / 지치지 말고 잠시 멈추라고 / 갤 것 같지 않던 짙은 나의 어둠은 / 나를 버리면 모두 갤 거라고." 여기서 "갤 것 같지 않던 짙은 어둠" "나를 버리면 모두 갤 거라고" 읊조리는 가사는 자살 감정의 상태와 동시에 '나는 내가 되기' 위한 탈출 열망을 또렷하게 드러낸다.

〈사라지는 꿈〉도 보면, "난 더 이상 싸울 힘이 남아 있지 않아 / 지금이라도 떠난다면 / 조금이라도 잊고서 / 웃을 수 있을까 / 사라지는 꿈을 꾸곤 해 / 숨을 곳을 찾아 떠날래 / 상처뿐인 여길 벗어나 / 숨을 쉴 수 있길 바라네"와 같이, 상처뿐인 현실을 '더 멀리 벗어나려는' 탈출 열망을 보여준다. 자살하려는 마음 suicidal mind을 연구하며 심리 부검psychological autopsy 개념을 만들고 자살학의 아버지라 불리는 에드윈 슈나이드먼의 논의를 빌리자면, 자살에서 보이는 다양한 목적과 행동 가운데 해결책을 찾으려는 목적과 고통으로부터 탈출하려는 행동 특성을 읽을 수 있다.

그것은 문제, 딜레마, 속박, 어려움, 위기, 참을 수 없는 상황으로부터 벗어나기 위한 방법이다.[80]

죽는 것은 우리가 산 적이 있음을 입증하는 유일한 방법이다. 폭스콘 노동자와 우리 같은 농민공農民工, 농촌 출신 이주노동자에게 죽음이란 우리가 정녕 살아 있었다는 것과 살아 있는 동안 절망뿐이었다는 것을 입증하는 데 이용될 수 있을 뿐이다. (중국 노동자의 블로그, 폭스콘에서 열두 번째 투신자살이 발생한 후)[81]

망자의 유서나 자살 시도자의 인터뷰에서도 (무엇으로부터의) '탈출'에 대한 열망이 여러 흔적으로 발견된다. 쉬고 싶다, 자고 싶다, 내려놓고 싶다, 그만두고 싶다, 벗어나고 싶다, 떠나고 싶다, 또는 (나를) 버리고 싶다 등이 곳곳에서 다양한 강도로 표출된다. 《자살, 차악의 선택》의 저자 박형민은 이러한 내용을 담아 자살이 (무엇으로부터의) 탈출을 위한 실천이라고 설명한다. 또는 (무엇에 대한) 분노의 신호로 저항적인 의사소통의 과정이라고 언급한다. 이는 단순히 자살을 정당화하기 위함은 아니다. 우리가 관심을 가져야 할 대목은 자살자의 상태(학습된 무력감)를 응시하는 동시에 더 중요하게는 탈출 열망의 언어로부터 그 상황(무엇으로부터)은 무엇이었는지를 파악하는 것이라 본다.

그럼에도 그만두지 못한 이유

망자 존버씨의 죽는 게 나을 만큼, '나를 버릴 만큼' 힘들었던 상황은 빈번한 야근, 새벽 퇴근, 강압적인 업무 지시, 가혹한 성과 압박, 장시간 노동을 방조하는 고질적인 제도(포괄임금제 등), 빡빡한 인력 운용, 과중한 업무량, 직장 내 괴롭힘, 시도 때도 없는 이벤트 호출 등으로 요약할 수 있다. 이같이 죽는 게 나을 만큼 힘든 상황이었음에도 그만두지 못했던, 그러면서도 그만두지 않았던 이유는 무엇일까?

첫째, 그만둠이라는 경계 넘기는 사실 강한 두려움을 수반한다. 그 경계의 문턱이 아무리 낮아 보일지라도 말이다. 헬조선이라는 맥락에서는 그 두려움의 강도가 더 클 수밖에 없다. 그만둠이 옮겨감(이직)을 반드시 전제하는 건 아니지만 옮겨감 없는 그만둠은 현실에서 실패와 단절로 등치된다. 그 잠깐의 휴지기도 경력단절로 처리되는 게 현실이다. 기이한 조어들이 판을 치며 그만둠을 더 어렵게 한다. 그만둠이 유발하는 두려움, 그 감정의 사회적 성질을 읽을 필요가 있다.

그만둠은 근성 없음, 못 버티는 놈, 실패자, 낙오자, 부적응자, 지옥으로 가는 길로 묘사되어왔다. 재생산된 공포는 그만둠을 좌절시킨다. 그만두고 잠깐 쉰다고 생각할 여지를 유예시키는 맥락이다. 심지어 퇴직금을 깎겠다는 식의 협박, 업계의 낙인, 손해배상 청구로 두려움의 크기는 한층 커진다. 영화 〈잠깐만 회사 좀 관두고 올게〉(2017)의 한 대목을 보자. 주인공의 상사는 조회시간에 대놓고 버럭대며 "이 정도도 못 버티는 놈은 어디 가서 뭘 하든 사람 구실을 못 해!"라며 버텨야 하는 것이 사람 구실임을 되풀이한다. 회사형 인간의 기본 자세라는 것이다.

둘째, 많은 사례에서 존버씨는 회사생활이 힘들고 고통스러울지라도 버틸 수 있는 데까지는 '어떻게든' 버티려/감내하려/

살아보려/이겨보려 애쓰는 모습을 보인다. 나름 적응하고 버티려 하지만, 도저히 감당이 안 되는 상태에 다다르고 만다.

'버텨야 한다'는 감내의 태도는 그 역사가 오래됐는데, 특히 '근면'을 가열차게 외쳤던 발전국가 시기부터 강조되던 것으로 '이상적인' 노동자의 상(모범근로자, 산업전사, 수출역군)을 이야기할 때면 항상 꼽히던 항목이었다. 그런데 이 감내의 한계치는 신자유주의 이후 그 끝을 모를 정도로 치솟는다. "그래도 버텨라" "견뎌라"는 기본 주문에 "(스스로) 이겨내야지" "극복해야지" "책임져야지" "맷집 키워야지" "피할 수 없으면 즐겨라"는 새로운 주술이 덧대지는 상황이다. 성과주의, 능력주의, 핵심역량·핵심인재론, 경쟁력 담론은 위기관리, 한계 극복, 자기책임 등의 새로운 주문을 포장하는 이데올로기로 끊임없이 되풀이된다. '그 정도는 버틸/이길 수 있다'는 일종의 환상을 주입하면서!

그런데 '버텨라' '극복하라'는 주문은 자살 전 단계의 존버씨에게 가혹한 폭력, 도저히 버틸 수 없는 폭력으로 작용한다. 이미 버틸 대로 버티고 버텨왔는데 도대체 얼마나 또 견뎌야 한단 말인가라는 강한 반문을 낳고 이는 죽음을 수반할 정도의 분노로 전환될 수 있다. 특정한 상황이나 조직, 문제나 속박에 대한 강한 분노를 표출하는 형태의 자살이다. 여기엔 처벌을 바라는 호소도 강력하게 담겨 있다. 망자의 유서에 '○○○ 놈들' '야근 근절' 등이 분노의 대상으로 표현된 점에서도 알 수 있다.

셋째, 그만둠이 대안이나 선택지가 되지 못하는 현실적인 이유가 있다. "다른 일을 찾아보면 어떨까?" "그만두면 뭐 할까?" "뭐 하지?" "도대체 내가 할 수 있는 일이란 게 없다." 자살 전 상태의 존버씨들이 수만 번 되뇌는 생각이다. 그런데 어딜 가 봐야 똑같다는 자조의 감정은 그만둠을 포기토록 한다. 또한 그 만두고 싶어도 불안정한 노동 현실에서 또 한 번 깊은 좌절감만 겪는다. 그만둬도 갈 데가 없고 어딜 가나 똑같다는 탈출구 없음 의 상태는 자살을 일종의 마지막 탈출구로 선택하게 한다. 탈출 구 없음/희망 없음의 상태는 탈출 열망과의 상관성이 높다.

물론 탈출구 없음의 상태가 반드시 자살의 경로로 이어지는 건 아니다. 출구 없는 비상계단에 갇힌 사람들의 이야기를 다룬 멕시코 영화 〈인시던트〉(2014)는 두 부류의 사람을 그린다. 하나 는 탈출구 없음의 상태에서 자포자기한 채 그냥 그렇게 30여 년 을 '살아가는' (사실상 '죽어가는') 사람이다. 다른 하나는 갇힌 상 황에 적응하기 위해 나름 전력투구하면서 30여 년을 버텨내는 사람이다. 죽는 게 나을 만큼 고통스러운 상황에 처했는데도 자 살에 대한 에피소드는 전혀 등장하지 않는다. 영화는 탈출구 없 음이라는 지옥 상태를 재치 있게 보여주는데, 여기서 우리가 유 추해볼 대목은 망자의 자살 선택이 '(첫 번째) 죽어가는 것과 다 를 바 없는 삶' 또는 '(두 번째) 끝도 없이 전력투구하며 버텨내야 하는 삶'밖에 선택할 수 없도록 만든 그 절망적 상황에 대한 저항 적 실천은 아니지 않았을까 하는 점이다.

우리의 일상 화법도 바꿔야 한다

문제의 원인을 개인 탓(기질/결함)으로 전가하는 자본의 화법은 다양한 형태로 출몰한다. 이는 노동자 자살 사건에서도 기업이 공통적으로 보이는 첫 번째 반응이자 의외로 강력한 프레임이다. 그런데 우리의 일상 화법도 자본의 프레임과 매우 닮았다. '나약해서' '무책임해서' '그냥 그만두면 될 것을' '정신 상태가 글러먹어서' 같은 비난문화의 말들이 자살 사건을 에워싼다. 이는 문제적 상황을 대상화하지 못하도록 하고 동시에 문제 해결의 책임을 개인에게 향하도록 하는 효과를 발휘한다.

'회사를 그만두면 되는 거 아냐'라는 반문도 사실 문제의 책임을 망인 개인에게 두는 논리와 친화적이다. 문제를 스스로 분석하고 처리하고 그 결과에 대한 책임까지 스스로 질 것을 강조하는 신자유주의의 화법(자기계발-자기책임, 능력주의, 성과주의의 논리)과 닮았다. 자기책임self-responsibility의 논리는 문제 발생의 구조적 이유에 대한 사고를 무디게 하고 문제 원인과 해결을 개인에서 찾도록 유도한다. 자기책임 프레임 안에서 작업장의 구조적 문제는 온데간데없는 것으로 사라지고 만다. 개인 행위(그만두지 못함/않음)에 시선이 모아지고 구조적 문제는 또다시 은폐, 재생산된다.

자살 사건을 대면하는 우리의 몫은 그 사건을 통해 망인은 우리에게 무엇에 대한 분노를 신호로 보내려 한 것인지, 무엇으로부터 탈출하고자 했는지, 그 비상구도 없는 상황을 읽어내는 것이다. 존버씨가 자살을 통해 우리에게 말하려 했던 바는 야만적인 일터에 대한 분노이자 그 야만으로부터의 탈출이었다는 점이다. 질문을 바꿔야 한다. '왜 그만두지 못했을까?'처럼 문제의 원인을 개인 탓으로 환원하는 질문이 아니라 '망인은 무엇으로부터 벗어나고자 함이었을까?' '무엇에 대한 분노였을까?' '남겨진 우리에게 보내려 한 신호는 무엇일까'라고!

우리에게도 자살 감정이 꽤 퍼져 있다

행여 '사람들 다 그렇게 살아, 저기 있는 사람들 다 그렇게 살아' '다들 그렇게 사는데 왜 그 사람만 그런 거야'라고 생각할 수 있다. 하지만 존버씨의 자살 사건은 죽는 게 나을 만큼 힘든 비상구도 없는 상태의 삶이 정말 '살아가는' 삶인지 혹은 '죽어가는' 삶은 아닌지를 반추하게 한다.

실적 압박의 고통을 위트 있게 담아내는 영화 〈잠깐만 회사 좀 관두고 올게〉에서 자살을 시도했던 주인공이 결국 회사를 그만두는 날, 남다른 실적을 올리며 성공 가도를 달리던 동료가 그간 혼자만 앓던 속내를 털어놓는 장면이다. "내일은 더 큰 실적을 올려야 하고…… 나도 여유 따위는 없어! 벗어나고 싶어!"

"내일은 더 큰 실적을 올려야 하고…… 다른 사람이 단숨에 치고 올라오고 있고…… 그렇게 생각하니 정말 무서워! 난 더 이상은 못해! 죽는 수밖에 없다고 생각했어! 나도 여유 따위는 없어! 벗어나고 싶어! 하지만 여기 말고는 어딜 가야 할지 모르겠어! 회사를 옮기고 싶어도 그게 쉬운 것도 아니고 이젠 지쳤어!"

과중한 업무량, 치열한 경쟁, '도달할 수 없는' 실적 목표치가 교차하는 일터에서 주인공은 물론 다른 동료 또한 '죽어가고' 있었던 상태임을 잘 드러내는 대목이다. 사실은 모두가 실적 쥐어짜기 체제의 희생양이었던 것이다. 성과 압박과 과노동에 내몰려 사는 우리에게도 자살 감정이 꽤 퍼져 있음을 예감케 한다. "나도 여유 따위는 없어!"

어느 보고서에 따르면, IT·개발 노동자, 금융 노동자의 우울증, 자살 생각, 자살 시도 정도는 일반 인구 대비 몇 배나 높았다. 정신건강 문제가 빨간불 상태였다. 자살 감정, 자살 위험이 IT·개발, 금융업종 전체에 넓게 상존하고 있음을 예감할 수 있다. 몇몇 개인만의 문제는 아니란 얘기다. 몇몇 고위험군에 대한 치료만으로 해결될 일도 아니다.

자살의 예감 premonition of suicide에 대한 대응으로 단순히 우울증을 앓는 고위험군 개인 몇몇을 대상으로 한 치료 방식으로는 그 문제 해결이 어렵다. 우울증을 유발하는 상황(실적 압박, 고용불안, 일터 괴롭힘, 고위험-고성과 시스템)을 제어하는 구조적 치료책이 전제되어야 한다. '야근 근절' '그만 좀 괴롭혀라'가 어느 망자 존버씨의 유언이었듯, 노동의 존엄과 권리를 침해하는 반인권적인 지점을 거둬내야 한다. 특히 과도한 업무, 끝없는 성과 압박과 괴롭힘이 중첩되는 업종에서는 시급히 요구되는 조치다.

.

9. 4차 산업혁명 발 과로위험

시간권리 박탈

퇴근 후 SNS 업무 지시 경험을 보면, '정기적으로' 업무 지시를 받아 일하는 경우도 많고 항시 대기 상태에 놓여 있는 비중도 높다. 업무가 SNS를 타고 일상에 침투하는 빈도가 잦아지면서, 이에 따른 스트레스가 높아졌음은 자명해 보인다. '카톡 감옥' '전자 발찌'라는 자조적 표현이 직장인의 공감을 산 이유이기도 하다(시간의 식민화).

기술에 대한 유토피아적 전망은 '신기술이 고된 노동을 줄여주고 언제 어디서나 원할 때 일할 수 있어 우리 삶을 더욱 자유롭고 안전하게 한다'는 논리를 앞세우며 기술 도입의 정당성을 확보한다. 이외에도 시간 절감, 비용 제로, 업무 효율, 생산의 최적화, 안전한 방식, 사고 예방 같은 기능적 유용성을 담아낸 장밋빛 언어가 넘쳐난다. 이런 유토피아적 전망은 부분적 진실을 재료 삼아 과거와는 다른 세계를 조만간 펼쳐 보일 수 있다는 판타지를 유통하면서 기술 도입에 수반되는 소외, 불평등 같은 문제를 은폐하는 효과를 발휘한다. 장밋빛 전망과는 달리 현실에서의 노동자는 일감의 네트워크에 얽매여 있고 만만치 않은 스트레스에 노출돼 있다. 단지 스트레스만의 문제가 아니다. 일종의 시간권리로서의 자유시간에 대한 침해가 일상적으로 벌어지는 중이다.

사실 퇴근 후 일터 밖 시간이 자유시간을 의미하는 시대는 오래전에 끝났다. SNS 업무 지시나 크라우드 워크, 보스웨어 프로그램이나 업무용 앱[82] 등으로 자유시간에 대한 침해가 전방위적으로 가속화될 것으로 보인다. 자유시간은 더 이상 불가능하다는 말이 완성되는 단계에 다다르고 있다. 신기술을 매개로 한 착취가 일상에 언제든지 침투해 최대화될 수 있는 형국이다.

게임개발사에서 QA품질보증업무를 담당하던 한 노동자는 빌드 막바지 때는 주말에도 무조건 대기해야 하고 새벽에도 호출받으면 가야 하는 상황을 '새벽불림'이라 자조했다. (게임의 검수작업을 책임지는 게임QA는 게임 역사와 함께해온 직군이다.) 언제부턴가 SNS 호출이 관행화돼 다들 그렇게 하는 상황이 어이없다는 어느 구술자의 문제제기를 되새길 필요가 있다.

재미있는 사실은 퇴근 후 SNS로 업무를 지시받아 일을 했음에도, 이를 '업무'로 보는 것을 생경해한다는 점이다. 일로 보지 않는 인식이 퍼져 있다. "간단한 거니 좀 처리해줘" "그 정도는 해줄 수 있는 거 아냐"라며 일을 건넨다. 스트레스가 이만저만이 아니다. 그렇지만 거부권을 행사하는 건 물론 업무 처리에 대한 연장근로수당을 청구하는 것도 기대하기 어렵다.

업무가 일상으로 침투하는 현상은 노동과 비노동의 경계가 흐릿해지는 디지털 플랫폼 시대에 나타난 보편적인 풍경이다. 하지만 시간권리가 미약한 한국사회에서 유독 두드러지게 나타나는 특수한 모습이기도 하다. 이에 대한 대안으로 퇴근 후 SNS를 통한 업무 지시를 금지하는 법률안이 발의됐다.[83] 제한적이긴 하지만 SNS 업무 지시 금지를 담은 단체협약 형태도 있다. 그렇지만 법률안은 발의만으로 끝났고 단체협약은 현실적합성이 떨어진다는 직장인들의 자조감을 해소하지는 못한 수준이다.

신기술이 노동과정과 결합하면서 빚어내는 파괴적인 문제를 감안해보면, SNS 업무 지시 금지 수준의 논의로는 그 대응이 턱없이 부족하다. 업무 효율뿐만 아니라 소비자 편의, 즉시성 충족, 안전한 방식을 앞세운 4차 산업혁명 발 기술주의 담론은 크라우드 워크, 플랫폼 노동, 비대면 업무, 언택트 일자리, 데이터 라벨러[84] 같은 새로운 형태의 노동을 각종 미사여구로 채색한다. 혹자는 '언제' '어디서나' '자유롭게' 일할 수 있다는 이유를 들어 디지털 노마드라고 이름 붙인다. 하지만 새로운 형태의 노동 패턴은 노동자성을 제거한 채 노동자의 시간 조각만을 활용해 값싸게 쓰는 방식 그 이상도 그 이하도 아니다. 새로운 방식의 극단적 유연화다. 유토피아적 전망의 신조어는 노동과정에서 발생하는 위험을 개별 노동자에게 전가하고 그럴싸하게 은폐한다.

당신은 '근로자에 해당하지 않는다'

몇 해 전 배달대행 애플리케이션(앱) 업체를 통해 치킨 배달 아르바이트를 하던 한 고교생이 무단횡단을 하던 보행자와 충돌해 척수가 손상된 사건(2013년 11월)에서, 배달앱 노동자는 산재 보상을 받을 수 없다는 판결이 났다. 배달앱 노동자는 "임금을 매개로 한 종속적 관계"가 아니며, "배달 업무 과정에서 구체적인 지휘 감독을 받았다고 볼 수 없기에" 개인사업자이지 "근로기준법상 근로자에 해당하지 않는다"는 것이다.[85] 신기술을 매개로 새로운 형태의 노동이 대거 확산되고는 있지만, 플랫폼 노동을 하는 사람들은 법제도의 사각지대에 놓이면서 노동과정에서 발생하는 각종 위험을 온전히 떠안아 감당해야 하는 처지에 놓인다. 위 사건 이후 많은 시간이 흘렀음에도, 제도적 배제에 의한 사회적 차별의 위험을 개별 노동자가 감수해야 하는 상황은 그리 달라지지 않았다.[86]

과중노동이 유발하는 문제로 불건강, 관계 단절/왜곡, 소외, 과로사, 과로자살, 대형 사고를 통칭해서 시간마름병으로 불러보자. 기존의 만성적인 과로위험에 신기술이 불러온 새로운 위험이 중첩되면서 삶을 잠식하는 시간마름병은 더 악화되고 있는 게 지금 우리네 현실이다.[87]

노동의 비정규화가 유연화의 20세기 말 화법이라면, 노동의 탈노동자화는 유연화의 21세기 초 화법이다. 업무의 일상 침투가 가속화되고 위험을 개별화하는 디지털 플랫폼 시대에 시간을 민주화하기 위한 대안은 무엇이어야 하는가. 만성적인 과로 위험을 제한함과 동시에 연결되지 않을 권리right to disconnect와 맞닿아 있는 휴식시간 보장, 새로운 형태의 노동자들을 위한 노동권 및 사회보장의 확대, 나아가 인간중심적인 기술 배치를 위한 기술 설계에의 개입이 적극 요청된다. 마지막으로 기존의 법적 기준에 대해 진지하게 고민할 필요가 있다. 배달앱 노동자는 임금을 매개로 한 종속적 관계가 아니며, 배달 업무 과정에서 구체적인 지휘 감독을 받았다고 볼 수 없기에 개인사업자이지 근로기준법상 근로자에 해당하지 않는다는 판단이 미래에도 적절할 수 있는지.

10. 알고리즘 노예가 되다[88]

휴식권조차 보장받지 못하는 현실

클로징과 오프닝을 합한 클로프닝clopening은 빅데이터 알고리즘 기술이 파고든 서비스업계의 변화하는 풍경을 엿볼 수 있는 신조어다. 클로프닝은 종업원이 밤늦게까지 일하다 매장 문을 닫고 퇴근한 뒤 몇 시간 뒤 새벽에 다시 출근해 매장 문을 열어야 하는 상황을 가리킨다.

클로프닝 때문에 노동자들이 호소하는 애로사항은 통근 거리가 꽤 되는 경우 아예 매장에서 잘 수밖에 없다는 점이다. 노동의 불규칙성은 수면의 질도 떨어트린다고 말한다. 또한 클로프닝을 담당하는 노동자의 60% 이상이 7시간도 채 되지 않는 휴식시간 때문에 힘들어한다. '휴식시간이 11시간 미만'이라고 응답한 노동자가 90% 정도다. 최소의 휴식권(유럽연합 지침은 최소 11시간 연속 휴식을 취할 수 있도록 규정)[89]조차 보장받지 못하는 실정이다. 아래 인용은 온콜스케줄링On-call Scheduling 프로그램으로 잘게 쪼개지는 스타벅스 노동자들의 휴식권을 조명한 기사 제목이다.[90]

- 교대제 간 휴식시간, 7시간도 채 안 되는 경우가 60% 이상.
- 크로노스 시프트 스케줄링 프로그램, 스타벅스 노동자를 갈아넣다.
- 파트타임의 삶, 시간이 더 쪼그라들다.
- 더욱 뒤섞이는 바리스타 노동자들의 시간.

클로프닝은 최적의 인력을 산출한다는 빅데이터 알고리즘이 노동의 고통과 어떻게 연결되는지를 보여주는 사례다. 빅데이터 알고리즘이 노동의 파편화와 어떻게 연관된다는 것인가? 클로프닝은 스타벅스가 인력 산출을 최적화하기 위해 빅데이터 알고리즘을 활용한 스케줄링 프로그램인 크로노스를 도입하면서부터 생겨났다.[91] 교대제를 짜는 이전의 방식에서는 물량이나 수요, 피크타임, 고객의 방문 패턴, 인원수, 각각의 근무 일정 정도의 요소를 고려하는 방식이었을 것이다. 또한 스케줄 관리 담당자가 요소값을 수집·분석해 예측한 인력을 현장에 투입하기까지는 어느 정도 시간적 간격이 발생할 수밖에 없다. 요소값을 아무리 잘 고려해도 인력의 과소 산출understaffing이나 과잉 투입overstaffing에 따른 서비스 질 하락이나 과다 비용 문제를 피하기는 어려웠다.

빅데이터 알고리즘 기반의 스케줄링 프로그램은 노동자의 시간 파편들뿐만 아니라 영업 이력, 고객 패턴, 고객 평가, 날씨, 기온 변화, 교통량, 보행 패턴, 트윗 양, 실시간 검색어 같은 여러 요소와 빅데이터를 조합해 교대 인력을 산출한다. 이를테면 폭염이나 미세먼지가 심각해 보행량이 줄 것으로 예측되는 날이면 일기 예보를 반영한 인력을 시간 단위로 착출해 투입하는 방식이다. 실시간 검색이나 트윗 양도 수요 변화를 예측하는 인공지능의 원료로 쓰인다. 트윗 양을 분석해 연말 프로모션 때 작년보다 고객이 얼마나 증감할지도 예측할 수 있다. 스포츠 경기 가운데 라이벌전이 열리는 경우에도 마찬가지다.[92]

자본은 빅데이터 알고리즘을 통해 인력을 과소 또는 과잉으로 산출할 리스크를 제로화해 노동비용을 최적화할 수 있는 '적합한' 기술 양식을 확보한 것이다. 물론 '최적의' 인원 산출은 빅데이터 알고리즘을 앞세운 리스크 계산에 따른 것이지, 현장 노동자의 이해와 요구를 반영한 것은 아니다. 또한 요소값의 인풋이 왜 그러한 아웃풋으로 나왔는지, 그 알고리즘의 로직을 노동자는 알 수 없다.

알고리즘이 산출한 인력의 '적정성'은 현장 노동자에게 인력 부족의 고통으로 이어진다. 한 스타벅스 노동자는 스타벅스가 적정을 가장한 채 최소한의 교대 인력skeleton shift을 사용하기에 언제나 인원 부족에 시달린다고 호소한다. 통보도 일주일 전, 하루 전, 심지어 몇 시간 전인 경우도 다반사다. 호출에 응하지 않을 경우 패널티가 주어지기 때문에 거부하기도 쉽지 않다. 업무도 시간 단위로 쪼개서 할당하고, 필요할 때만 노동자의 시간 파편만을 가져다 쓰는 방식이다. 그래서 이 같은 스케줄링 프로그램 앞에 온콜on call이란 표현이 덧붙여 사용되는 이유다.[93]

노동자를 통제하는 새로운 기술

우리가 주목해야 할 문제 지점은 영업시간 내 느슨한 시간을 모조리 제거해 불필요한 인력을 줄이고 필요에 따라 실시간으로 조정하는 방식이 노동의 불안정성을 극단적으로 높인다는 것이다. 일상생활의 시간이 잘게 쪼개져 파편화되는 등 삶의 불안정성도 덩달아 높아졌다. 노동자의 스트레스도 이만저만이 아니다. 노동자들은 빅데이터 알고리즘이 통보하는 스케줄에 대한 종속성도 높아졌다. 《균열 일터》의 저자 데이비드 와일이 말하는 '쪼개질 대로 쪼개진 노동'의 최신 버전인 셈이다. 《대량살상 수학무기》의 저자 캐시 오닐은 무수한 시간 파편들의 바다에서 부유하는 노동자를 알고리즘 노예algorithm slave라고 일컫는다.[94]

온콜스케줄링 프로그램은 스타벅스를 비롯해 맥도날드, 월마트, UPS, DHL 등 서비스, 물류, 유통, 운송 업종으로 빠르게 확산되고 있다. 캐시 오닐은 시간, 비용, 재고를 절감하기 위한 적기생산방식이 특정 업종에 제한되지 않고 빅데이터 알고리즘 기술을 매개로 서비스업종을 비롯해 여러 부문으로 확대되고 있음을 지적하면서 'JIT just-in-time 경제의 확장'이라고 진단한다. 《로

지스틱스》의 저자 데보라 코웬의 '적시 일자리의 세계'란 표현도 유사한 문제제기다.

빅데이터 인공지능 시대 이전까지 증기, 전기, 컴퓨터·인터넷 기술을 매개로 한 자본의 시간 기획은 작업장 내에서 식사 시간이나 휴식시간을 포함한 일명 '낭비 시간'을 쥐어짜 느슨한 sparse 시간을 더 조밀한dense 시간으로 재편하는 방식을 취했다. 다시 말해 노동시간 내의 빈틈 제거였다. 마르크스는 작업장 내의 느슨한 시간을 생산과정에 편입시키는 방식에 대해 '분 뜯어내기' '분 도둑' '식사시간 깎아먹기'라며 현장 노동자의 언어를 빌려와 착취의 역학을 비판했다. 작업장 내 여유 시간, 느슨한 시간 등의 빈틈을 제거하기 위해 장착했던 관리 기술, 이를 상징적으로 이미지화한 〈모던 타임스〉의 자동급식기feeding machine가 산업시대의 '낭비 제거' 방식이라면, 크로노스 같은 온콜스케줄링 프로그램은 낭비·비효율이라고 여겨지는 모든 것을 완전히 제거해 오로지 필요에 따라 실시간으로 노동력의 파편만을 호출해 쓰는 최신 버전의 착취인 셈이다. 플랫폼 노동의 AI 자동배차/추천배차 알고리즘도 그 원리로 작동하기는 마찬가지다.[95] 다음은 배달 경험을 담은 한노아의 사진전 〈오니고On y Go〉의 소개글 일부다. AI 자동배차와 사고 위험의 연관성을 읽을 수 있는 대목이다.

시선은 늘 콜을 보기 위해 핸드폰을, 또는 곧장 내달리기 위해 신호 지시등을 향한다. 하루에 보통 10시간, 12시간씩 도로 위에 머문다. 핸드폰 화면에서는 시시각각 시간을 통제하는 창이 적색으로 바뀌며 배달 시간을 재촉한다. AI 자동 배차는 직선거리로 계산한 배달 시간 10분을 요구하지만, 실제 돌아가야 하는 거리는 그 이상이기 일쑤다. 교통법규를 지키며 운전을 하려면 주어진 시간을 넘기게 된다. 시간은 고객 평가와 직결되고 고객의 평가는 곧 성적표가 되기에 눈치껏 신호를 위반하고 과속을 해야 배달 시간을 지킬 수 있다. 단속에 걸려 그날 일당을 벌금으로 반납하는 일도 있다. 또 주차 문제로 시비가 일기도 한다. 그래서 오토바이 뒤에 달린 배달통에 이렇게 적고 있다. "모든 상황, 죄송합니다"라고.

제도 조치를 통한 유연화가 20세기의 방식이라면, 21세기의 유연화 화법은 빅데이터 알고리즘 같은 신기술의 배치를 통해 그 목적을 달성해나가는 모양이다. AI 알고리즘 기술이 비용·편익을 산출하는 새로운 수단으로 활용되고 있는데, 이는 단순히 비용·편익의 계산에 머무르지 않는다. 심지어 자본이 골칫거리로 여겨왔던 것을 제거·통제할 수 있는 기술 수단으로 동원된다.

재난, 불평등, 권리

1. 코로나19와 불평등[1]

파국적 불안

재난은 길을 잃은 상태를 말한다. 재난의 영어 단어인
'disaster'의 어원은 '별·행성astro이 궤도에서 벗어난 탓에 발생하
는 미지의 사태'를 가리키는 점성학 용어다. 일종의 별이 사라진
상태다. 기존 지도에도 없는 길에 갑작스레 던져진 상황이다. 전
례 없는 사태로 우리는 어제의 당연했던 모든 것들이 더는 당연
하지 않게 되는 경험을 하고 있다.

우리는 알지도 못하고 의도하지 않았던 재난이 우리 삶에
지배력을 행사하게 된 사회에 살고 있다. 바이러스 전염병이 야
기하는 작금의 불안과 공포는 이전 것과는 다르다. 전선이 명확
했던 냉전 시대의 정치적 불안political insecurity이나 실업이나 빈곤
같은 사회경제적 불안socio-economical insecurity이나 자기 자신을 끊임
없이 계발하고 그 결과에 책임을 져야 하는 상황에 내던져진 신

자유주의적 불안neoliberal insecurity과도 그 성격이 다르다. 전염병은 접촉·확산의 방식이나 변이 가능성, 종료 시점에 대한 정확한 예측을 허락하지 않는다는 점에서 결이 다른 불안과 공포를 불러일으킨다. 그 심연을 알 수 없는, 무엇을 모르는지도 모르는unknown unknowns 바로부터 야기되는 불안, 일종의 파국적 불안catastrophic insecurity이다.

재난은 한 사회에 잠재되어 있던 문제를 한꺼번에 불러일으킨다. 무대 뒤편에 감춰졌던 그 사회의 취약성과 불평등의 민낯이 적나라하게 드러나는 계기다. 그 계기는 노동자들이 어떻게 취급되는지를 보여주는 지점이기도 하다.[2] 상상할 수도 없었던 팬데믹이 초래한 코로나 이후AC, After Corona의 세계는 이전과는 다른 시공간이다. 포스트코로나 시대의 노동의 세계는 어떻게 변화할까?

재난이 야기한 문제들이 이례적인 것은 맞지만, 《폭염 사회》의 저자 에릭 클라이넨버그의 지적처럼 재난을 통해 드러난 많은 문제는 사실 그 사회의 일반적 특징이다. 재난으로 불평등이 생겨난 것이 아니라 잠재되어 있던 게 선명해지고 심화된 것뿐이다. 노동세계 또한 기존 다층적인 불평등이 심화되는 형국이라고 요약할 수 있다. 재난은 모두에게 영향을 미치는 것이기는 하지만, 그 위험의 효과는 사회구조적 맥락 속에서 특정 계층에 관통·교차해intersectional 그곳에 고이게 마련이다.[3] 코로나19 이후의 관건은 심화되는 다차원의 불평등을 어떻게 태클할 것인가일 것이다. 감염병 위험이 기존의 열악한 노동 현실과 맞물리면서 야기되는 문제를 보자.

박탈되는

코로나19 이후 연차 강요, 무급휴가, 휴직 강요, 무급휴직, 권고사직, 정리해고로 이어지는 구조조정의 사이클이 전면화됐다. 이러한 노동의 박탈은 중소업체, 비정규 노동자, 하청 및 자회사 노동자, 노조가 없는 사업장에서 두드러졌다. 로버트 라이시가 말한 무급 노동자들 The Unpaid이 직면하는 어려움들이다.[4]

우선 노동의 박탈과 관련해 가장 일반적으로 발견되는 양상은 강제적인 연차휴가 및 무급휴가 사례다. 이 같은 휴가 사용은 시간권리의 자율성이 발현된 것이라고 볼 수 없다. 연차휴가는 본디 노동으로부터 면제된 자유시간의 권리다. 그 휴가 사용은 자율성과 자발성을 전제하고 있는 것이지만, 코로나19로 인한 강제적인 연차휴가 사용은 권리의 양식은 아니다. 기업 부담을 완화하는 수단으로 희생된 것이다. 코로나19로 인한 기업의 비용 절감 조치가 취약 노동자에게 전가되는 양상이다.

고용노동부가 코로나19 초기에 개설한 '휴업·휴직·휴가 익명 신고센터'에 따르면, 지난 1년간 신고 건수(2704건) 가운데 연차휴가 사용 강제(937건)가 가장 많았다. 휴업수당 미지급(756건), 휴직 강요(525건) 또한 적지 않은 수치였다.[5] 코로나19로 인한 경영난을 이유로 연차 강요→무급휴가→휴직 강요→권고사직·해고로 이어지는 인원 감축 사이클을 제어하는 선제적인 제도 조치가 요망된다.

"대놓고 하는 데는 대부분 노동조합이 없으니까 무급 1주일 씩 쓰세요. 그러면 양반인 거예요. 돌아가면서 무급 1주일씩 하고 최소 인원으로 출근하세요. 그러면 양반이고, 심한 데 는 한 달씩 돌아가요." (면세점 노동자)

"사회적 거리두기 두 번째로 넘어가는 그쯤에 다 해고 통보 를 하는 거죠. 왜냐하면 계약서에 수습 기간이 명시되어 있 기 때문에 그건 부당해고도 아니에요. 그리고 일도 안 했잖 아요, 실질적으로 그러니까. 그냥 해고로 이어지고 있고." (보육교사)

권고사직 및 해고도 적지 않았다. 인크루트가 직장인 631명 을 대상으로 한 '코로나 이후 해고 경험'에 대한 조사에서 권고사 직을 권유받은 비율이 68.1%에 달했다. 인크루트가 실시한 아르 바이트 경험자 1065명을 대상으로 한 '해고 경험' 조사에서도 해 고 및 권고사직을 권유받은 비율이 40.9%였다.[6] 비정규직인 탓 에 언제 해고될지 모르는 불안감은 엄습한 코로나19의 공포만큼 이나 컸다. 해고 위협은 노동권이 취약한 계층에게 더 직접적으 로 관통했다. 월급 일부를 받지 않겠다는 동의서 작성이나 페이 백(급여를 현금으로 되돌려받는 행위) 같은 불법적 행위나 불이익

도 발견된다.[7]

> "코로나로 관련되어서 페이백을 당한다든지 아니면 해고를
> 당하든지 고용을 조건으로 해서 페이백을 하든가 아니면 해
> 고가 되든가 이런 상황이죠." (보육교사)

코로나19로 인한 연차 강요, 무급휴직, 부당해고 등이 고용
형태나 성별에 따라 차별적으로 벌어지고 있음은 여러 조사를
통해서 확인된다. 직장인 1000명을 대상으로 한 직장갑질119의
설문조사 '코로나19 6개월, 직장생활 변화'를 통해 보고되었듯
이, '본인의 의지와 무관하게 실직한 경험'이 12.9%였다. 고용형
태별 차이가 컸다. 비정규직의 실직 경험(26.3%)은 정규직(4%)
에 비해 6배 높았다. 한편, 여성(17.1%)은 남성(9.8%)에 비해 2배
가량, 저임금 노동자(25.8%)는 고임금 노동자(2.5%)에 비해 10
배 이상 높았다. 위기 때마다 가장 먼저 고통받고 쓰러지는 계층
이 누구인지를 다시 한번 확인케 한다.

노동자운동연구소의 〈코로나 재확산, 고용 위기는 어디서
얼마나?〉에 따르면, 2020년 3~7월 사라진 일자리는 모두 275만
7000개로 추정된다. 5인 미만 사업장에서 전년 같은 기간보다
171만 3000명(3.4%)의 취업자가 줄었고 5인 이상~300인 미만
사업장에서 104만 4000명(1.4%)이 줄었다. 반면 300명 이상 사
업장에서는 1000명이 늘었다. 실직의 측면에서 코로나19 위기
는 2008년 금융위기보다 1998년 외환위기에 비견되곤 하는데,

그 충격은 소규모 사업장 그리고 비정규직에 더 크게 미친 상황이다.[8]

고용은 보장돼 있지만 생계 어려움을 겪는다는 점에서 실업과 비슷한 무게의 '유급휴직·무급휴직', 노동시간 단축 및 소득 감소로 나타난 '부분 실업', 해고, 권고사직, 계약 해지, 희망퇴직의 방식으로 진행되는 '실업' 등 코로나19로 야기된 구조조정의 후폭풍은 취약계층에 몰아치고 있다.[9] 독일(해고 없는 노동시간 단축), 이탈리아(합리적 사유가 있을 경우에도 2개월간 해고 금지), 스페인(최소 6개월간 해고 금지)의 사례와 같이 해고 방지 및 고용 유지를 위한 프로그램이 선제적으로 모색되어야 할 것이다.[10]

생활방역 5대 수칙의 첫 번째는 '아프면 3~4일 집에 머물기'다. 현실적으로 가능한가에 대한 회의감이 컸다. 직장인 2065명을 대상으로 한 '아프면 3~4일 쉬기 수칙' 조사를 보면, 상당수(87.2%)가 긍정적으로 생각하고 있지만 현실적으로 쉬기 어렵다는 응답이 64.6%로 높았다. 아파도 쉬기 어려운 이유로는 '회사나 상사의 눈치가 보여서'(72.3%)가 가장 높았다. 다음으로 '대신 일해줄 사람이 없어서'(43%), '동료들에게 피해가 갈 것 같아서'(42.9%), '쉬고 난 후 업무 부담이 더 심해서'(33.6%), '인사고과 등 결국 피해가 나에게 돌아와서'(33%), '연차 소진이 싫어서'(32.2%) 순이었다.[11] 그림의 떡이란 얘기다.

인터뷰 대상자인 어느 물류 노동자는 일갈한다. 어떤 이유에서든 쉼은 곧 '문자 안 옴'이라고! 계약직인 인터뷰이의 경우, '연차도 날아가고' '주휴수당도 안 나온다'며 '아프면 쉰다'는 생활방역 수칙이 일터 현장, 특히 비정규 노동자에게는 뜬구름 잡는 탁상공론에 불과한 조치임을 토로했다. 생활방역 수칙으로서 '아프면 쉬기'가 아니라 '아프면 쉴 권리'를 제도적으로 보장하자는 목소리를 반영할 필요가 있다. OECD 36개국 가운데 현재 미국과 한국만 없는 것인데, 일하는 사람이 아프면 쉬면서 치료를 받고 일터에 복귀할 수 있도록 하는 유급병가·상병수당의 도입이 그것이다. 물론 취약 노동자를 포함하지 않는 제도 도입은 또 다른 차별임을 유념해야 한다.

> "문자로는 다 와요. '아프면 출근하지 말아라'고…… 그런데 내가 아파졌어. 몸이 안 좋아졌어. 오늘 못 나갈 것 같다고 하잖아요? 그러면 다음부터 출근 문자 안 와요. 쿠팡은 그런 거 더 심하고, 블랙 관리하는 거죠. 그리고 이건 본인이 약속을 어기게 되는 거니까. 만약에 그게 정확히, 아 제가 몸이 좀 몸살기도 있고 코로나인 것 같아서 오늘은 못 갈 것 같습니다. 이렇게 되어야 하는데, 그래버리면, 코로나 글자 들어가면 쓰겠어요? 그렇잖아요. 허울인 거죠. 계약직은 3개월 계약직이에요. 제가 일단 무단으로 처리가 되면 연차도 날아가고 주휴수당도 안 나와요." (쿠팡 노동자)

초단기계약 노동자나 계절 노동자, 특수고용 노동자의 경우, 일감으로부터의 박탈은 위 사례와 성격은 다르지만 생계를 위협하는 충격임에는 크게 다르지 않았다. 대부분 3개월 또는

6개월 단위로 쪼개서 계약을 하던 영화제 노동자의 경우, 코로나 재난으로 계약을 잇지 못하고 그대로 해지되는 경우가 다반사였다. 계약 해지는 법적으로 문제가 없다 하더라도 어떠한 조치 없이 빚어지는 해지는 이미 유연할 대로 유연해진 노동시장에서 취약 노동자가 겪게 되는 불안정성을 고스란히 보여준다. 퀵서비스 노동자는 통상 일감이 늘었다고는 이야기하지만 정작 현장에서는 소득 감소 경향을 피할 수 없다고 호소한다. 대리운전 기사는 기존 수익의 60~70%에 불과하다고 토로한다. 또한 감염 위험이 높음에도 생계 때문에 위험을 감수하고 일할 수밖에 없다고 한다. 적절한 소득 보장 없이는 사회적 거리두기도, 일하는 사람이 안전할 권리도 무효화될 수 있음을 보여주는 지점이다. 전국민고용보험의 확대를 포함해 이중구조화된 또는 분절된 노동시장이 유발하는 다층적인 불평등을 제어하는 사회적 해법이 요청된다.

"최근 코로나 상황 때문에 다시 계약을 하지 못한 상황입니다. …… 이번에 코로나 터지면서 사실 문화예술 공연 분야는 다 없었잖아요. …… 대부분의 영화제들이 다 일정을 뒤로 미루고. 비단 영화제가 아니라고 해도 극장이라든가 아니면 제작사, 수입사, 배급사 할 것 없이 거의 대부분이 지금 거의 다 무너져 내리고 있는 상황이라." (영화제 노동자)

"평상시에 오더를 다섯 개를 가지고 이동을 해요. 한 번 이동하는 데 다섯 개를 가지고 이동해서 그거를 픽업부터 완료 시까지 예를 들어서 3시간을 간다 하면, 이 3시간에서 수수료 떼고 수입이 발생되어야만 내 수입이 되는데, 이게 30% 일거리가 감하면서 5개를 가지고 갈 수 없고, 2개에서 많이 가져가면 3개. 이렇게 이동을 하니 시간은 똑같은데. 저희들한테 떨어지는 수익은 절반 정도도 안 된다. 심지어는 1개 가지고 갈 때도 있다. 이런 면에서 저희들이 수입이 떨어지고 있다는 것을 얘기를 했고요." (퀵서비스 노동자)

"대리운전 같은 경우는 코로나19 터졌을 때 처음에 심각할 때는, 전체 수입이 절반 정도로 줄었어요. 콜이. 사회적 거리두기를 하니까, 대구 경북 같은 경우는 아예 콜이 없었죠. 거긴 심각했으니까. …… 수익은 아직까지는 60~70% 수준에 있다라고 봐야 되는데, 이제 이렇게 되니까, 대리운전 기사들이 굉장히 힘들어진 게 뭐냐면, 이게 특수노동의 문제인데 대리 기사들이 갑자기 일이 없어요. 당장 생계가 급하니까 당장 생계를 유지하기 힘든 거예요. 생계를 유지하기 힘들면 저축이나 신용이 있으면, 돈을 어쨌든 뭐 쓰거나 아니면 빌려서라도 생계를 유지할 수 있는데, 그것조차도 사실 대리 기사들은 힘든 거죠. 당장 생계 위기에 내몰리는 거죠. 그래서 콜이 없는 줄 알면서도 거리로 나오는 거예요, 한 푼이라도 더 벌어야 되니까. 그러다보니까 나와서 그 코로나 어쨌든, 대리운전이 사실은 확진 위험이 되게 높거든요. 차

안에서 같이 짧게는 30분, 1시간씩 다녀야 되는데, 그걸 다 감수하고 가족들 생계를 위해서 일을 하는 거고. (대리 기사)

과로하는

과로의 가중 또한 기존의 열악한 노동 상태가 코로나19와 교차하면서 악화된 지점이다. 물류 노동자의 인터뷰에 따르면, 쿠팡의 경우 물량이 하루 180만 건에서 310만 건으로 증가했다. "정말 1분 1초도 쉴 수 없고 앉아 있을 수도 없다"고 말한 것처럼 '단 1초의 유휴인력'도 남겨두지 않을 정도로 빠듯하게 인력을 운용해왔던 상황에서, 늘어난 물량은 곧 감내의 한계치를 넘어서는 노동강도의 강화로 이어질 수밖에 없다. 어떤 상태일까? 최근 보고에 따르면, 작업 강도가 100미터 달리기 수준의 힘듦이다.[12] 로버트 라이시가 말한 필수 노동자들 The Essentials이 처한 상태다.

"기존에 물량이 180만 건 정도 됐어요, 하루 물량이. 센터 하나가 아니라 전. 쿠팡 물류에 대한. 쿠팡 물류 풀필먼트서비스를 약자로 CFS라고 그래요. 쿠팡 풀필먼트서비스라고 해서. CFS의 물량이 하루에 180만? 170만 그렇게 되는데, 3월쯤에는 늘었어요. 310만 건으로." (쿠팡 노동자)

"의자 없어요, 앉을 수 있는 데가. 앉을 수도 없고. 의자가 어디 있어요. 의자는 그 밖에 복도 이쪽에 휴게실 같은 게 있지. 그런데 그거 수용 인원도 다 안 되고, 일하다가 어떻게 나와서 쉬어요. 쉬는 시간이 없는데 무슨 의자가. 그리고 의자가 없어요. 무슨 의자가, 누가 내부에 의자가 있다고 그러나 모르겠지만." (쿠팡 노동자)

코로나19가 격발시킨 과로위험은 과로죽음 같은 극단적인 사건으로도 표출됐다.[13] 앞선 과노동의 상태와 인천물류센터 노동자(2020.5.28., 화장실에서 새벽 2시 반경에 쓰러진 채 발견), 칠곡 물류센터 노동자(2020.10.11., 야간근무하고 새벽 6시 귀가 후 욕실에서 쓰러진 채 발견), 이천마장물류센터 컨베이어벨트 설치업체 노동자(2020.11.10., 작업 도중 어지러움을 호소한 뒤 쓰러짐), 동탄물류센터 노동자(2021.1.11., 야간근무 마친 뒤 화장실에서 쓰러진 채 발견) 등 10여 명의 반복된 사망 사건 간의 연관성은 충분히 의심해볼 만한 대목이다.[14]

택배 물량이 늘어나면서 발생한 택배 노동자의 과로사도 마찬가지다. '택배 노동자 과로사 대책위원회'가 밝힌 과로사는 2020년 상반기에만 12명이다. 일련의 죽음은 별개의 사건인가?

법적으로 개인사업자로 분류되는 택배 노동자는 국내에 택배사업이 도입된 지 28년 만에 처음으로 첫 휴가를 부여받았다. 8월 14일을 '택배 없는 날'로 정하면서다. 그런데 그날에도 경북 예천에서 CJ대한통운 택배 기사(46세)가 물류터미널에서 쓰러진 채 발견됐다. 망자는 한 달 평소 1만 개의 물량을 처리하고 매일 밤 10~11시까지 일하는 게 잦았다. 서울노동권인센터의 〈택배 기사 노동 실태조사〉에 따르면, 이미 택배 노동자의 평균 노동시간은 '주당 74시간'으로 주 6일 근무로 환산하더라도 하루에 12시간이 넘게 일하는 셈이었다.[15] 이미 과로위험에 노출된 상황에서 코로나19로 인한 물량 증가가 택배 노동자의 연이은 과로사의 원인이었음을 추정하는 건 그리 어렵지 않다.[16]

한편, 특별연장근로 인가를 신청한 기업의 경우에는 주 52시간 상한제가 무색할 정도로 과로위험에 노출되는 모습이다. 특별연장근로는 '특별한 사정'이 있을 경우 사용자가 근로자의 동의와 고용노동부 장관의 인가를 받아 주 12시간을 초과해 근로시간을 연장할 수 있는 제도다. 그간 자연재해·재난을 수습하는 데 한해 제한적으로 특별연장근로를 허용해왔다. 그런데 정부는 2020년 1월 31일부터 '재난에 준하는 사고' 외에도 '사람의 생명 보호 및 안전 확보' '기계 고장 등 돌발 상황' '통상적이지 않은 업무량의 대폭적 증가' '고용노동부 장관이 인정하는 연구개발' 등의 인가 범위를 확대해 특별연장근로를 활용할 수 있도록 시행규칙을 개정했다.[17] 이후 인가 현황 실태를 보면, 2020년 특별연장근로 인가를 받은 건이 4156건에 달했는데, 2015년 6건, 2016년 4건, 2017년 15건, 2018년 204건, 2019년 908건과 비교하면 상당히 폭증한 수치다. 인가 사유로는 '대폭적인 업무 증가'가 30.7%(1275건)를 차지할 정도로 많았다.[18]

- 〈5대 그룹 등 경제계, 정부에 코로나 대응 탄력근로 입법 등 요청〉(《연합뉴스》, 2020.2.13.)
- 〈자동차산업협회 '코로나19, 특별연장근로 등 대폭 허용해야'〉(《뉴시스》, 2020.3.10.)
- 〈코로나 發 대량실업 불 보듯… 일자리 막는 '규제 대못' 뽑아야〉(《서울경제》, 2020.3.11.)
- 〈손경식 경총 회장 "특별근로시간 확대 위한 제도적 보완 시급"〉(《헤럴드경제》, 2020.3.18.)
- 〈금융 노사, 소상공인 신속 지원 위해 특별연장근로 예외 허용〉(《서울경제》, 2020.4.6.)
- 〈수은, 탄력근로제 첫 도입… "특별연장근로도 검토"〉(《SBSCNBC》, 2020.4.20.)

특별연장근로 인가 확대는 노동자 건강과 안전을 보호하기 위해 장시간 노동을 제한하는 조치(주 52시간 상한제)를 사실상 무력화하고 과로위험을 배가시킬 것이 분명함에도, '특별한 사정'에 대한 이유가 더 크게 작동하는 형국임을 말해준다. 역사적으로 위기 상황, 경제 상황, 경쟁 상황, 돌발 상황, 비상 상황 같은 '특별한 사정' 유의 언어는 시간권리를 주변화하는 방식으로 작동해왔다. 특별한 사정 앞에서 노동자의 권리는 언제든 유예될 수 있는 것으로 취급하는 목소리가 '크고 쎈' 게 현실이다. 사실 코로나 사태 초기부터 5대 그룹, 자동차산업협회, 한국경영자총협회, 해외건설협회, 한국수출입은행, 대한건설협회 등은 계속해서 특별연장근로 인가를 건의해오고 승인을 위한 처리 절차를 계속적으로 밟아왔다. "비효율을 초래하는 비정상 규정들이 '대못'처럼 박혀 있다"고 설파하면서! 코로나가 유발한 '특별한 사정'으로 '과로위험의 또 다른 희생자'가 발생할 가능성을 제도적으로 열어놨다는 점은 매우 우려스런 사항이다.

무력화된

취약했던 노동의 권리는 코로나19 이후 더 무력화되는 양상이다. 기존에도 문제시됐던 반인권적인 지점이 여전히 반복되고 있고 심지어는 야만적인 형태를 띤다.

코로나19로 안전한 업무방식의 하나로 재택근무가 늘었다. 언택트 워크, 리모트 워크, 스마트 워크라 칭하기도 한다. 직장인 636명을 대상으로 한 설문조사를 보면, 직장인 61.6%가 재택근무를 했다. 향후 재택근무에 대한 의향(81.8%)도 높다.[19] '안전'을 명목으로 한 공간 유연화space flexibility가 더 손쉬워질 수 있는 지점이다.[20] 매뉴얼화된 업무일 경우, 보안 위험이 덜한 경우, 실적 평가를 계량화하기 쉬운 경우, 업무 협조를 크게 요하지 않는 경우일수록 재택근무가 확대될 것으로 예상된다. 언택트를 일하는 방식의 뉴노멀로 내세우는 담론은 재택근무의 확대를 정당화하고 있다.

그런데 문제는 안전 명목의 재택근무가 업무 공간을 안전 친화적인 방식으로 재편하는 것('닭장' 노동의 문제, 이에 대한 해법으로 밀집도를 낮추는 방식)이라기보다는 사실상 손쉬운 방식의 공간 유연화에 그친다는 점이다. 형식은 재택근무로 바뀌었다지만 반인권적인 화출·화착 같은 노동인권 침해는 그대로라는 지적을 곱씹을 필요가 있다(콜센터 재택근무 사례). 기존 문제를 그대로 방치한 채 장소만 바꾸는 식의 재택근무는 업무 과정에서 발생하는 위험(장비 등 업무환경의 편차, 감시통제의 개별화, 일-생활의 불균형, 관계의 파편화, 고립감)을 사적인 문제로 처리할 가능성만 높인다. 화출·화착 사례는 재택근무라는 형태만 바뀌었을 뿐이지 노동과정에서 노동자가 어떻게 취급되는지를 보여주는 대목이다. 노동권리가 취약한 불안정 노동자일수록 노동과정의 위험 감수 정도나 노동인권 침해 정도가 더 높지 않을까 싶다.

"재택근무자들도 중간에 화장실 갈 때 누르고 가야 돼요. 콜센터에서 근무를 하든 재택근무를 하든 상시적으로 감시·통제를 당하니까, 왜 빨리 안 돌아옵니까, 화장실 갈 때 가 있는 사람 있으니 줄 서서 가십시오. 관리자 허락을 받고 가십시오. 이건 작년 말 감정노동자보호법 1주년 맞이할 때도 그렇고 올해 초에도 그렇고, 계속 비인권적인 콜센터 상담사들 노동 현실이 다뤄졌는데, 이번 코로나 계기로 또 환기가 되고 있죠." (콜센터 노동자)

"화장실은 전에는, 이름 적고 가야 돼요. 이름이랑 핸드폰

번호 적고 나가는 시간 적고. 저 같은 남자들은 상관없는데, 그리고 저는 그런 거 아예 싫어서 일하면서 딱 두 번 갔어요. 정말 급할 때만. 참았어요, 일부러. 왜냐하면 쓰기도 싫고, 듣기 싫어서 그런 소리." (쿠팡 노동자)

"원래 환경이 다칠 수밖에 없는 환경이고, 코로나 때문에 위험도 더 높아졌죠. 빨리빨리만 생각하니까. 여기는 방역이고 뭐고 없어요. 그냥, 그전까지는 빨리빨리였어요. 이것만 처리하면 돼요. 사람이 죽건 말건 다치건 말건 코로나가 어떻게 되건. 관리자들 마스크 다 내놓고 다니면서 옆에서 느리면 침 튀기면서 막 쪼아요. 소리 지르고. 이렇게 할 거면 내일 나오지 말라고 그러고, 그것 때문에 여성분들 우는 사람도 있어요. 왜냐하면 혼자 아기 2명 키우는 사람도 있어요. 자기가 가장이에요. 그런데 나오지 말라고 그러면, 나는 열심히 하는데. 내가 잘못한 것 같고 생계도 걱정되고." (쿠팡 노동자)

한편, 감염 위험에 대한 거부권 없음은 방문관리 노동자나 배달·택배 노동자의 건강과 안전을 위협하기도 한다. 케이블 설치 기사의 인터뷰는 감염이 될 수 있는 상황인데도 이런 노동에 대한 거부권이 없고, 동시에 평점 체계에 갇혀 있기에 '위험하지만' 현장에 투입될 수밖에 없었던 '곤란한' 상황에 대한 이야기한다. 코로나19와 같은 '특별한 시기'에는 방역과 안전을 위한 차원에서 별점 평가 방식, 실적 목표치, 해피콜, 콜수 등의 성과 시스템을 조정해야 하고 감염 위험에 대해 거부할 수 있는 권리를 부여해야 한다는 현장의 목소리에 귀 기울일 필요가 있다.

"회사의 지표 관리, 해피콜. 제대로 설치받았는지에 대한 해피콜. 이게 1:1 대면을 하다보니 아무리 내가 고객에게 잘해준다 하더라도 고객이 느끼는 감정에서 자기 수준에서 떨어지면, 점수를 알 수 없잖아요. 그런데 완전 월급제 형태로 임금을 받아 가는 협력사 직원들이 있는가 하면 설치 건당 베이스, 한 건을 하면 몇 포인트, 이 몇 포인트를 모아서 기준 포인트가 넘어야 임금을 좀 더 받아 가고 건당 수수료도 높아지는, 이런 구조를 가지는 업체들은 이 해피콜이나 지표에 상당히 영향을 많이 받아요. 이게 임금하고 계속 연관이 되어 있어서 하다보니까 노동에 있어 스트레스가 굉장히 심화되어 있고." (케이블 설치 기사)

"콜센터 관리자들이 상담사들을 쪼아요. 최대한 많은 건수를 해야 하니 빨리 연결하라고. 그런데 현장 기사들은 반신반의하면서도 콜센터 상담사를 통해 업무가 꽂히니까, 위험한지 아닌지 알 수 없으니까 그런데 얘기는 안 해주니까 무작정 갔다가, 폐쇄된 곳 아니면 자가격리자인 거예요. ……그냥 무심코 초인종을 누르게 되는 건데. 실제 예로, 문을 열어주면서 고객이 제가 자가격리 중인데 설치해줄 수 있으세요? 답답한 거죠. 그러면 노조에 물어보면 하면 우리가 어떻게 대답하겠습니까. 하지 마! 하지 마! 그러는데 그게 또 하나의 실적인 사람들은 어쩔 수 없이 처리를 해야 하는 부분도 있는 거고. 상당히 좀 그래요." (케이블 설치 기사)

"지금은 전시 상황이에요. 어떻게 보면. 코로나 상황의 비상 상황이라서, 한시적으로라도 그런 걸 줄여야 된다고 봐요…… 안전하게 가는 게 중요하니까. 그리고 가장 중요한 건 이 로켓배송이고 뭐고 이런 거, 시간당, 이거 없애야 돼요. 코로나 기간이라도 잠깐적으로 하루 한 번만 딱 하게끔. 무슨 아침 7시까지 마감이 있고, 또 저녁 6시 2차. 이건 코로나 기간에 저녁 오후 6시까지 이게 신규로 생겼어요. 3월에. 이게 무슨 개뼈다귀 뜯어먹는 것도 아니고. 있던 것도 아니고, 생겼어!" (쿠팡 노동자)

2. '최전선 영웅'의 죽음

사건: 공무원 과로사

2021년 5월 말 부산의 한 보건소에서 코로나19 대응 업무를 맡던 7년 차 간호직 공무원(33세)이 자신의 아파트에서 투신했다. 망자는 자신의 담당이 아닌 집단감염 요양병원의 코호트 격리 업무를 맡는가 하면 본인의 순서가 아닌데도 업무에 투입되는 등 과도한 업무에 시달려왔다. 초과근무만 한 달 80시간이 넘었고 거의 주 7일 일한 거나 마찬가지였으며 한 달에 두세 번밖에 쉬지 못했다고 한다. 결혼 1년 차였던 망자는 자살 며칠 전에도 업무 부담이 크고 끝이 안 보인다고 호소한 상태였다. 과로자살이라고 말할 수 있다. 한편, 2021년 6월 15일 담양군 보건소 공무원(57세)은 코로나19 이후 감염병관리담당으로 보직을 변경하면서 급증한 업무로 주말에도 쉬지 않고 출근하다 돌연사했다. 과로사일 가능성이 다분하다.

코로나19 초기에도 공무원 과로사는 연이어 발생했다. 코로나19에 따른 비상 상황으로 주말에도 출근해야 했던 전주시 공무원(43세)과 성주군 공무원(47세)이 2020년 2월 말 3월 초에 연이어 과로사했다. 비상근무로 20여 일간 하루도 쉬지 못하면서 쓰러졌다 현장으로 복귀하기도 한 포항시 북구보건소 감염관리팀장(53세)의 사례 또한 과로사 위험에 노출되기는 마찬가지였다. 코로나19 관련 업무를 총괄관리하던 합천군 공무원(56세)도 과로로 사망했다(2020년 4월 말). K-방역모델이 국제표준으로 추진될 만큼 주목을 받기도 했지만, 사실상 공무원 과로사는 가려졌다. 공무원 과로사는 재난 때마다 반복됐던 문제로 예견되는 바였다.

재난 시기의 공무원 과로사는 금번 코로나19 때만의 문제는 아니다. 되짚어보면, 기후위기로 인한 폭염 속에서 병충해방제 지도 업무를 담당하던 공무원(49세)이 열사병 증세를 보이다 사망하는 사건이 발생했다. 이제는 매년 발생하다시피 하는 동물 전염병 시기에도 방역 공무원의 과로사가 반복됐다. 2017년 6월 포천시에서 가축방역관으로 일하던 수의사(51세)가 AI 방역 업무를 담당하던 중 급성심근경색으로 사망했다. 또한 2020년 3월 말 파주시에서 수의사로 일하던 주무관(52세)은 아프리카돼지열병으로 어떤 때는 하루 20시간씩 일하기도 하고 거의 매일 사무실에서 숙식하며 방역 업무를 담당하던 중 심근경색으로 갑자기 쓰러졌다.

시간을 조금 거슬러 올라가보면, 살처분 작업으로 인한 외

상후스트레스장애와 사망 사고가 문제로 지적되어왔는데, 국가
인권위원회가 공무원·공중방역 수의사 268명 대상으로 한 〈가
축매몰(살처분) 참여자 트라우마 현황 실태조사〉(2017)는 그 실
태가 얼마나 심각한지를 보여줬다. 특히 사체 핏물, 악취, 울음소
리, 열기, 몸부림, 눈동자, 굴착기 날에 찍히는 모습에 대한 '트라
우마를 치유하지 못한 채 또다시 살처분 현장으로 나가야 하는'
사례처럼 트라우마에 대한 낱낱의 기록은 충격적이었다.[21] 한편,
방사능 물질인 라돈이 검출된 대진침대의 매트리스를 우정사업
본부가 회수 작업에 나서면서 침대 수거 작업에 투입된 우편집
배원(57세)이 돌연사한 사건(2018년 6월)이 발생했다. 그는 이미
하루 10시간 이상씩 근무하고 있었고 월평균 초과근무만 50시
간에 달하던 상황이었다. 과로사를 추정일 뿐이라고 반박할 수
있지만, 일련의 사건은 재난 시기 비상근무에 따른 과로위험에
공무원이 얼마나 노출되어 있는지를 말해준다.[22]

질문: 노동인권은 재난과 양립할 수 없는가?

행성이 궤도에서 벗어난 탓에 발생하는 미지의 사태를 가
리키는 재난은 기존 질서와 감각을 뒤흔든다. 이에 따른 불안과
공포도 심연을 알 수 없는 상태로 치닫는다. 불안과 공포의 결은
재난 보도의 특징에 따라 많이 달라질 것이다. 그간 재난 이후마
다 보도준칙이 만들어졌다. 감염병 보도준칙(2012년 12월, 보건복

지부 출입기자단과 한국헬스커뮤니케이션학회)이나 재난 보도준칙 (2014년 9월, 한국신문협회·한국신문윤리위원회·한국방송협회·한국 신문방송편집인협회·한국기자협회 등 5개 언론단체), 최근 코로나19 보도준칙(2020년 2월, 한국기자협회)까지!

그럼에도 감염병·재난 보도준칙이 마련되기는 하지만, 여전 히 코로나19 재난은 '최전선' '최일선' '초토화' '쑥대밭' '대란' '대공포' '창궐' '초유의 사태' '전쟁 같은' '전시 상황' '군사작전 같은' '포화 속' '총동원' '코로나 전사' '최전선의 영웅' 등으로 묘사된다.[23] 그런데 불안 유발 보도는 재난 상황에서의 권리 원칙을 유예하는 데 동원되는 언어다. 심지어 무권리 상태로 내몰리는 상황까지 합리화한다. 공무원의 노동인권 또한 무력화하기 일쑤고 '희생정신'과 '사명감' '책임감'으로 미화하곤 한다.

사실 재난 대응 과정에서 휴게시간이나 쉴 공간 또는 숙소를 포함한 편의 조치를 보면, 그리 만족스럽지 못하다. 방호복을 착용하는 경우 피로와 스트레스는 평상시보다 더하다. 방호복을 입고 있으면 한겨울이어도 땀이 비 오듯 흐른다고 말할 정도다. 방역 장갑을 끼고 일해야 하는 탓에 손이 퉁퉁 부르튼다. 폭염 시기나 한여름 무더위가 한창인 오후 2~3시의 근무는 어떠한가? 그렇기에 반드시 한두 시간 정도 쉬는 것을 원칙으로 하는 것이다. 하지만 현실은 그렇지 못하다. 언제 휴게시간을 가져야 할지, 그 규정은 어떻게 되는지 모른다고 토로한다. 주말 근무가 계속되지만 대체휴무 사용도 기대하기 어렵다는 하소연도 다반사다. 재난은 쉴 권리를 쪼그라들게 만든다.

장치: 복무규정과 봉사자 이데올로기

과로위험을 제도적으로 양산하는 일련의 장치dispositif를 보자. 하나. 복무규정 탓에 과로위험에 노출될 가능성이 더 높아진다. 긴급 상황일 때 동원을 가능하게 하는 복무규정(국가공무원 복무규정 제5조, 제10조 그리고 지방공무원 복무규정 제2조의 2, 제2조의 3, 제2조의 4, 제3조에 해당하는 '비상근무'와 '근무시간의 변경 조항')으로 근무시간이 고무줄처럼 늘어나거나 수시로 변경되기도 한다. 비상근무의 종류, 발령 일시, 발령 사유 기준은 꽤 구체적으로 명시된 데 반해 그 사용 제한에 대한 내용은 사실상 찾기 어렵다. '주말에도 출근(대체휴무 없음)' 식의 비상근무를 방기하는 복무규정은 공무원 과로사를 양산하는 하나의 원인이 된다. 초과근무만 월평균 150~200시간에 달할 정도다.[24] 비상근무를 '여는' 조치와 함께 '닫는' 조치, 이를테면 초과근무 제한, 휴게 및 휴식, 대체휴무를 명문화해야 할 것이다.

둘. 공무원에게 부여된 헌신, 봉사, 수호, 사명감, 책임감 등 봉사자 이데올로기도 장시간의 비상근무를 정당화한다. 봉사자 이데올로기는 재난 상황에서의 과로위험에 대한 사회적 발언을 더욱 어렵게 만든다. 공무원 또한 안전권, 건강권, 시간권리를 보호·보장받아야 하는 노동자임에도 말이다. 국민에 대한 봉사자로서의 사명감과 책임감을 갖추는 일과 별개로 휴게시간, 최소 휴식시간, 대체휴무, 초과근무 제한 등의 시간권리를 보장받지 못하는 방식의 비상근무는 제한되어야 한다.

재난 시 공무원 과로사가 발생할 때면 헌신과 희생으로 미화하거나 영웅으로 호명한다. 재난 상황에서 봉사자 이데올로기가 어떻게 동원되는지를 엿볼 수 있는 대목이다. 그런데 문제는 사명감, 헌신, 희생이 전면에 내세워지는 가운데, 봉사자 이데올로기는 시간권리를 주변화하고 '과로'의 문제를 은폐하는 효과를 발휘한다는 점이다. 봉사자 이데올로기는 공무원 과로사를 양산하는 또 하나의 요인이다.

예외적 사례? 구조에서 비롯된 사건!

공무원 과로사를 재난 상황에서 발생하는 예외적인 사례라고 생각할 수 있다. 심지어는 어쩔 수 없는 일이라고 여긴다. '재난' 상황에 '비상'근무의 탓도 탓이지만 이런 예외주의 관점이나 불가피론은 그간 과로위험이 켜켜이 누적되어온 측면, 과로위험의 역사성을 간과하게 한다. 논쟁적일 수 있는 지점이지만, 한국의 공무원 수는 OECD 국가와 비교해 최저 수준(인구 1000명당 공무원 수, 인구 대비 공무원 비율 모두 최하위 수준)이다.[25] 이는 인력의 과소 상태를 방증하는 대표적인 지표다. 과로 상태가 만성화되어 있음을 가늠케 한다.

현업 공무원의 과노동은 더 심각하다. 현업 공무원은 경찰이나 세관 등 직무의 성질상 상시근무체제나 토요일·공휴일에 정상근무의 필요가 있는 업무를 수행하는 공무원을 말한다. 현업 공무원은 OECD 평균에 비해서 약 1000시간을 더 일하는 정도다. 평상시 초과근무만 월평균 150시간에 달하는 경우도 발견된다. 인사혁신처·행정안전부가 48개 중앙부처 공무원을 대상으로 한 실태조사 결과 가운데, 월평균 초과근무시간이 높은 부처로 해양수산부(158.3시간), 소방청(144.8시간), 해양경찰청(132.2시간), 관세청(110.1시간), 행정안전부(101.3시간)를 꼽을 수 있다(2016년 12월 31일 기준).[26] 이런 이유로 경찰, 해양경찰, 소방, 우편집배 등의 공무원 과로사가 문제시됐다. 전주시 공무원과 성주군 공무원의 과로사 사례처럼, 지자체 공무원의 과로위험은 더하면 더할 것이다. 공무원 과로사는 재난 상황의 예외적인 사건에만 그치는 것이 아니란 얘기다. 누적되어 있던 과로위험이 재난 시기에 격발되어triggered 표출된 시스템상의 고질적인 문제라고 봐야 한다.

바이러스 감염병 재난은 '신종'이라 불리며 꽤 반복해서 발생한다. 빈도도 높고 주기도 짧아진다. 우주전파 재난이나 자연우주물체 추락·충돌 재난까지 그 종류도 새롭게 추가되고 있다.[27] 재난의 반복성만큼이나 공무원 과로사도 반복될 것이라는 예감을 지울 수 없다.

비상근무에 따른 공무원의 과로죽음, 되풀이될 문제인가? 그 반복의 고리를 끊어야 한다. '사람 중심의 권리 원칙'에 따라 대응할 필요가 있다. 비상근무 시 연속근무는 어느 정도까지 제한할지, 최소 휴식시간은 얼마로 할지, 상한 시간은 얼마까지 할지, 대체휴무는 어떻게 보장할지 등의 시간권리부터 안전권, 건강권을 포함한 대응 원칙 말이다.

'비상 상황' '긴급 상황'이란 이유로 과로를 방조한 채 재난에 대응하는 방식은 또 다른 문제를 유발할 수밖에 없다. '○○영웅' '○○전사'로 호명하거나 직업정신을 앞세워 희생을 동원하는 방식의 대응은 또 다른 사회적 갈등과 불평등을 양산할 뿐, 재난 대응으로는 부적절하다. 노동자 인권을 명시하는 것이 재난 대응의 첫걸음이자 최선의 방역이다. 재난 상황일수록 안전을 담보한 사람 중심의 권리 원칙을 분명히 하는 게 모두의 안전을 만들어가는 길이다.

3. 이주노동, 좌우간 외출 금지[28]

코로나19가 한창인 가운데 2020년 여름 기후위기로 인한 이상 징후로 물폭탄급 장마가 두 달가량이나 지속됐다. 어느 지역의 이재민대피소에는 이재민 가운데 80%가량이 이주노동자라는 뉴스가 전해졌다. 이천 율면고 대피소처럼 전원이 외국인인 곳도 있었다. 수해 복구 작업이 진행되면서 많은 이재민이 퇴소했지만 대피소에 남아 있을 수밖에 없는 이재민은 이주노동자인 경우가 대부분이었다.[29] 로버트 라이시가 말한 잊힌 사람들The Forgotten이다.

왜 이재민 가운데 이주노동자 비율이 높았던 것일까? 이주노동자의 숙소가 논밭에 위치한 비닐하우스였기 때문이다. 주지하듯 농어촌 이주노동자의 숙소는 비주거 지역에 있는 비닐하우스나 컨테이너 같은 시설인 경우가 대부분인데, 침수 위험이 늘 발생할 수 있음에도 기숙사 기준에 문제없다는 이유로 방치됐던 결과라고 볼 수 있다. 고용노동부의 기숙사 기준표는 '컨테이너, 조립식 패널, 사업장 건물'을 주거시설로 인정하고 있다. 이런 숙소는 주거비 명목으로 "매일 2시간분의 노동을 (월급에서) 까고" 제공받는 것이다.

소, 돼지, 딸기랑만 지낸다

매일 2시간분의 무료노동은 어떤 시간일까? "이주노동자는 한 달에 이틀 휴일(이 고작이고) 나머지는 전부 소나 돼지, 딸기랑만 지낸다"고 말할 정도다. 코로나19 이전에도 '한 달에 이틀 휴일' '매일 10시간'에 달하는 야만적인 노동에 시달렸다.[30] 과로 위험이 일상적이었던 상황이다. 야만적 노동이 여전한 것은 농어촌 이주노동자에게 근로시간·휴게·휴일 규정의 적용을 예외로 하는 근로기준법 63조 '덕분'일 것이다. '노동의 규모'에 근거해 노동 기본권을 배제하는 근로기준법 11조(상시 5인 이상 근로자를 사용하는 사업장에 적용, 다시 말해 5인 미만 미적용) 또한 야만적 노동을 재생산하는 제도 요인이다.

"한 달에 이틀 휴일이 (고작이고) 나머지는 전부 소나 돼지 딸기랑만 지낸다. …… 근로계약서에는 8시간 일한다고 했지만 통상 10시간 일을 해요. 그런데 10시간 일하는 것을 이

분들이 한 달에 이틀 쉰다고 했잖아요. 그러니까 28일, 혹은 29일 일을 하게 되는 거죠. …… (출입국이 전부 막혀서 농촌 인력난 문제 때문에) 아, 지금 11시간 일한대. 10시간 일하던 사람들이 11시간." (이주노동 활동가 ㄱㅇㅊ)

'소 돼지 딸기랑만 지낸다'고 이야기한 이주노동 활동가와는 10여 년 전 이주노동자 프로젝트를 진행했을 때에도 인터뷰했었다. 그때 기억이 떠올라 당시 보고서를 찾아보았다. "한 달에 한 번만이라도 제대로 쉬어봤으면 좋겠다." "저는 매주 토요일이 휴일이었지만, 4~6월에는 매일 새벽 3시부터 오후 7시까지 하루도 휴식 없이 일해야 했습니다." 어처구니없음과 답답함이 교차했다. '노예노동' '현대판 노예제'라는 표현도 눈에 들어왔다.[31] 근로기준법 예외 조항이나 배제 조항이 존속되는 한 강산이 한 번 변한 지금도 그러하고 10년 후의 미래에도 이주노동의 세계는 비참의 시간이 계속될 수밖에 없다.

그런데 코로나19 이후 이주노동자의 과로위험은 가중되고 있다. 계절 수요에 따라 일시 고용하는 '외국인 계절근로자제도'(2016년 이후)를 통해 들어오던 외국인 계절 노동자가 코로나19 이후 들어오지 못하게 되면서 기존 농어촌 이주노동자들은 '10시간 일하던' 상황에서 지금은 '11시간 넘게' 일하게 됐기 때문이다. 재난 위험이 모두에게 영향을 미친다고는 하지만, 위험의 영향은 기존의 사회구조적 문제와 교차하면서 취약 집단에 더 가혹하게 관통하고 있음을 보여주는 대목이다.

해고 위협, 엄습하다

불안정 노동자에게 언제 해고될지 모르는 불안감은 엄습한 전염병의 공포만큼이나 커졌다. 해고 위협은 임시·일용 노동자, 파견·용역·하청·특고 노동자, 영세업체 노동자, 고령 또는 청년 노동자 등 노동권이 취약한 계층에게 어떠한 제어 조치 없이 자행됐다. 해고 위협은 이주노동자에게 더욱 직접적이고 반인권적인 형태로 구사됐다. 이주노동자들은 "일이 없어 월급은 못 받고 (사업장 이동 제한을 규정하고 있는 고용허가제법 25조 1항으로) 다른 데 가지도 못하고 기숙사에만 박혀 있는 상태"라고 말한다. 때론 '사업장 이동 제한' 탓에, 때론 불안정한 체류 자격 때문에 고용주의 엄포나 협박에도 대응하지 못하는 실정이다.

"미등록 이주민 같은 경우에는 휴업도 아니고 그냥 해고죠. 그냥 바로 해고고, 그런데 다른 일자리를 찾기도 어렵고. 당장 생계의 어려움을 호소하는 분들이 많고. 그런데 무급휴업을 하는 곳 같은 경우는 그 한국인분들은 고용보험이 있어가지고 지원금을 받는데, 이주노동자는 임의 가입이어서 가입이 안 되면 못 받는 거예요. 같은 사업장 안에 있어도." (이주노동 활동가 L)

"아예 3개월 무급휴가라고 해서 사인받는 거 있고. 그다음에 회사에서 지금 이 친구가 비자 연장을 해야 되는데 너 비자 연장할 테니까 3개월 동안 일이 없으니까 돈을 안 준다 그렇게 계약을 해서 비자 연장하는 것도 있고. 방글라데시에 9월에 가야 되는데 이 사장이랑 재계약해서 와야 되는데 지금 회사에 일이 없으니까 다른 데 가지도 못하고 계속 월급은 못 받고 공장 기숙사에만 있고. 그 노동자 입장에서는 내가 뭐라고 하다가 다른 회사 가면 다시 못 오니까 차라리 몇 개월 동안 여기에 있다가 돈을 받자." (이주노조 활동가)

무권리, 여전하다

이주노동자에게 취해진 일터 현장의 방역 조치는 '좌우간 외출 금지'로 요약할 수 있는데, 이는 격리와 감금 수준의 조치와 크게 다르지 않았다. 이주노동자들은 짧게는 몇 주에서 길게는 몇 달에 걸쳐 '열악한' 주거공간에서 '감금' 상태에 처할 수밖에 없었다. 주거시설은 대부분 비닐하우스 속 샌드위치 패널로 지어진 곳이다. 폭염이나 폭우, 혹한에 대비한 건강 보호 대책은커녕, 최소한의 냉난방장치조차 없는 곳이 다반사다. 어떻게 이런 반인권적인 처사가 계속될까? 이는 노동권리가 일상적으로 무력화된 지점에서 발생할 수밖에 없는 일터의 단면이다.

"그것은 비닐하우스 방이고, 비닐하우스 안에 한 샌드위치 패널로 된 것이고, 냉난방장치가 없기도 하다." (이주노동 활

동가 ㄱㅇㅊ)

기록적인 한파가 이어지던 2020년 12월 말, 비닐하우스 숙소에서 사망한 채 발견된 캄보디아 노동자 속헹(31세) 씨 사건으로 열악한 주거공간에 대한 문제가 불거졌다.[32] 비닐하우스를 숙소로 쓰지 못하도록 단속하고 점검을 강화한다는 정부 대책에도 불구하고, 샌드위치 조립 패널과 컨테이너, 비닐하우스 가설 건축물 형식의 숙소 실태는 여전하다. 상식적이지 못한 상황은 반복되고 있고, "이주노동자들은 여전히 쓰다가 버리는 1회용 노동자에 불과합니다. 이주노동자도 사람입니다"라는 절규는 지금도 계속된다. 주거 조건으로서 터무니없다는 문제제기가 계속 보고됨에도 '기숙사 기준표'에 포함된다는 이유로 비주거 시설에서의 주거가 방조되어온 상황에서 발생한 속헹 씨의 사망 사건은 제도적으로 양산된 부정의의 단면이다. 기록적인 폭염 재난 상황에서의 거주 또한 비참의 상태가 아니었을까 싶다. 그러고 보면 이주노동자는 기후위기가 유발하는 폭우, 한파, 폭염 재난에 사실상 무방비로 노출된 상태다.

감금 수준의 생활이 어떤지를 보여주겠다며 인터뷰 중에 어느 이주노동자가 꺼낸 핸드폰 속에는 몇 개월째 이발과 면도를 하지 않은 상태의 동료 사진이 담겨 있었다. 그 덥수룩한 수염과 머리는 게으름의 상태를 표시하는 건 아닐 것이다. 석 달째 어딜 나가지도 못하고 숙소에서만 지낼 수밖에 없었던 고립된 처지를 몸으로 기록하기 위함이었다고 한다.

3장 | 재난, 불평등, 권리

"그분들이 너무 심하게 방역을 시키지, 아~주~…… 좌우간 외출 금지. 외출 금지야. 노동자들 사실 가본 곳이 여기 그 방하고, 그 방밖에 없어요, 어디서 자 본 곳이…… 왕래도 제한, 만남 자체도 제한. 불편하긴 하죠. 불편하긴 하지만 지금까지 겪어왔던 여러 불편에서 크게 더 불편한 것은 아닌 (것이다)." (이주노동 활동가 ㄱㅇㅊ)

"코로나 되면서 공장에서 아예 회사 밖에 못 나가게. 만약에 네가 나가면 그날로 해고다. 그런 경우가 있고." (이주노조 부위원장)

그런데 고립과 감금 수준의 생활이 게토ghetto화된 기존 일상생활과 크게 다르지 않다는 자조적인 인터뷰는 고용허가제에 '묶인' 이주노동자의 존재가 어떤 일상을 경험하고 있는지를 가늠케 한다. 기존 구조적인 문제에 바이러스 재난이 중첩되면서 직장 선택의 자유를 빼앗긴 이주노동자의 무권리적 상황은 "좌우간 외출 금지" 같은 사업주의 인권침해적 조치에도 굴종할 수밖에 없는 사태를 낳는 것이다.

코로나19 이후의 노동 세계는 감염병 위험이 기존 이중구조화된 노동시장의 문제와 불평등을 심화시키는 상황이다. 확진자만 발생하지 않았을 뿐이지 코로나19가 야기하는 과로, 위협, 무권리의 악순환 속에 '드러나지 않(고 있)는' 고통이 이주노동자를 짓누른다. 교차하는 노동의 고통을 사회적으로 드러내는 작업이 더 요망된다.

2020년 고용노동부를 대상으로 한 국정감사에서는 노예처럼 혹사당한 이주노동자의 노동인권 침해가 주목됐다. 국감 증인으로 참석한 한 이주노동자는 "하루 평균 15시간 일했다. 쉬는 날이 딱히 없었고 설날 하루 정도 쉬었다"고 한다. 이에 회사 관계자는 인권유린은 없었으며 저임금 장시간 노동은 사실과 다르다며 반박했다. 그렇지만 매해 발생하는 7000여 건 이상의 재해와 100~130여 건가량의 사망 사고(《외국인 노동자 산업재해 현황》)는 만연한 노예노동을 현시한다.

이주노동자의 노예노동에 대한 문제제기는 1990년대 중반부터 이주단체나 이주노조의 실태조사는 물론 국제앰네스티나 국가인권위원회의 여러 차례에 걸친 조사 보고서 그리고 최근의 인권 실태조사나 국정감사 현장에서도 반복되는 바다. 코로나19나 기록적인 폭우·한파·폭염 때문에 갑작스레 도드라진 문제가 아니란 얘기다. 예외·우발 관점은 이주노동을 가로지르는 누적된 비참의 역사성을 간과한다.

노예노동을 방조하는 고용허가제를 폐지하고 이주노동자의 기본적인 노동권과 인간 존엄성을 보장하는 노동허가제(사용자에게 고용을 허가하는 방식이 아닌 이주노동자에게 노동을 허가하는 방식으로!)를 실시해야 한다는 목소리가 오랫동안 계속되어왔다는 걸 다시 상기할 필요가 있다. '무권리 상태의 노예 같은 삶'에 대한 문제제기는 현재 진행형이다. 비가시화되(고 있)는 고통을 이주노동자 스스로의 목소리와 언어로 발화할 수 있도록 노동권과 시민권을 부여하는 권리 조치가 더욱 요망되는 시점이다. 그런데 문제는 무권리의 반인권적인 노예노동의 상태가 코로나19, 기후위기라고 일컫는 폭염, 폭우, 한파 등의 예외적인 그렇지만 더 이상 예외라고 말할 수 없는 상황 조건 속에서 한층 심화되고 있는 형국이다.

4. 재난 노동자의 목소리는 없었다[33]

위험 업무를 거부할 권리

세계보건기구·국제노동기구는 바이러스 감염병 확산 시 환자의 안전권과 동시에 노동자의 건강권과 안전 조치를 주요 지침으로 내세운다. 바이러스 감염병 대응의 최대 희생자 집단은 보건의료 노동자임을 주지하고 보건의료 노동자는 '충분한 보호·교육을 받았는가?'라는 질문을 기본적으로 전제한다. 질병에 대한 정확한 보고를 받았는지, 최적의 보호장비를 지급받았는지, 심리적 스트레스나 트라우마, 낙인, 탈수, 장시간 노동 등의 문제는 없는지, 이에 대한 안전 조치나 업무 지원, 보상, 회복 프로그램, 상담 서비스, 심리적 지원이 충분히 이뤄졌는지를 점검하도록 권고한다.

위험 업무를 거부할 권리를 명시하는 경우도 있다.[34] 미국 노동부 산하 직업안전보건국OSHA 또한 감염병 재난에서의 노동자 안전 조치를 명시한다. 감염병 발생 시 사업장에서 취해야 할 방역 노동자의 안전 조치를 전제하고 있는 것이다. 병원 내 감염이 감염 확산의 주요 요인임을 직시하고 감염병별, 상황별, 직무별로 재난 상황을 세분화하는 점도 인상적이다.[35]

캐나다 간호사노동조합 위원장 린다 실라스는 "안전은 협상의 대상이 아님"을 분명히 하면서 "캐나다의 경우, 의료진이 안전하지 않다고 판단되면 업무를 거부할 법적 권리가 있다"고 강조한다. 위험 요소를 잘 모를 때 혹은 위험 상황이 개선되지 않을 때는 간호 노동자가 작업을 거부할 수 있다는 것이다.[36] 실제 그 거부권이 작동하는지 궁금했다. 우연한 기회에 캐나다에서 간호사로 일했던 인터뷰이를 만났을 때 물었던 첫 번째 질문이었다. '그렇다'는 답변과 함께 그게 당연한 게 아니냐는 제스처가 기억에 남는다.

이에 비해 한국의 경우 노동인권에 대한 논의나 테이블을 찾기 힘들다. 재난 과정 중의 노동자의 건강권, 노동권, 안전 조치, 휴식권에 대한 논의를 비롯해 특히 재난 이후 회복resilience 과정, 재건 과정에서의 노동자의 휴식권, 심리적 지원에 대한 논의는 더욱 그렇다. 재난 노동자를 대상으로 한 권리 조치는 부차화되는 게 부지기수다. 마스크나 방호복 등의 보호장비나 안전교육 조치를 제대로 받지 못해 감염병에 노출될 수밖에 없었던 경우도 있었으며 (이런 사례나 경험도 사실 그리 오래전 일이 아니다) 간호사 1명이 많게는 30~40명을 돌봐야 하는 상황에서 재난 관련 추가 업무가 덧대지곤 했다. 이와 관련한 의료 현장을 살라스는 "아프리카 같다"고 빗댔다.

개별 죽음을 가로지르는 공통분모

무엇이 아프리카 같은가? 간호사 1명이 최대 30~40명까지 봐야 하는 상황, 태움[37]이 관행으로 계속되는 상황, 노동자의 존엄과 권리가 쉽게 침해되는 상황, 희생·헌신이 안팎으로 강요되는 상황, 노동인권에 대한 논의 테이블을 찾기 힘든 상황을 빗댄 것이다. 마찬가지로 최근 연이은 보건의료 노동자의 자살 및 돌연사 사건 또한 아프리카 같은 열악한 노동 현실을 현시하는 사건이라고 본다.

"오늘은 몸이 세 개, 머리가 두 개였어야 했다. 내일은 몇 개가 필요할까?" 2019년 2월 설 연휴 근무 중에 돌연사한 윤한덕(51세) 국립중앙의료원 응급의료센터 센터장이 생전에 올린 페이스북 글은 2~3인 몫의 업무를 한 명이 감당해야 하는 노동 현실을 직설한다. 과도한 업무량을 '헌신' '사명감' '책임감'의 지표로 삼는 모습은 어제오늘의 일이 아니다. 그 같은 업무 부하는 만성화되어 있던 것이라 말할 수 있을 만큼 보건의료 현장의 일상 풍경이다. 상시적인 인력 부족의 단면이다. 그의 죽음은 아프리카 같은 '그간의' 노동 현실에서 필연적으로 발생할 수밖에 없었던 사건이다.

비슷한 시기 발생한 전문의, 간호사, 간호조무사의 자살, 돌연사도 마찬가지다. 관행화된 폭력인 '태움'으로 빚어진 박선욱 간호사의 자살(2018.2.16.), 직장 괴롭힘으로 인한 서지윤 간호사의 자살(2019.1.5.), 당직근무 중이던 소아청소년과 전문의의 돌연사(2019.2.1.), "동료들의 괴롭힘 때문에 힘들다. 따돌림도 당해 정신과 치료까지 받고 있다"는 유서를 남기고 투신한 간호조무사 실습생의 자살(2019.1.13.), 대형병원 중환자실 남자 간호사의 한강 투신(2018.10.)까지 이어지는 죽음의 행렬.

일련의 죽음은 서로 연관성이 없어 보일 수 있다. 사건별로 원인이 다양할 것이다. 그런데 서로 연관된 공통의 원인이 관통하는 건 아닌가 싶을 정도로 죽음이 반복된다. 개별 사건의 특수성으로만 해석되지 않는 사건 간의 공통성은 없는지 질문해본다면? 죽음의 반복성은 죽음 뒤에 똬리를 틀고 있는 구조적 문제를 가리키고 있다. 개별 죽음을 가로지르는 그 공통분모는 인력 부족 문제와 맞닿는다는 점. 인력 부족을 상수로 하는 자본의 저비용 전략이 우발적으로 보이는 일련의 죽음을 관통하는 구조적이면서 동시에 누적된 원인임을 가늠케 한다.

직업정신 vs 노동인권

재난이라는 긴급 상황, 비상 상황은 언제나 노동자의 헌신, 사명감, 책임감, 직업정신을 강력하게 요구하는 데 반해, 재난 상황에서 노동자의 권리는 더 취약해진다. '그간의 상황'에서도 배제되었던 노동인권은 위기 상황에서 또다시 부차적인 것이 되곤 한다. 위급 상황일수록 노동안전을 최우선할 것을 강조한 WHO·ILO의 감염병 가이드라인과는 사뭇 다른 모습이다.

재난은 '비상 상황' '긴급 상황'을 비롯해 '초유의 사태' '최전선' '블랙스완' '예기치 못한' '전쟁 같은' '군사작전 같은' '포화 속' '초토화' '쑥대밭' '대란' '대공포' '총동원' 등으로 묘사된다. 위급 상황의 최전선에 배치되는 보건의료 노동자는 감염 위험성이 매우 높기에 재난의학의 제1원칙은 '의료 노동자와 그 팀이 안전해야' 한다는 걸 강조한다.[38] 하지만 현실의 비상 상황은 그렇지 못했다.

비상 상황에서 권리와 원칙은 어떻게 무력화되고 봉합됐는가? 첫째, 감염병동, 감염지역, 감염대응팀에 사람을 배치할 때 그들의 선택 의사를 묻는 경우를 찾기란 어려웠다. 지원 형식을 띠긴 했지만 의견 조율 없이 바로 투입되는 경우도 있었고, 지원 의사가 있는 경우라도 예고 없이 갑자기 출근해야 하거나 자의 반 타의 반 투입되기도 했다. 그래서인지 감염병동에 투입된 한 간호사는 "업무에 대한 지침이 미비"했고 "닥치는 대로 일해야 한다는 부담"과 "감염에 대한 공포와 우려"에 시달렸다고 기억한다.

둘째, 가이드라인과 현장 간의 간극이 눈에 띄게 큰 지점은 안전교육과 보호 조치에 대한 것이다. 장비와 정보를 몸에 익히는 것이 재난에 대한 대응 능력임을 감안할 때, "보호복 착용법도" "음압실이 어디 있는지도" "공기 흐름이 어떻게 돌아가는지도" 몰랐을 정도로 정보와 장비를 갖추지 못했고, 그 자체가 두려움과 공포였다.[39] 위험에 노출되는 불안을 떠안은 채 투입되는 것이야말로 가장 큰 두려움이었다고 한다.

"(그런 보호장구를 갖춘 건) 일부 병원에서만 볼 수 있는 모습이고 그나마 매우 제한적"이라는 자조는 여러 곳에서 발견된다. 한 간호사는 "(PAPR 후드를) 소독해서 쓰라"는 말을 들었을 때 분함이 극에 달했다고 한다. 그는 혹시라도 모를 감염 가능성 때문에 이마에 "선명하게" 눌릴 정도로 마스크를 꽉 조이곤 했는데, 그때의 마스크 자국을 사진으로 보여주며 당시의 공포감을 전했다. 그만큼 위로부터의 대응 조치가 현장의 불안과 공포를 전혀 고려하지 못하는 것이었다고 분개했다.

셋째, 휴게시간이나 쉴 공간 또는 잠잘 공간을 포함한 규칙이나 조치는 찾아볼 수 없었다. 방호복을 착용하는 경우 심한 육체적 피로와 스트레스를 경험하기에 반드시 2시간 정도 쉬는 것을 원칙으로 한다.[40] 실신 경험을 이야기한 어느 간호사는 방호복을 입고 1~2시간이면 "땀이 비 오듯이 흘렀다"고 한다. 그럼에도 언제 휴게시간을 가져야 할지, 어떻게 쉬어야 할지 몰랐다고 토로했다.

재난 이후의 목소리들

앞서 언급했듯이 재난은 한 사회에 잠재되어 있던 문제를 드러내는 시기인 동시에 그 문제가 개선될 수 있는 가능성의 시기이기도 하다. 재난 이후의 복구 과정이 단순히 기존 질서로 되돌아가는 것을 의미하는 건 아니다. 재난 이후post-disaster는 새로운 가치와 제도를 사회적으로 재구성하는 과정이다.[41] 이를 둘러싼 역사 세력 간의 배제와 포함의 정치가 벌어질 텐데, 이러한 이유에서 재난 이후의 대응 조치는 일터나 조직, 사회의 건강성, 나아가 민주주의를 가늠하는 척도로 볼 수 있다.

그런데 재난 이후 다양한 목소리가 출현하고 경합하는 상황에서도 노동인권이 부차화되기는 마찬가지다. 노동자의 안전·건강에 대한 논의는 피해 수습·복구 같은 감재減災 논의나 방역 시스템, 매뉴얼 등의 인프라 논의에 묻히고, 현장 노동자의 권리를 어떻게 담을 것인가에 대한 목소리는 거의 대변되지 않는다. 재난 이후 아래로부터의 목소리가 얼마나 어떻게 받아들여졌는가를 질문해보면, 위기 가운데 현장에서 새롭게 실천된 경험들을 담아낼 매뉴얼이나 '아래로부터의 목소리'를 대변할 논의 테이블이 제도화될 여지는 요원해 보인다.

재난 이후 대응 조치를 둘러싸고 다양한 목소리가 경쟁하는 가운데 특정한 목소리가 선택 혹은 배제되는 풍경은 어찌 보면 당연하다. 그렇지만 노동의 관점에서 본 재난 대응 논의는 노동인권 없는 대응으로 요약할 수 있다. 심리적 지원을 비롯해 시간 차원의 보상도 터무니없기는 마찬가지다. 휴가 없이 바로 업무에 투입되는 경우가 다반사였다. 재난 노동자의 목소리가 대변되고 제도화될 가능성을 찾기는 어려웠다. 많은 경우 위험수당을 지급하는 것으로 그치곤 했다. 노동인권 관점의 호혜성 원칙이 지켜졌는지는 의문이다.

"그런 거 뭐 딱히 없었죠. 그냥 메르스 병동에서 일했던 일수를 계산해서 일수에 따라서 하루당 10만 원인가? 위험수당처럼 줬던 거 같아요." (최○○ 간호사)

"(조치를 어떻게 가져가야 된다는 얘기는 공식적인 테이블은?) 없죠. 이걸로 끝. '넌 돈 먹고 떨어져라' 이건 거죠. 그렇게 딱 그런 기분이 들었어요. '너네 이것만 먹고 떨어져, 고생했어!' 고생했어? 그런 느낌은 들었나? '이거 먹고 떨어져' 이 느낌." (최△△ 간호사)

"돈이 아니라 저희는 휴가를 요구했는데. 휴가. 가족들이랑 너무 떨어져 있었으니까 가족들이랑 함께 갈 수 있는 그런 휴가를 원했지. 저는 돈 원하지 않았습니다. 근데 그냥 일괄적으로 그냥 뿌렸어요, 병원에서. 월급명세서도 없이 그냥 갑자기 돈이 확 들어왔죠. 어떻게 계산됐는지도 모르고." (김○○ 간호사)

노동자들의 고통 가운데 트라우마가 자주 언급되는데, 이에 대한 실태조사나 대응체계는 부재하거나 부실한 게 현실이다. 트라우마 증상이 빈도 높게 보고되는 것에 비해, 진단 및 치료를

개인 부담으로 처리하는 경우가 많았다. 이러한 문제를 산업재해로 인정받는 일도 만만치 않다.[42]

늦은 감이 없지는 않지만 국가인권위원회는 매년 되풀이되는 구제역과 조류독감에 따른 살처분 작업자의 트라우마 문제를 제기하면서 노동자 건강권을 전면에 다뤘다.[43] 메시지는 의미가 있었다. 국가인권위원회는 가축 살처분 참여 노동자의 건강권을 위한 조치로 '심리 치료 안내를 의무적으로 실시'할 것을 농림축산식품부에 권고하고, 보건복지부에는 살처분 참여 노동자의 트라우마를 조사 연구하고 심리 지원 체계를 마련토록 권고했다. 살처분 작업에 참여했던 공무원·공중방역 수의사 268명 가운데 76%가 외상후스트레스장애 증상을 보였고 살처분 작업에 참여한다는 죄책감뿐만 아니라 살처분 작업이 매년 반복되는 것에 대한 무력감도 주요 특징으로 보고됐기 때문이다. 심지어는 살처분 참여 노동자들이 트라우마로 자살하는 일이 발생했기 때문이다.[44]

"그래서 만약에 똑같은 상황이 생긴다 하면 절대 안 한다는 거죠. 왜냐하면 아무도 저를 대신해주지도 않고 케어해주지도 않고 위로해주지도 않았어요. 그냥 저 혼자서 살아나가야 하니까. '내가 그럼 굳이 뭣 하러, 나부터 살아야 되는데' 저도 이런 생각이 들더라고요. 왜냐하면 병원에서도 아이들을 책임져주지 않는대요. 병원비 같은 거, 치료받는 거에 대한 전혀 지원이 없으니까." (이○○ 간호사)

그렇지만 국가인권위원회의 조사는 재난 상황에 대응하는 노동자의 인권 문제를 충족하기에는 제한적이고, 여타 재난 상황을 고려해 그 내용을 포괄적으로 다뤘다고 보기는 어렵다. 또한 비정규 노동자가 살처분 참여 노동자의 70~80%인 것에 비해, 비정규 노동자에 대한 보상 지원은 "사후관리가 안 되고 있는 상황"이라고 지적하고 있는데, 이는 재난 이후 불안정 노동자의 상태를 담는 조치가 여전히 부족함을 말해준다.[45]

사람·권리 중심의 재난 대응이란?

전염병 재난은 연례행사처럼 발생한다. 그 빈도와 강도는 점차 커지고 있다. 재난역학연구센터의 재난데이터베이스에 따르면, 전염병 재난 수치는 증가하고 있다. 이전의 정도를 한층 뛰어넘는 양상이다. 빈도만이 문제가 아니다. 미국 사우스플로리다대학교 마크 제롬 월터스 교수는 바이러스 질병의 유형이 20세기 후반부터 달라지고 있으며, 생소한 신종 감염병이 창궐하는 상황이라고 진단한다. 감염병 위험은 동물과 인간 사이의 장벽을 뛰어넘는 새로운 병원체에 의해 발생하는 감염병으로 변이할 가능성이 크다. 유례없는 자연 파괴와 기후위기로 인해 신종 병원체가 어느 때보다 많아졌고 동시에 병원체가 넓고 빠르게 퍼질 수 있게 된 신자유주의적 세계화 맥락에서 종 간 감염도 배제할 수 없는 일이다. 생태적 파괴를 비롯해 물류와 인간의 전 지

구적 이동이 가속화되는 맥락에서 인수공통감염병은 계속 발생할 것이다.[46]

이제 기후위기 발 재난은 모두가 예상하지 못하거나 일어날 가능성이 없다고 보는 '블랙스완'이라기보다는 재난으로 비화될 만한 '정상 사고'로 상정해야 하는 시대가 아닌가 싶다. 신종 감염병이 야기하는 전염병 재난이 찰스 페로우의 정상 사고normal accident 개념에서 말하는 기술적 위험(복잡한 상호작용과 검증되지 않은 기술적 속성에서 빚어지는 위험)을 말하는 것은 아니다. 하지만, 생태적 혼란과 전 지구적 이동 및 운송이 빨라지는 맥락에서는 신종 감염병이 정규 분포의 양극단 어디에서든 발생할 수 있고, 재난의 성격이 복합적이라는 점에서 정상 사고라고 표현할 수 있다.

재난을 '예기치 못한 것'으로 여기고 '희생과 사명감'을 동원하는 방식의 대응은 적절치 못하다. '언제라도 맞닥뜨릴 수' 있고 또한 '예측할 수 없는 재난'이 '반복'될 위험에 대응하기 위한 기본 원칙이 요청된다.[47] 그 가운데 노동자의 안전 조치, 건강권, 노동권을 포함한 사람·권리 중심의 대응 조치가 중요하다. 직업정신을 앞세워 노동자의 희생을 강요하는 방식은 더 큰 사회적 비용과 갈등을 낳을 뿐이다. 노동인권에 대한 보장 조치가 재난 이후 사후약방문식으로 때늦게 취해져서는 안 된다. 캐나다 사스 위원회나 미국 직업안전보건국, WHO·ILO 가이드라인이 밝히고 있듯이, 이제는 노동인권을 명시하는 것이 재난 대응의 첫걸음이라는 걸 알아야 한다.[48]

WHO·ILO, 사스위원회, 직업안전보건국의 가이드라인같이 현장 노동자의 노동인권을 보장하는 사항을 구체적으로 명시하고 실천하는 노력이 우선되어야 한다. 마지막으로 주지해야 할 것은 '감염병 사태뿐만 아니라 많은 보건의료 노동자의 안전 위협이 발생하는 가장 근본적인 문제는 '인력 부족'이라는 문제제기다.[49] 이는 보건의료 노동자의 안전 위협은 우연한 사태가 아니라 자본의 저비용 전략이 누적된 결과인 만성적인 인력 부족 상태에서, 다시 말해 '아프리카 같은' 보건의료 현장에서 빚어질 수밖에 없었던 사건임을 말한다. 만성화된 인력 부족 상태에 권리 관점의 재난 대응이 부재하면서 재해가 반복되고 있음을 직시할 필요가 있다.

4장

승인과 불승인 사이

1. 산재는 어떻게 승인되는가?

정신적 이상 상태

업무 관련한 자살이 산재 인정을 받으려면 자살이 정신 이상 상태에서 발생한 것임을 밝혀야 하고 그 정신 이상 상태가 업무와 관련되었음을 밝혀야 한다. 우선 산업재해보상보험법에서는 자해행위로 인한 결과인 자살 자체를 원칙적으로는 업무상 질병으로 인정하지 않는다. 하지만 몇 가지 예외를 인정한다. 첫째, 업무상 사유로 발생한 정신질환으로 치료를 받았거나 받고 있는 사람이 정신적 이상 상태에서 자해행위를 한 경우. 둘째, 업무상 재해로 요양 중인 사람이 그 업무상 재해로 인한 정신적 이상 상태에서 자해행위를 한 경우. 셋째, 그 밖에 업무상 사유로 인한 정신적 이상 상태에서 자해행위를 한 경우다.[2]

세 사유 모두 자살이 '정신적 이상 상태' 또는 '정상적인 인식 능력이 뚜렷하게 저하된 상태'에서 발생한 것이어야 함을 전제하고 있다. 우리가 눈여겨봐야 할 점은 정신적 이상 상태라는 전제에 대한 논의는 차치하고라도, 정신적 이상 상태에 대한 판단이나 정상적인 인식 능력에 대한 판단 내용이 (아래 근로복지공단의 '조사 지침'³에서 밝히는 것과 달리) 그렇게 명확하지만은 않다는 점이다. 이러한 모호함 때문에 여러 산재 판정 케이스 사례에서 논란이 되는 경우가 잦아, 판정 결과의 일관성이 떨어진다는 비판이 나온다.

- 우울에피소드(주요우울장애): 의욕 저하와 우울감을 주요 증상으로 하여 다양한 인지 및 정신 증상을 일으켜 인지기능, 정신운동 활동, 일상 기능의 저하를 가져오는 정신질병.
- 불안장애: 다양한 형태의 비정상적, 병적인 불안과 공포로 인하여 일상생활에 장애를 일으키는 정신질병으로 공황장애, 범불안장애, 공포증 등이 있음.
- 적응장애: 동반하는 주요 증상의 양상에 따라 불안장애 또는 우울에피소드 등으로 해석이 가능한 경과적 진단명.
- 외상후스트레스장애와 급성 스트레스반응: 자연재해, 사고 등의 심각한 사건을 경험한 후 그 사건에 공포감을 느끼고 사건 후에도 계속적인 재경험을 통해 고통을 느끼는 질병.
- 수면장애: 수면의 연속성과 질, 입면에 문제가 있는 장애로 불면증이 대표적인 질병.
- 자해행위, 자살.

여기서는 업무상 사유로 자살 산재를 신청한 사례 가운데 총 63건[4]의 판정 케이스를 대상으로 업무상 스트레스-정신적 이상 상태-자살 간의 관련성이 어떻게 설명되는지, 어떤 경우에 승인이 되고 승인이 되지 않은지를 구체적으로 살펴본다. 또한 판정 사례에 표현된 '정신적 이상 상태'에 대한 내용을 중심으로 그 기준의 모호함 또는 불명확성이 어떠한 양상으로 나타나는지를 살펴보려 한다.

1절에서는 산재 승인 케이스(23건)를 대상으로 '정신적 이상 상태를 유발할 만한' 업무 스트레스의 내용은 어떤 것인지, 자살 전 이벤트나 정황 증거가 어느 정도여야 승인으로 판정되는지, 마지막으로 승인 사례에서 발견되는 정신적 이상 상태의 특징은 무엇인지를 파악한다. 한편, 과거 치료력이 있는 경우 불승인될 경향이 상당히 높은데, 과거 치료력이 있음에도 업무 스트레스에 따른 자살로 승인된 사례(3건)를 대조한다. 판정 사례는 대괄호로 표기한다(예: [1번]). 각 사례에 대한 자세한 내용은 부록 표를 참조한다.

다음 절(《산재는 어떻게 불승인되는가?》)에서는 산재 불승인 케이스(40건)를 대상으로 업무 스트레스의 내용이 승인 사례와 어떻게 다른지를 비교한다. 또한 과거 치료력을 포함한 개인 특성은 불승인에 어떤 영향을 미치는지를 따져보고 특히 개인 취약성이라는 변인이 불승인 근거로 동원되는 방식을 분석한다.

이 장은 승인 또는 불승인 기준의 명증성을 다투기 위해 하는 작업은 아니다. 유사 사건, 유사 업무 스트레스, 유사 정신적 이상 상태가 다르게 판정되는 지점을 상술하고 승인 또는 불승인을 설명하는 언어의 불명확성과 자의성을 드러내는 작업이다. 특히 개인적인 취약성, 통상적인 기준같이 불명료한 채 동원되는 상투어를 비판적으로 검토한다.[5]

정신적 이상 상태의 내용과 특징

우선, 업무로 인한 자살이 산재로 승인을 받으려면 업무 스트레스로 인한 정신적 이상 상태에서 자살이 발생했다는 걸 밝혀야 하는데, 업무 스트레스와 정신적 이상 상태 간의 관련성을 밝히는 과정에서 '정신적 이상 상태를 유발할 만큼'의 업무 스트레스가 어떤 정도인지를 파악하는 게 중요할 것이다.

승인 사례에서 발견되는 정신적 이상 상태의 내용을 〈재해조사서〉와 〈업무상 질병 판정서〉에 기술된 대로 발췌하면 다음과 같다.[6] ① (폭언을 듣고 난 후) "너무 억울하고 이번 일로 인해 직장과 당신 그리고 아이들에게 피해가 갈까봐 두려워 죽겠다" …… 허공을 보며 앉아서 알아들을 수 없는 말을 혼자 중얼거리고 있었고 여러 번 불러도 알아듣지 못하고…… [1번], ② 주변 동료들에게 "일할 엄두가 나지 않는다" "그만두고 싶다" "아예 사라져버리고 싶다" 등의 말과 함께 불안하다면서 자기를 꼭 좀 안아달라, 손을 잡아달라는 등의 표현을 자주 함. 손톱 옆 살을 물어뜯는 등의 불안한 모습, 했던 말을 반복하거나 기억하지 못하고 죽을 것 같다, 정신이 이상한 것 같다 등의 말을 수시로 함[2번], ③ (실적 때문에) 걱정에 몹시 불안해하였고 갑자기 소리를 지르고 흥분함, 평소와 다르게 입으로 손톱을 뜯으면서 땀을 흘리고 혼자 중얼거림[5번], ④ "열흘 정도 거의 하루에 2~3시간 정도밖에 잠을 못 잤다" 재해 직전에 보인 행동은 평소 모습이 아니라 정신 나간 사람처럼 보였고 하지 않던 욕도 처음으로 했고 밤중에 소리를 지르기도 함[6번], ⑤ "주위의 시선이 너무나 따갑다. 인간적으로 나를 이렇게 매장당하게 할 줄 몰랐다. 억울하고 너무나 원망스럽다"[7번], ⑥ 자기도 모르게 울컥하면서 개와 함께 바다에 뛰어들고 싶었다는 말을 함, "밖을 봐도…… 안을 봐도…… 안은 특히…… 기댈 만한 벽이 하나도 없다. 어릴 때부터 항상 절벽 끝에 발끝으로 서 있는데 위에서 밀어붙여서 떨어질 똥 말 똥 위태했던 내 모습"[10번], ⑦ "회사에 출근하는 것이 도살장 끌려가는 소가 된 기분"[11번].

업무 관련한 어떤 사건이 발생했는지를 보면, 업무 수행 중 성추행 신고로 인한 스트레스[1번], 업무 실수로 인한 손해배상 책임 추궁 스트레스[2번], 상사의 괴롭힘[3번], 새로운 업무에 대한 스트레스[4번], 실적 하락 스트레스[5번], 영업 정지에 따른 스트레스[6번], 감사실 조사 과정 중 왕따 취급[7번], 요양 후 직무 전환에 대한 모멸감[8번], 공사 기간 연장에 대한 책임 스트레스 및 발주처와의 갈등[9번], 직장 내 성희롱과 따돌림[10번], 신규 조합장의 직장 괴롭힘[11번]을 들 수 있다(자세한 내용은 부록 〈표 1〉을 참조한다).

위에 언급된 업무 스트레스의 내용들은 '자살에 이를 만큼'의 정신적 이상 상태로 제시되고 있고 산재 승인에 합당한 이유로 설명된다. 그런데 이와 유사한 업무 스트레스의 양상이 발견되어도 '자살에 이를 만큼'의 업무 스트레스로 인정받지 못하고 불승인되는 사례가 있다는 것에 주의할 필요가 있다. 이에 대한 내용은 불승인 사례에서 살펴본다.

자살 전 일어난 사건

자살 전 일어난 사건이 명확하고, 일기나 유서 같은 객관적 증거가 뚜렷한 경우에는 업무 길이나 업무량이 길거나 많지 않더라도 (다시 말해 산재 인정 기준에 못 미치더라도) 승인되는 경향이 높다. 이를테면, 성추행 논란(성추행 신고, 민원인 가족의 협박)[1번], 업무 관련 실수(하자 발생) 및 손해배상책임 추궁(가능성)[2번], 상사의 괴롭힘, 인격적 모욕, 과도한 업무 부담[3번], 직원이 고객을 친 사고 발생, 영업정지 행정처분[6번], 상사의 위반 사건으로 진행된 감사[7번], 업무상 사고로 인한 업무 재배치[8번], 상사의 성희롱과 이어진 직원들의 험담[10번], 중대한 품질 사고 발생[12번], 경영 악화 및 직원 해고에 대한 부담[13번], 고객의 민형사소송 및 새로운 대출 업무[18번], 상사와의 갈등, 승진을 둘러싼 동료의 난동[20번], 처음 수행하는 사무장 역할[21번] 사례가 그렇다(자세한 내용은 부록 〈표 2〉를 참조한다).

이와 반대로 업무 길이나 업무 강도가 정황상 문제적인 것으로 보여도 자살 전 일어난 사건 또는 일기나 유서 같은 객관적 증거가 뒷받침되지 않으면 불승인되는 경향이 높다. 불승인 사유는 '통상적인 수준' '자살을 유발할 정도의 업무 스트레스를 받았다고 보기 어려움' '00년 차에 극복할 수 없을 정도의 과중한 업무는 아님' '업무에 있어 큰 변화라고 볼 수 없는 수준'으로 설명된다. 여기서 '통상적인' 수준이나 '00년 차 정도의 업무'라는 설명 방식은 재해자의 상태를 고려한 것이라 보기 어렵고 또한 당시 맥락에 기초해서 업무 스트레스를 고려한 것이라고 보기 어렵다. '너만 힘드냐! 지금 다들 힘들다. 힘들어도 다 한다. 그 정도는 문제라고 볼 수 없다'는 식이다.

과거 치료력에도 불구하고 승인된 사례

통상적으로 과거 치료력은 승인에 매우 불리하게 작용한다. 승인 케이스의 판정 설명을 보더라도, 승인 사유에 "과거에 정신질환으로 진료받은 적이 없고" "과거 정신과적 병력이 없었던 점을 고려할 때" "개인의 우울증 같은 기왕력에 대한 과거 진료 기록도 없어" "개인의 기질적 취약성이 확인되지 않은 점" 같은 단서가 자주 붙는다([1번], [3번], [21번]). 다시 말해, 판정 승인에 대한 설명이 업무 그 자체를 통해 증명되는 방식이 아니라 과거 치료력이나 기저질환 같은 외부 변인이 판정의 유불리에 주요 항목으로 체크된다. 다시 말해, 과거 치료력이 불승인의 근거로 작용함을 보여주는 대목이다.

- [4번] 과거 치료력(자살 사고 3년 6개월 전부터 9개월가량 수면장애와 우울감 진료, 자살 전 3개월 전에는 불면증, 우울증 급격히 악화)이 있었음에도, 과도한 업무 부담(신규 공법의 설비공사 총괄책임), 인력 부족으로 인한 공기 지연과 준공 기한 준수에 대한 압박, 자재(파이프)로 인한 분쟁, 준공 전 예비점검에 대한 부담 등에 따른 스트레스로 우울증 발병, 정상적인 인식 능력이나 행위선택 능력이 저하되어 자살에 이른 것으로 판단.
- [9번] 과거 우울증으로 치료한 내역(자살 사고 10년 전부터 경도우울에피소드로 치료, 6년 전까지도 스트레스로 인한 정신과 치료)이 확인되나, 개인적 취약성보다는 현장소장으로 공기 연장에 대한 책임감, 지역 주민의 민원, 발주처와의 갈등 등 최근 발생한 업무상 스트레스로 인해 정신적 이상 상태에서 자살하게 된 것으로 판단.
- [11번] (재해 10여 년 전부터) 기존 질환인 알코올성 의존증, 불안·우울증으로 치료를 받아오던 상태에서, 직장상사인 조장으로부터 괴롭힘, 폭언, 폭행(전치 2주의 상해)을 당했고, 직책이 강등되어 기존에 유지해오던 지위와 책임, 정체성에 타격을 받았으며, 또한 이러한 상황으로부터 벗어나고자 했지만 인사이동이 좌절됨으로써 직장 내 괴롭힘,

폭언, 폭행 상황이 지속될 것이라는 불안감이 큰 상태에서 자살에 이른 것으로 판단.

그렇지만 위의 인용([4번], [9번], [11번])처럼, 과거 치료력이 발견되어도 업무 부담에 따른 정신적 이상 상태가 인정된 사례를 제한적으로나마 볼 수 있다(자세한 내용은 부록 〈표 3〉을 참조한다).[7] 향후 과거 치료력의 경중 또는 과거 치료력에 대한 재해자의 치료 노력 여부 또는 과거 치료력과 재해 발생 시기 간의 간극에 따라 승인·불승인의 결과가 어떻게 달라지는지 그리고 과거 치료력을 포함한 개인 취약성 요인을 반박할 만큼의 자살 전 사건 또는 유서 같은 객관적인 증거로는 어떠한 것이 있는지 확인할 필요가 있다.

2. 산재는 어떻게 불승인되는가?

개인 취약성: 환경 요인+성향 요인

개인 취약성의 다양한 내용을 정리하면, 환경 요인, 성향 요인, 과거 치료력으로 요약할 수 있다. 우선, 개인적인 생활 문제나 금전적 채무 같은 생활환경 요인과 관련한 개인 취약성 케이스와 완벽주의 성향 또는 '민감하게 책임감을 느낌' 등 개인 성향과 관련한 개인 취약성 케이스로 구분할 수 있는데, 이들 모두 불승인 경향이 상당히 높다. 특히 31번(개인의 정신병적 증상, "현관 밖에서 이상한 소리가 들린다"), 38번(알코올성 정신병적 피해망상, "성기가 거세됐다" "카메라가 설치됐다"), 49번(해고나 실업에 대한 두려움과 피해망상, 완벽주의 성향), 52번(자살 시도, 과대망상 등 정신병적 증상), 57번(망상에 관계되는 증상, "카톡이 해킹당했다") 같이 망상이나 환청, 피해망상이나 완벽주의 성향이 발견되는 경우는 불승인될 확률이 매우 높다. 이와 관련해 개인의 일상 품행을 도

덕주의적 언어로 평가하는 지점도 발견된다. '업무 요인' 그 자체를 대상으로 업무 스트레스를 평가하는 판정 과정이 요구된다.

한편 아래 인용([23번], [24번], [33번], [34번], [54번])에서 보듯이 '개인적인 취약성'의 이유를 들어 불승인하는데, 〈재해 조사서〉와 〈업무상 질병 판정서〉에서는 그 근거를 찾기 어려웠다. 판정 기준의 불명확성에 대한 문제제기로부터 자유롭지 못하다. 개인 취약성이 왜 불승인의 근거가 되는지 명확하게 설명될 필요가 있다.

- [23번] 우울증 등 질병에 이를 만큼 통상적인 수준을 넘어서는 스트레스 요인을 확인하기 어려우며, 개인적인 취약성으로 자살에 이른 것으로 판단.
- [24번] 구조조정으로 인한 어려운 상황 등이 회사 구성원 모두에게 적용되는 것으로 판단되며, 자살은 개인적인 성격에 의한 결과로 판단.
- [33번] 통상적인 수준의 업무 수행으로 회사 사정이 좋지 않은 것에 대해 민감하게 책임감을 느끼는 개인적인 소양이 사망에 더 큰 영향을 끼친 것으로 판단.
- [34번] 자살의 원인이 되었다고 판단할 수 있는 과로 및 스트레스 요인이 확인되지 않으며 고인의 자살은 본인의 성격적 특성 등 개인적인 취약성에 의한 영향으로 판단.
- [54번] 통상의 영업방식에서 벗어나 고인의 과도한 성취 욕구(평소 일벌레로 소문났다는 동료의 진술), 개인적 소인에

의한 것으로 판단.

이를테면 사례 23번의 경우는 '통상적인 수준을 넘어서는 스트레스 요인'의 기준이 불명확하기에 좀 더 구체화되어야 한다. 또한 '개인 취약성'에 대한 근거/내용이 타당한 수준으로 상술될 필요가 있다. 마찬가지로 사례 24번의 경우, 회사의 구조조정 상황이 '회사 구성원 모두에게 적용되는 상황'이라 하더라도 재해 당사자(팀장의 책임 부담, 실적 저조에 대한 스트레스, 연장 6시간을 포함해 14시간씩 일함)의 관점에서 그 고충과 스트레스가 충분히 설명되어야 할 것이다. 사례 31번의 경우, '이전에는 발견되지 않았던' 개인의 정신적 이상 상태가 왜 이 시기에 발현됐는지에 대한 설명이 부족하다. 개인적 정신적 성향(망상·환청)이 발현하게 된 업무적 맥락(새로운 업무: 현장소장 업무)을 적극적으로 고려했어야 한다(자세한 내용은 부록 〈표 4〉를 참조한다).

개인 취약성: 과거 치료력

과거 치료력이 있는 경우라 하더라도, 그 과거 치료력과 업무와의 연관성은 어떠했는지 당시 맥락(업무환경)에서 질병을 판단하려는 사례를 찾기 어려웠다. 또한 망자가 치료에 어떠한 노력을 기울였는지 그 치료 과정은 고려되지 않고 과거 치료력이 현재의 당해 업무로 인한 재발 가능성을 묻지도 따지지도 않았다. 과거 치료력이나 기저질환이 지금 이 시점에 왜 드러나게 됐는지에 대한 충분한 근거를 파악하기 어려운 채, 과거 치료력은 개인 취약성으로 등치돼 불승인을 정당화하는 요인으로 작용하곤 한다.

과거 치료력은 어떠한 질문의 여지도 허락하지 않은 채 불승인을 위한 자동 분류 기준처럼 작동하는 모양새다. '과거 치료력이 없는 것'이 왜 승인의 조건으로 언급되어야 하는지, 이와 반대로 '과거 치료력이 있는 것' '기저질환' 그 자체가 왜 불승인의 근거가 되는지 명확한 설명이 없어 매우 자의적인 판단 근거로 동원되는 것은 아닌가 싶다.

정황상 업무 특성이 과중해 문제적인 사례로 보여도, 과거 치료력 때문에 불승인되는 경우가 많은데, 사례 25번의 경우, 상시적인 장시간 노동과 영업부장에서 관리부장으로의 역할 변화에 따른 스트레스에도 불구하고, 우울장애와 그로 인한 자살에는 개인적 취약성(누나가 자살하여 정신과 진료, 3주 전 친구의 자살)이 많이 관여한 것으로 판단돼 불승인된 사례다.

사례 46번의 경우, 과거 치료력(주요우울장애, 범불안장애)이 회사 해킹(사건) 이후 발생한 것이고 자살 전 증상(불면증, 집중력 저하 등 증상 악화)이 회사의 이전 문제와 겹쳐 있는 것이므로 완벽주의적 성향 같은 개인 소인이라 하더라도, 정신질환이 발생하게 된 '맥락'을 충분히 설명했어야 한다.

사례 55번의 경우, 10여 년 전부터 우울증상 과거력이 있고 재해 전 이혼 사실이 있어 업무에 대한 책임 스트레스보다는 개인 취약성으로 사망한 것이라 판단된 경우다(자세한 내용은 부록 〈표 5〉를 참조한다).

경력, 적응, 통상적인 수준이란 이유로 불승인

여러 불승인 사유 가운데 눈에 띄는 지점은 정신적 이상 상태에 이를 만큼의 스트레스는 아닌 '통상적인 수준의 스트레스'라는 표현이 많았다는 점이다. '너만 힘드냐 다들 힘들다'는 식이다. 통상적인 수준, 업무 경력이나 적응성을 이유로 자살을 업무상 사유로 판정할 수 없다는 사례를 〈재해 조사서〉와 〈업무상 질병 판정서〉에 기술된 대로 발췌하면 다음과 같다.

사례 32번의 경우, 재해 석 달 전 점포 이동 시기 인사관리 업무를 추가로 담당하면서 스트레스로 정신과 진료('심한 스트레스에 대한 기타 반응' '비기질성 불면증' "내가 책임자 일을 맡았는데 너무 큰 부담이다" "윗사람 아랫사람, 컨트롤해야 하고 스트레스 많았다" "죽고 싶은 생각이다")를 받았던 상황에 대한 맥락적 설명이 부족하다.

사례 42번의 경우, 계속해오던 업무라고 하더라도, 재해 발생 전 회사 구조조정으로 작업자가 줄면서 4조 3교대에서 12시간 맞교대에 4시간 추가 근무 내역이 더 구체적으로 확인+증거가 됐어야 한다. '업무상의 변화'가 제한적으로 해석되고 있다.

사례 45번의 경우, '업무상의 변화'가 매우 제한적으로 해석되는 경향이다. 계속해오던 업무라 하더라도, '수십억의 손실 발생'이라는 상황에서 가중됐을 스트레스 요인을 구체화했어야 한다. '손실에 대한 객관적인 증거'가 확인되면 승인에 유리했을지도 의문이다. 승인 사례 2번(생활건강 기술연구원, 업무 실수로 인한 손배 추궁에 대한 불안감으로 자살)이 손배에 대한 불안감 등 '주관적 불안감'을 적극 고려한 바와 비교할 때, '손실에 대한 객관적인 증거'의 요구는 과해 보인다.

사례 51번의 경우, 환경상 업무 스트레스(조직 개편으로 부하직원 퇴사, 영업 관련 비용으로 추정되는 채무에 대한 독촉 전화 수시로 받음)가 없지 않았으나, 통상적인 범위 내라고 보이고 업무환경의 결정적 변화, 충격 사건, 인간관계 변화 등 과도한 스트레스로 정신적 이상 상태에서 자살했다고 인정하기 어려워 불승인된 사례다(자세한 내용은 부록 〈표 6〉을 참조한다).

업무 길이나 강도가 정황상 문제적인 것으로 추정되더라도 많은 경우 '통상적인 수준' '자살을 유발할 정도의 업무 스트레스를 받았다고 보기 어려움' '00년 차에 극복할 수 없을 정도의 과중한 업무는 아님' '업무에 있어 큰 변화라고 볼 수 없는 수준' 같은 이유로 불승인되는 경향이 높다. 그런데 불승인 사례의 업무 스트레스를 왜 '통상적인 수준'이라고 보는지에 대한 근거를 〈재해 조사서〉나 〈업무상 질병 판정서〉에서는 찾기 어렵다. 판정 내용의 불명확성에 대한 문제제기로부터 자유롭지 못한 대목이다.

'통상'은 사전상 '특별하지 않고 늘 예사로 있는 일이나 상태'를 뜻한다. 그 일이나 상태가 일상적으로 접할 수 있는 것이고 또한 관행적으로 오래전부터 해오던 것이란 의미를 포함한다. 그렇기에 어느 정도 감내할 수 있는 것이라는 전제가 깔린다. '너만 힘드냐 다들 힘들다 그 정도는 문제라고 볼 수 없다'는 식이다. '통상적인 수준'이나 '00년 차 정도의 업무'라는 설명 방식은 재해 당사자의 입장에서 업무 스트레스를 고려한 것도 아니요 당시 업무 맥락에 기초해 고려한 것이라고도 볼 수 없다.

심히 주관적일 수 있는 '통상적'이란 표현 그 자체는 금지되어야 할 것이다. 판정의 언어는 더욱 타당하고 객관적 자료에 기초한 내용으로 뒷받침되어야 한다. 사실 우리가 통상적인 업무 스트레스라고 말하는 그 수준이란 것이 이미 문제의 정도를 넘어선 상태라는 점을 먼저 인지하고 공유해야 하지 않을까 싶다.

유사 사건에 대한 판정 내용 비교

위기 사건('구조조정' '하자 발생' '손실 초래' '공기 연장' '아차 사고' '민형사소송')의 내용이 승인이든 불승인이든 유사함에도 판정 결과가 달라지는 경우가 있는데, 책임 부담 스트레스를 적극적으로 고려한 케이스와 그렇지 않은 케이스를 일별하면 다음과 같다.[8]

위기 사건에 따른 책임 부담 스트레스는 (① 업무 경력과 별개로, ② 회사 내 리스크 프로세스가 있더라도, ③ 리스크에 대한 책임을 직접 묻지 않는다 하더라도, ④ 손실에 대한 증거[규모나 범위의 크기 또는 그 객관적 증거 자료]를 묻기보다는) '당시 맥락'에서 재해자에게 가중되었을 스트레스를 적극적으로 검토해야 한다. 한편, 판정의 일관성을 높이기 위해 유사 사례를 묶어 적절한 기준을 제시해 합의 체계를 구축할 필요가 있다.

위기 사건이 있었음에도 불승인된 사례([29번], [35번], [36번], [37번], [42번], [47번], [48번], [53번])의 경우, 업무 부담이나 스트레스를 좀 더 적극적으로 고려해야 할 것으로 보인다. 이를 위한 제도적 조치는 무엇인지 또한 고민되어야 하는 바다(자세한 내용은 부록 〈표 7〉을 참조한다).

- [29번] 하자보수 업무를 하다 소위 '미친 강성'의 과도한 청소 요구+재해자가 일부 청소+청소비용의 절반을 사비로 배상+이에 대해 선배 문책 등이 있었음.
- [36번] 하청업체를 조율하는 업무를 하던 중 불량품 발생, 불량품 처리에 따른 단가 인상분을 재해자도 책임, 준공 지연 문제 발생.
- [37번] 설치관리 업무를 수행하다 하청 증가, 촉박한 일정, 인력 부족, 업무 중 사고로 인한 손해배상책임 등 문제 발생.
- [42번] 회사의 구조조정으로 작업자 줄면서 4조 3교대에서 사실상 12시간 맞교대에 추가로 4시간씩 더 근무하고 구조조정 스트레스 겪음.

기타 불승인 사례

마지막으로 〈재해 조사서〉와 〈업무상 질병 판정서〉상의 설명만으로는 불승인 사유를 명확히 알기 어려운 경우가 발견된다. 첫째, 업무 스트레스가 자살을 유발할 만큼의 기준에 못 미친다고 하는 경우('힘든 건 알겠는데, 그 정도는 아니다')는 다음과 같다(자세한 내용은 부록 〈표 8〉을 참조한다).

- [23번] 우울증 등 질병에 이를 만큼 통상적인 수준을 넘어서는 스트레스 요인을 확인하기 어려우며, 개인적인 취약성으로 자살에 이른 것으로 판단.
- [29번] 자살을 유발할 정도의 업무 스트레스를 받았다고 보긴 어려우며, 자살 직전 뚜렷한 정신병적 상태를 확인하기 어렵다고 판단.
- [39번] 자살을 유발할 만큼의 큰 변화나 스트레스는 아니었으며, 회사의 조치는 본인 과실에 상당 부분 기인한 측면이 있고, 이외에도 개인적인 생활 문제, 금전적 채무 등 업무 외적인 이유, 즉 개인적인 취약성이 많이 관여된 것으로 판단.
- [46번] 객관적으로 우울증을 유발할 정도의 극심한 스트레스라고 보기 어려우며 우울증을 앓게 된 주요 요인이 내성적이면서 꼼꼼한 완벽주의적 성향 등 개인 소인에 의한 것으로 판단.

- [53번] 설령 업무 과로나 스트레스가 상당하다고 할지라도 자살 결정할 정도의 부담인지 의문인 점 등으로 업무상 인과관계가 낮다고 판단.

둘째, '정신적 이상 상태였다는 근거가 충분하지 않다'는 경우는 다음과 같다(자세한 내용은 부록 〈표 9〉를 참조한다).

- [28번] 정신질환을 앓았다는 근거 및 자살 전에 판단력이 정상보다 떨어지는 정신적 이상 상태였다는 근거가 충분하지 않다고 판단.
- [29번] 자살을 유발할 정도의 업무 스트레스를 받았다고 보긴 어려우며, 자살 직전 뚜렷한 정신병적 상태를 확인하기 어렵다고 판단.
- [36번] 자살에 이를 정도의 판단력 망실의 상태가 있어 보이지 않음.

5장

현재의 시간, 시간의 미래

1. 어쩌다 과노동[1]

노동시간이 다시 길어지고 있다

세계의 노동시간 추세는 1980년대까지 감소하다 그 이후 다시 증가하는 경향으로 돌아서고 있다. 《죽도록 일하는 사회》(2018)의 저자 모리오카 고지가 근거로 삼은 것은 미국, 프랑스, 독일, 네덜란드, 스웨덴, 노르웨이, 영국 등 10개국을 대상으로 '소득의 불평등 정도'가 높을수록 노동시간이 길다는 것을 증명한 사무엘 볼스의 연구다. 제조업에 한정해서 노동시간 추이를 보면, 영국은 1982년, 미국과 캐나다는 1983년, 이탈리아는 1985년, 노르웨이와 스웨덴은 1988년, 독일은 1996년에 전환점을 맞이했다.[2]

《현대에 부활한 과거의 노동시간 Modern Times, Ancient Hours》의 저자 피에트로 바소 또한 노동시간의 연장, 노동강도의 강화, 노동의 유연화 추세가 늘어난다고 비판하면서, 많은 전문가는 노동시간에 대한 낙관적인 견해를 태평하게 늘어놓는다고 일갈한다. 그 또한 노동시간 단축을 향한 역사적 추세는 점진적으로 멈추게 될 것이라고 진단한다. 노동시간 단축에 대한 자본가계급과 자본주의 국가가 보이는 격렬한 저항과 심지어 노동시간 연장을 향한 국제적 추세가 상당히 견고한 기반을 갖고 있기 때문이라는 것이다. 《마르크스의 생명정치학》의 저자 자크 비데도 법적 노동일이 노동자가 무언가를 되찾을 수 있게 해주는 ('정상적인 삶'의) 계기가 됨을 강조하는데, 신자유주의의 지배력이 커져가는 작금의 상황에서 노동자의 몸과 마음을 고갈시키는 노동시간에 대한 사회적 개입(제도적 차원의 노동시간 단축)이 희미해져가고 있음을 비판한다.[3]

한편, 노동시간 단축의 역전 현상은 일부 나라에서만 발견된다는 지적도 있다. OECD의 조사 보고서 〈OECD 국가의 노동시간 트렌드Trends in Working Hours in OECD Countries〉(2001)에 참여한 존 에반스는 프랑스, 독일, 이탈리아, 네덜란드, 노르웨이에서는 단축 경향이 약해지긴 했어도 여전히 이어지고 있고, 일본이나 한국처럼 최근 들어 짧아진 경우도 있다고 지적한다.[4]

무엇이 실재일까? 모리오카 고지는 전자의 지적이 현실에 가깝다고 본다. 일례로 미국의 경우 일본의 풍토병처럼 여겨온 과노동이 맹위를 떨치고 있는 나라 가운데 하나다. 노동시간 단축 추세는 1983년부터 역전되더니 1990년대 초부터는 과노동이 초미의 화제로 떠올랐다.[5] 특히 노동시간의 양극화(장시간 노동자와 단시간 노동자가 동시에 증가하는 경향)가 문제다. 50시간 이상 일하는 장시간 노동자의 경우 남성이 27%, 여성이 11%다. 직업별로는 관리·전문·기술직의 장시간 노동이 두드러진다. 화이트칼라의 노동조건 또한 열악한 공장 못지않게 착취 공장white-collar sweatshop으로 변했다고 비판한다.[6]

영국에서도 과노동과 과로사 문제가 부상했다. 영국노동조합회의의 산재 직업병 전문지《해저드Hazards》(2003)는 돌연사drop dead를 다룬 특집호에서 21세기의 주요한 직업병은 심장마비, 뇌경색, 자살이라고 소개하고 의사, 간호사, 교사, 우체국 노동자의 과로죽음을 고발했다. 특집호는 수백만 명의 노동자가 과로사 지대karoshi zone에 들어섰다고 지적했다. 이들은 주당 35시간 이상 근무한 사람 가운데 16%인 주당 60시간 이상 일하는 사람들이다.[7]

독일의 경우도 선도적인 노동시간 단축 국가라는 사실에는 변함이 없지만, 기술연구직의 탄력시간제 도입, 서비스 부문의 주 39시간 노동으로의 연장, 한 시간마다 5분씩 있던 휴게시간을 연 이틀의 휴일로 바꾸면서 휴게시간을 연 30분 삭감, 지멘스의 주 37시간 노동으로의 연장은 노동시간 단축의 경향이 멈췄음을 보여준다.

독일과 나란히 노동시간이 짧은 프랑스에서도 노동시간을 연장하는 조치들이 속출하고 있다. 프랑스는 1919년 1일 8시간제 법안 통과 이후 1936년 40시간제＋연 2주 유급휴가제, 1982년 주 39시간제＋연 5주 유급휴가제, 1998년 오브리법Loi Aubry 제정으로 주 35시간제 도입까지 노동자의 시간권리를 보장해왔다. 그런데 노동시간 단축 경향과는 다른 조치, 이를테면 초과근무 가능 시간을 연 130시간에서 연 180시간으로 확대(2003년), 유통업체의 주휴일 영업 허용(2015년 마크롱법), 주 60시간 근로를 위한 요건을 완화하고 연장근로 가산수당을 노사 합의로 10% 감액할 수 있도록 허용(2016년 엘 콤리법), 연장근로를 실시하는 기업에 세금 일부를 감면하는 정책을 내고 공휴일 축소를 포함한 근로시간 확대를 지시(2019년 마크롱 대통령 연설문) 등이 취해지고 있다.

중국의 경우, 2010년대 초반《서던 위클리Southern Weekly》의 기자 리우즈이가 한 달여간 위장 잠입해 취재한 르포를 보도하면서 폭스콘 노동자들의 연쇄 자살 사태가 문제시됐다. 자살 신드롬, 지옥 공장hell factory이라 일컬어질 정도로 한 달 100여 시간에 달하는 초과근무와 비현실적인 할당량, 군대식 관리와 엄격한 감시·통제 그리고 징벌적 페널티가 문제로 지목됐다.[8] 최근에는 IT업종에 해당하는 사례이기는 하지만 과로문화가 조장되고 과로사 사건사고가 빚어지고 있다. 아침 9시부터 저녁 9시까지 주 6일 일하는 관행(주 72시간)을 빗댄 '996', 주 7일 일평균 15시간 근무를 빗댄 '715', 24시간 주 7일 근무를 뜻하는 '007' 등 과중한 업무환경을 조소하는 신조어가 난무하는 중이다. 알리바바의 마윈은 996 논란에 대해 "한 살이라도 젊을 때 996을 하지 않으면 언제 열정을 불태워 일을 해보겠느냐. …… 하루 8시간만 일하려는 사람들은 필요 없다"는 지지 발언을 내기도 했다. 전자상거래업체 징둥이 이 제도를 도입한 이후 알리바바는 물론 화웨이,

샤오미도 공공연하게 996을 적용하고 있는 실정이다.[9]

어쩌다 이런 시대로 들어섰을까?

일본의 경우, 과로죽음을 유발할 만큼의 장시간 노동을 재생산하는 요인으로는 구속력이 약한 노동기준법을 꼽는다. 36협정(노동기준법 36조에 근거한 시간 외 및 휴일노동 협정)이라 불리는 협정을 노사가 체결하면, 기업은 장시간 노동을 무제한 시켜도 처벌받지 않는다. 1998년이 되어서야 후생노동성의 장관 고시를 통해 노동시간의 연장 한도를 1주 15시간, 1달 45시간, 1년 360시간으로 정했다. ① 그러나 장관 고시는 휴일노동을 포함하지 않고 있고, ② 지도 기준을 제시한 것에 불과해 법적 강제력이 없다. ③ 심지어 예결산 업무, 납기 재촉, 고객 불만 같은 사유를 첨부해 특별 조항이 딸린 협정만 체결하면 노동시간을 한도 없이 연장할 수 있다. ④ 게다가 건설, 운전, 연구개발 같은 업무에는 연장 한도에 관한 기준조차 적용되지 않는다.

모리오카 고지는 법제도 요인 이외에 과노동을 야기한 원인으로 세계화, 정보통신혁명, 소비자본주의, 노동의 규제완화를 꼽는다. 첫째, 세계화. 원래부터 과노동 상태였던 일본의 노동자는 장기 불황의 압력뿐만 아니라 생산 거점의 해외 이전 압력으로, 일본 기업이 진출한 중국 및 개발도상국 등 임금은 낮고 노동시간이 긴 나라의 노동자와도 경쟁을 피할 수 없게 됐다. 초국적 기업을 중심으로 생산과정이 전 지구화되면서 일본 노동자는 고용으로 보나 노동시간으로 보나 글로벌 압력(임금 인하와 노동시간의 연장)에 내몰린다는 것이다.

둘째, 정보통신혁명. 신기술은 노동의 고통을 해방시켜줄 것이라는 기대와 달리, 업무 속도를 높이고 경쟁을 강화하는 등 업무량을 증가시켰다. 개별 업무 차원에서 보면 처리 속도는 업무 효율을 높인다고 볼 수 있지만, 노동자의 전체 업무 차원에서 보면 업무량의 증가와 연결된다. 또한 정보통신기술은 업무시간과 개인시간 간의 경계를 가로지르면서 언제 어디에서나 일의 네트워크에 '접속'될 수 있도록 하는 환경을 조성해 비가시적인 노동시간을 늘렸다고 본다.

유토피아적 전망과 달리 신기술이 노동시간과 업무량을 늘리는 사태는 오늘날만의 이야기가 아니다. 초기 산업자본주의 시기 방직기의 도입으로 값싸고 쉬운 노동력으로서 많은 여성 노동자와 아동은 저임금 장시간 노동에 내몰렸다. 포드주의 이후 토요타주의 시기에 컴퓨터 관리 기술의 적용(극소전자micro-electronic 혁명)으로 노동자들은 더욱 촘촘한 감시와 상당한 노동강도에 놓이게 됐다. (작금의 데이터 감시는 노동자 개인을 일일이 관찰하지 않고도 업무과정 하나하나를 실시간으로 데이터화할 수 있다. 심지어 SNS 활동까지 추적해 개별 노동자를 사전에 통제하는 방식으로 작동한다.) 모리오카 고지는 바바라 가슨의 《전자적 착취 공장The Electronic Sweatshop》(1989)을 인용하면서, 앞선 동일한 원리가 사무실의 화이트칼라에게도 적용된다고 지적한다. 컴퓨터의 도입으로 화이트칼라는 교육·훈련비용을 들이지 않고도 값싼 노동자로 대체해 쉽게 쓰고 버릴 수 있는 대상이 됐다.

마찬가지로 오늘날 독립계약자independent contractor라고 불리는 개인 도급 노동자나 플랫폼 노동자 또한 플랫폼 장치를 매개로 한 아웃소싱의 확대로 봐야 한다. 이들은 독립계약의 형식을 취하더라도 노동과정을 살펴보면, 저임금노동, 노동 통제, 불안정 노동 상태를 크게 벗어나지 못하고 있다. 모리오카 고지는 사실상 독립계약이 노동기준 준수, 부가 급여 지급, 최저임금 보장, 노조할 권리 보장 등 여러 차원에서 고용주가 법적 의무를 회피하기 위해 계약상 개인 도급 형태를 취하는 위장된 고용disguised employment이라고 강력하게 비판한다. 파견 노동자, 도급 노동자, 플랫폼 노동자 등 불안정노동의 확대는 정보통신기술의 발전에 기인한 바가 크다고 본다. 5G, AI, IoT 같은 신기술과 유비쿼터스, 4차 산업혁명, 디지털 뉴딜, 데이터댐 같은 기술 판타지가 넘쳐나는 한국사회에서도 노동의 불안정성과 고통에 더욱더 주목해야 하는 이유를 말해준다.

셋째, 소비자본주의. 모리오카 고지는 미국의 사회학자 줄리엣 쇼어가 《과로하는 미국인들The Overworked American》(1992)에서 말한 핵심인 일-소비 악순환work and spend cycle 테제를 적극적으로 가져온다. 통상적으로 임금이 어느 정도 올라가면 노동자는 노동시간을 줄이고 여가시간을 늘리는 선택을 할 것이라고 생각하는데, 이는 소비주의의 덫을 전혀 고려하지 못하는 탈맥락적인 설명이라고 비판한다. 소비자본주의 사회에서 사람들은 자신의 정체성이나 사회적 지위를 상품 소비를 통해 표현하고 끊임없이 확장하는 소비 욕구를 더 많은 상품으로 채우려 하고, 이를 위해 더 많은 소득을 얻고자 더 길게 일할 수밖에 없는 일-소비 악순환에 갇혔다는 것이다.

쇼어는 일-소비 악순환을 "카드로 레저 용품을 사들이고 카드빚을 메꾸기 위해 추가 노동을 한다. 역설적이게도 그 추가 노동 때문에 쪼그라든 여가를 보상하기 위해 값비싼 대가를 치르며 더욱더 미친 듯이 소비하는 형국"이라 표현하기도 했다. 소득이 증가하면 노동시간을 줄이고 여가시간을 선택하는 비율이 늘어날 것이라는 통념과 달리 장시간 노동이 재생산되는 현실적인 이유를 집어낸다.

일-소비 악순환이라는 문제제기는 노동시간 단축 운동이 대안적 소비 실천(윤리적 소비, 지속 가능한 소비, 생태적 소비, 탈소비)과 함께 고려되어야 함을 보여준다. '늘어나는' 소비 항목, '빨라지는' 소비 속도, '높아지는' 소비 규범, '경쟁적인' 소비 행동, '무제한적인' 소비 욕망을 자극하는 소비주의의 압력과 거리를 두는 방식의 대안적인 실천은 시간이 다소 걸리겠지만 소비자본주의 사회에서 반드시 병행되어야 할 노동시간 단축 방법론 가운데 하나다.

마지막으로 노동의 규제완화. 노동 분야의 규제완화 물결은 파트타임, 파견, 독립계약자 등 고용형태를 다양하게 변모시키고 노동자의 삶을 불안정한 상태로 내몰았다. 고용형태의 변화는 정규 노동자의 감소와 비정규 노동자의 증가로 나타난다. 비정규 노동자는 전체 노동자의 3분의 1이다. 여성은 이미 50%를 넘어섰다.

모리오카 고지는 '쓰고 버리는' 식의 비정규직이 증가하는 원인을 미혼자의 증가나 조직에 얽매이기 싫다는 청년층의 노동관으로 설명하는 논의를 비판한다. 비정규직 증가 원인으로 가장 고려해야 할 것은 기업에 있음을 분명히 밝힌다. 기업은 1990년대 중반 이후 신규 채용을 억제하고 정규직을 파트타임, 파견, 계약, 개인 도급으로 대체하는 저비용 전략('고용하지 않는 경영 전략')을 구사해왔다는 것이다. 노동시간의 양극화도 심화됐다. 성별 변수를 함께 고려하면, 주 60시간 이상 일하는 남성 노동자와 주 35시간 미만 일하는 여성 파트타임 노동자가 동시에 증가하는 모습이다. 다시 말해, '노동시간의 성별 분화를 동반한 양극화'가 진행되었다고 지적한다.

어떻게 저지할 수 있을까?

과노동을 저지하기 위한 대책으로 모리오카 고지는 개인, 노동조합, 기업, 법제도의 역할을 강조한다. 우선 법제도를 어떻게 개선할까? ① 8시간제를 무력화시키는 36협정을 폐지하고 1일 잔업시간의 상한을 원칙적으로 새롭게 설정한다. ② 연차휴가의 완전 사용을 장려하고 연속 휴가 제도를 도입한다. ③ 영업시간에 대한 사회적 기준을 설정해 무제한 연장을 제한한다.

노동조합은 무엇을 해야 할까? ① 서비스 잔업 해소를 위해 노동시간 단축 캠페인을 벌인다. ② 연차휴가의 사용을 장려하고 나아가 연차휴가의 급여 일수 증가를 요구한다. ③ 과노동 방지에 나선다. ④ 36협정은 1일 2시간, 연 150시간을 한도로 제한한다. ⑤ 파트타임 노동자의 조직화에 힘을 기울이고 비정규직에 대한 차별 없는 처우를 꾀한다. ⑥ 마지막으로 신기술에 의한 노동의 일상 침투를 직시하고 이를 제한한다.

기업은 무엇을 해야 할까? ① 노동자의 일-생활 균형에 유의한다. ② 업무량에 따른 인원 계획을 책정하고 적절한 인원을 배치함으로써 항시적 잔업에 대한 의존도를 낮춘다. ③ 서비스 잔업과 휴일노동을 지양한다. ④ 과중노동에 따른 건강 문제를 방지하는 데 힘쓴다. ⑤ 국제노동기준을 준수한다.

마지막으로 개인은 ① 자신과 가족의 시간을 소중하게 여기고, ② 가사노동, 돌봄노동은 분담하고 이웃과의 교제나 지역의 봉사활동에 참여한다. ③ 연차휴가는 할 수 있는 한 다 챙겨 쉬고 1년에 한 번은 1~2주의 연속 휴가를 갖는다. ④ 잔업은 가능한 한 하지 말고 노동이 과도한 경우에는 노조나 회사에 시정을 요구한다. 직장의 위반행위가 시정되지 않을 때는 노동청에 신고한다. ⑤ SNS 업무 지시같이 업무가 일상에 침투하는 것을 거부하고 유통서비스 부문에서 일하는 노동자는 영업시간과 노동시간의 명확한 구별을 요구한다. ⑥ 마지막으로 일-소비의 악순환을 끊어내기 위해 슬로라이프로 전환한다.

법제도, 노동조합, 기업, 개인 모든 차원에서 과노동을 저지하고 건강한 시간구조를 만들기 위한 실천이 수반되지 않는다면, "과로죽음이 늘어나는 일은 있어도 줄어드는 일은 없을 것"이라고 모리오카 고지는 경고한다.

2018년 8월 1일, 모리오카 고지 선생이 사망했다는 안타까운 소식을 전해 들었다. 선생은 줄곧 장시간 노동 문제에 관심을 가져왔고 그간 《기업 중심의 시간구조》《과로사를 고발한다》를 펴낸 독보적인 연구자다. 국내에는 《고용 신분 사회》《죽도록 일하는 사회》가 번역되기도 했다. 활동가의 면모도 강하다. 과로사 방지법을 입안하는 데 앞장섰다. 과로사 유가족 모임에는 초창기부터 최근까지 꾸준하게 참여해왔고 일터 현장의 목소리를 적극적으로 듣고자 노력했다. 한국에는 과로사 방지를 위한 논의 차 몇 차례 방문했다. 과로사예방센터의 개소식(2017.11.8.)에도 참석해 발표와 토론을 했다. 노구임에도 그림 자료 '과로사 발병 메커니즘'을 하나하나 짚어가며 발표를 힘있게 이끌어나가는 모습이 꽤 인상적이었다.

그는 생애 마지막까지 '과로사 없는 인간다운 삶'을 위한 메시지를 전하려 했다. 사망 4개월 전 쓴 《죽도록 일하는 사회》의 한국어판 서문(2018년 4월)은 왠지 선생의 마지막 외침처럼 읽힌다. 서문에서 그는 '과로사방지법'의 개정을 강력하게 촉구했는데, 전하려던 마지막 메시지는 다음과 같다. 과로사방지법을 과중노동 대책법으로 확충할 것, 직장의 혹사 방지를 포함할 것, 사용자 및 노동조합의 책무를 명확히 밝힐 것, EU의 지침처럼 최소 11시간 이상의 연속 휴식시간을 규정으로 도입할 것, 기업은 노동시간을 엄격하게 파악할 것. 출간된 지 20년이 다 되어가는 책이지만, 그의 문제제기와 비판은 과로사의 행렬이 끊이지 않는 한국사회에 그대로 적용된다는 점에서 씁쓸하기만 하다.

2. 아래로부터의 목소리는 왜 사라지는가?

노동시간 정책

노동시간은 노동과 자본 간의 역학관계를 현시하는 지점이다. 노동시간의 구조는 노동시간을 둘러싼 투쟁의 산물로 한편으로는 노동시간 단축의 과정인 동시에 다른 한편으로는 노동유연화의 과정이 각축을 벌이며 축적된 역사다. 이렇게 형성된 노동시간의 구조는 우리의 자유시간, 사회관계 및 참여, 여가, 가족 시간, 심지어 미래 시간의 결을 조건짓는 토대로 작용한다. 노동시간 정책이 중요한 이유는 노동시간을 둘러싼 논쟁이 어떻게 제도화되는가에 따라 우리네 시간의 미래와 삶의 시간성에 중대한 영향을 미치기 때문이다.

우선, 문재인 정부의 노동시간 정책을 평가하는 데 고려해야 할 상황조건contingency 두 가지를 언급할 필요가 있다. 첫 번째 상황조건은 '4차 산업혁명'으로 표상되는 기술 변동이다. 디지털 신기술은 노동시간을 둘러싼 노동-자본의 관계의 외형을 기존과는 다르게 변모시키는 요인으로 작용하고 있다. 4차 산업혁명을 운운하던 시기, 노동계약을 사업계약으로 전환하는 방식의 노동이 급증하기 시작했다. 플랫폼 노동이다. 자본은 디지털 플랫폼 장치를 매개로 노동시간을 접점으로 한 노동-자본 관계를 해체하는 방향으로 그 관계를 한층 더 유연하게 재편하는 중이다. 최근에는 디지털 뉴딜이란 이름 아래 공공 부문에서도 크라우드 워크가 급증하는 중이다. 플랫폼 장치가 노동에 미친 효과를 요약하면, 플랫폼을 통한 노동-자본 관계의 비가시화→노동자성 제거 및 노동의 교섭력 약화→자본의 지배력 확대로 정리할 수 있다. 한편, 노동의 플랫폼화platformization는 기존 비정규화나 외주화와 유사하면서도 결이 다른 새로운 형태의 유연화로 계속 지켜봐야 할 대목이다.[10]

두 번째 상황조건은 코로나19라는 재난 상황catastrophic pandemic 이다. 코로나19 이후 과로위험은 물론 과로사나 사고사가 특정 집단에서 집중적으로 발생했다. 이러한 상황에서 위기 돌파의 해법, 안전한 미래를 담보할 수 있는 방식으로 '언택트'가 시대의 표준인 것처럼 정당화되기도 했다.[11] 그런데 기술주의 언어는 새로운 형태의 노동 유연화로 연결되면서 노동권리를 더 취약하게 만든다. 자본 친화적인 경향이 강하다. 일례로 코로나19를 극복하기 위해 자본이 내세우는 해법을 보면, 대못규제를 뽑아내고 노동 유연화를 강화하는 조치로 채워진다. 아래는 코로나19 초기 경총이 국회에 건의한 40개 입법 과제의 일부다.[12]

- 근로시간 유연성 확대.
- 파견 허용 대상 범위 확대.
- 기간제 사용 기간 제한 완화.
- 최저임금 산정기준 수를 소정 근로시간만으로 규정.
- 근로시간 위반에 대한 형사처벌 폐지 또는 축소.
- 파견법 위반에 대한 형사처벌 폐지.
- 대형마트 의무휴업, 온라인쇼핑 영업시간 제한 폐지 또는 완화.
- 직무수행 능력 부족 시 해고 가능.
- 직장폐쇄 절차와 요건 위반행위에 대한 형사처벌 폐지.

과로사회 탈출을 선언했지만…

문재인 정부는 '탈과로사회'를 표방하면서 과로사회 극복 방안을 대선 공약으로 내세웠다. 기대가 적지 않았다. 19대 대선 당시 후보들은 과로사회 극복 방안을 경쟁적으로 쏟아냈다. 그 가운데 문재인 후보는 주 52시간 법정 노동시간 준수(주 7일 노동시간을 현행 주 68시간에서 주 52시간으로 단축), 연차휴가 사용 의무화, 비정규직 휴가권 보장(1년 미만 비정규직에게 매달 1일 유급휴가), 대체휴일제 단계적 확대 등의 방안을 내놓으며 과로사회 탈출을 선언했다.

특히 "ILO 핵심 협약 비준으로 국가 위상에 걸맞은 노동기본권 보장을 이루겠다"고 공약으로 내걸며 이를 '노동존중사회'를 위한 핵심 국정과제로 꼽았다. 포괄임금제 폐지 발표도 기대되는 바였다. '무료노동 유발하는' 포괄임금제 폐지 또한 당시 국정기획위원회가 꼽은 100대 국정과제 가운데 하나였다. 그렇지만 ILO 핵심 협약 비준과 포괄임금제 폐지는 현재까지도 지지부진한 상태로 향후 비준이나 폐지 가능성을 기대하기는 어려워 보인다.

제도 개선이 없지는 않았다. 첫째, 연차휴가 소진율 제고를 위해 연차 사용을 성과평가에 넣는 방안을 추진했다. 공공 부문을 우선 대상으로 잔여 연차가 많으면 경영평가에 불리하게 반영한다는 것이었다.

둘째, 그간 문제시됐던 주 68시간을 주 52시간으로 단축했다. '휴일근로 16시간은 별개로 연장근로에 포함되지 않는다'는 고용노동부의 행정지침인 주 68시간(법정 노동 40시간+연장근로 12시간+휴일근로 16시간)을 주 52시간(법정 노동 40시간+휴일근로 포함한 연장근로 12시간)으로 제한했다. 1주를 월~일의 7일로 규정해 최대 노동시간을 주 52시간으로 한정한 것이다.

셋째, 노동시민사회의 문제제기로 근로기준법 제59조에서 정하고 있는 특례업종(주 12시간 초과 연장근로 가능 업종)을 기존 26개에서 5개로 축소했다. 2018년 7월부터 기업 규모별로 순차적으로 적용했고 2021년 7월부터 5인 이상 49인 이하 기업(78만 3000곳의 사업장 소속 노동자 약 780만 명, 2019년 기준)에 적용된다. 그럼에도 육상운송업, 수상운송업, 항공운송업, 기타운송

서비스업, 보건업은 특례업종을 유지하고 있고 해당 종사 노동
자는 약 112만 명으로 추산되는데, '무제한 노동'을 조장하는 특
례업종 유지는 노동시간 단축 효과를 저해하는 지점으로 평가할
수 있다.

자본의 백래시

탈과로사회를 표방한 일련의 제도 조치에도 불구하고 탈과
로사회와는 배치되는 모습이 적지 않았다. 일례로 특별연장근
로 인가 사유 확대를 들 수 있다. 특별연장근로는 법정 근로시간
인 주 52시간을 넘어 고용노동부 장관이 인가한 경우 초과근무
를 허용하는 제도로 그간 자연재해에·국한해왔다. 그런데 정부
는 2020년 1월 31일부터 '재난에 준하는 사고' '사람의 생명 보호
및 안전 확보' '기계 고장 등 돌발 상황' '업무의 대폭적인 증가'
'고용노동부 장관이 인정하는 연구개발' 사유에 특별연장근로를
활용할 수 있도록 시행규칙을 개정했다. 코로나 사태 초기부터
지금까지 5대 그룹 등 경제계 단체는 계속해서 특별연장근로 인
가를 건의하고 승인을 위한 처리 절차를 밟아왔다. 2020년 인가
건수는 4156건으로 전년 대비 5배가량 폭증했다. 특별연장근로
인가 사유 확대는 '탈과로사회'와는 상반되는 신호로 장시간 노
동을 또다시 방조하는 조치이자 노동자의 건강권을 해치는 위험
요인이다. 주 52시간 상한제를 사실상 무력화하고 과로위험을

배가시킬 것이 분명함에도, '특별한 사정'에 대한 이유가 더 크게 작동하는 형국이다. 최근 고용노동부는 특별연장근로 활용 기간을 더 확대(90일→150일)한다고 밝혔다.[13]

또한 노동권이 작동하지 않는 그곳, 근로기준법의 사각지대! 여전할뿐더러 심지어는 확대된다는 점 또한 노동시간 개선책의 효과를 무색하게 하는 대목이다. 주지하듯 근로기준법이 미적용되는 5인 미만 사업장 규모는 종사자 수만 503만 명(전체 종사자의 15.3%)에 달하고 사업체 수는 121만 개(전체 사업체의 65.8%)에 이른다(2019년 기준). 이들은 주 52시간 상한제, 연차휴가, 연장·휴일·야간 가산수당 적용, 부당해고 및 부당해고 구제신청, 휴업수당, 직장 내 괴롭힘 방지, 중대재해기업처벌 등의 노동 관련법 조항을 전혀 적용받지 못한다.[14] 발전국가 시기의 잔재가 과로위험을 재생산하는 근거지가 되고 있음에도 방조되고 있는데, 이는 사회적 부정의가 제도적으로 양산되고 있는 것이라고 말할 수 있다. 이런 정도면 제도적 배제에 의한 사회적 차별이 당연시되고 있는 상태에 가깝다.

플랫폼 노동도 노동권이 작동하지 않는 사각지대임은 크게 다르지 않다. 플랫폼 노동자가 빠르게 늘어나는 가운데, 관련 법제도의 개선이 지체되면서 보호 보장 제도의 사각지대가 확대되는 점도 문제다. 또한 택배를 포함한 물류 노동자의 연속적인 사망 사고에서 보듯이, 야간노동은 위험이 교차하는 과로위험에 노출돼 있다. 13명에 달하는 택배 노동자, 물류 노동자의 과로성 돌연사가 반복되는 이유다.

한편, 지난 20대 국회에서 퇴근 후 문자나 SNS 등 통신수단으로 업무 지시를 내릴 수 없도록 하는 내용을 담은 근로기준법 개정안(일명 퇴근 후 업무 카톡 금지법)이 발의되기도 했는데, 통과되지는 않았다. SNS를 매개로 한 업무 지시는 일상 차원에서의 시간권리 무력화(업무의 일상 침투, 여가시간의 파편화)를 상징하는데, 코로나19 이후 재택근무가 늘어나자 다시 증가하고 있다. 재택근무로 출퇴근 개념이 희미해진 데다 비대면 업무로 SNS 업무 지시가 늘었기 때문이다.

잠재적인 지점이지만 매우 우려스러운 대목은 탄력근로제 단위 기간의 확대(3개월→6개월 또는 1년)를 주장하는 목소리가 꽤 반복적으로 제기된다는 사실이다. 경제계 단체는 주 52시간 상한제가 실시되면서, 위 조항을 현실에 맞게 바꿔야 한다며 단위 기간의 기준을 3개월이 아닌 최소 6개월 또는 1년으로 확대해야 한다는 주장이다.

그리고 2021년 4월 6일부터 경제계 단체의 주장대로 탄력근로제 단위 기간이 3개월에서 6개월로 늘어났다.[15] 근로기준법 51조에 따라 단위 기간 동안 평균 근로시간이 주 52시간을 넘지 않으면 특정한 주의 근로시간 상한을 일부 '탄력적'으로 조정할 수 있게 된 것이다. 다시 말해, 6개월 단위 기간의 평균 근로시간이 주 52시간을 넘지 않는 선에서 특정 주에는 64시간 노동(40시간+연장근로 12시간+노사 합의 시 추가로 12시간 연장)도 가능하다는 이야기다. 과로위험을 제도화한 꼴이다.

현실은 여전히 지옥

탈과로사회를 표방했던 노동시간 개선책은 소극적 형태의 조치에 머물렀다. 제도 효과는 대기업, 공기업, 정규직 노동자에 한정되는 경향이 강했다. 기업 규모별로 고용형태별로 정책 효과가 양극화되는 양상이다. 앞서 지적했듯이, 근로기준법의 예외, 제외, 배제 조항이 여전히 많아 노동시간 개선책의 효과가 전방위적이라고 말하기는 어렵다. 시간 빈곤, 과로위험의 문제가 특정 집단에 두드러지는 가운데, 코로나19를 지나면서 재난에 따른 과로위험이 취약 노동자에게 가중되는 형국이다.

2020년 노동시민사회를 중심으로 전태일 3법(근로기준법 11조 개정 및 노조법 2조 개정과 중대재해기업처벌법 제정)이 제안됐다. 근로기준법 11조를 개정해 5인 미만 사업장에도 근로기준법을 적용하고 노조법 2조를 개정해 특수고용·간접고용·프리랜서 등 모든 노동자에게 노조할 권리를 보장하고 중대재해기업처벌법을 제정해 매년 2000명 이상의 노동자가 산재로 사망하는 비극을 멈추고 일하다 죽는 것만은 최소한 막자는 것이다. 입법청원 10만 인 서명도 한 달이 채 안 돼 마무리됐다(2020년 9월 22일). 안건 회부 기준이 영국(6개월 10만 명), 독일(4주 5만 명)에 비하면 상당히 높은 기준(30일 10만 명)임에도 꽤 빨랐다.[16] 그만큼 변화의 목소리가 강렬함을 알 수 있었다. '과로사회 탈출'을 약속했던 정부 또한 10만 청원의 목소리에 귀를 기울여 전태일 3법의 법제화를 위한 노력에 힘을 기울여야 한다.

- '모든 노동자에게 근로기준법을 적용'하기 위한 근로기준법 제11조 개정.
- '모든 노동자의 노조할 권리를 보장'하기 위한 노동조합법 제2조 개정.
- '모든 노동자가 죽지 않고, 다치지 않고 일할 권리'를 위한 중대재해기업처벌법 제정.

그런데 현실은 어떠한가? 중대재해기업처벌법의 경우, 10만 명 동의를 받아 국회에 제출됐음에도 한참 동안 소관 상임위원회에 계류 중이다가 정기국회 내 처리는 무산됐고, 산재 유가족의 투쟁 끝에 해를 넘긴 2021년 1월 18일에야 가까스로 통과됐다. 통과 과정도 그러하거니와 '기업' 처벌이란 단어는 온데간데없이 사라졌고, 산재 사망 사고의 3분의 1이 5인 미만 사업장에서 발생함에도 5인 미만 사업장의 처벌법 적용은 제외됐으며, 공무원 처벌 조항도 빠졌다. 또 인과관계 추정 조항도 삭제됐고, 질병의 범위도 협소해졌으며, 경영 책임자 규정(법인의 대표이사 및 이사→사업을 대표하고 사업을 총괄하는 권한과 책임이 있는 사람 또는 이에 준하여 안전보건 업무를 담당하는 사람)도 불분명해졌다. 중대재해 기업을 처벌할 수 있는 제도 효과를 기대하기 어렵게 된 채로 말이다.[17] 나머지 근로기준법 11조 개정이나 노조법 2조 개정에 대한 국회 심사 논의는 온데간데없다. 여전히 계류 중이다. 이는 아래로부터의 목소리가 제도화 과정에서 어떻게 사장되는지를 여실히 보여주는 사례다.

3. 우리는 어떤 시간의 미래를 원하는가?

시간을 민주화하는 과정

과노동은 여전하다. 과거의 이야기만은 아니다. 그리고 새롭게 업데이트되고 있다. 여전하면서도 새로운 과노동은 우리의 몸뿐만 아니라 마음까지 잠식한다. 과로사 빈도가 적지 않고, 또한 반복된다. 성과 압박과 직장 괴롭힘이 교차하면서 발생하는 과로자살도 마찬가지다.

한 사회의 시간구조가 어떤가에 따라 삶의 결은 확연하게 달라진다. 시간구조는 우리가 보고 듣고 느끼는 것뿐 아니라, 상상하고 관계하며 행동하는 것을 규정짓는 틀이다. 시간구조를 어떻게 설계하고 조직하느냐에 따라 우리 자신을 구성하는 생각과 감정, 관계와 행복, 미래와 꿈의 모양까지 다르게 만들어갈 수 있다는 얘기다. 우리의 시간구조는 어떠한가? 시간의 미래는 어떠할까?

우리의 시간구조는 삶과 생명을 박탈하는 수준이다. '버티고 또 버티기'를 주문할 뿐이다. 우리는 건강하고 행복한 삶을 바라고 살아가지만 우리의 현재는 여유 없는 삶이라고 말할 수 있다. '비정상적' '병리적' '야만적' '폭력적' '착취적' 등 뭐라 표현하든, 비참을 유발하는 현재의 시간구조는 건강한 시간의 미래를 담보하기 어렵다. 그런데 주 52시간 상한제만 하더라도 '특정 시기 조업시간 부족' '인력 채용 어려움' '비용 부담' '기업 운영에 지장' 등의 기업 부담을 이유로 특별연장근로 인가 범위 확대나 탄력근로제 단위 기간 확대를 허용하자는 이야기가 심심치 않게 등장하더니 결국 허용됐다. 심지어는 '주 52시간이라는 게 굉장이 비현실적'이기에 '주 120시간이라도 바짝 일'해야 한다는 기이한 설교까지 출몰하는 상황이다.

시간구조를 전환하는 데 있어 과로+성과체제를 해체하는 게 무엇보다 중요하다. 다른 상상, 다른 감각, 다른 교육, 다른 주체, 다른 삶, 나아가 다른 미래를 그리기 위한 총체적 기획과 실천이 뒷받침돼야 한다. 예외와 유예의 여지가 많고 현실적합성이 떨어지는 법제도의 실질성을 담보하는 일도 중요하지만, 법제도 차원의 노동시간 단축 논의에 머물러서는 안 된다.

영국의 사회이론가 데이비드 하비는 《반란의 도시》(2014)에서 우리가 어떤 도시를 원하는가의 문제는 "우리가 어떤 사람이 되려고 하는가, 사회와 어떤 관계를 맺으려고 하는가, 자연과는 어떤 관계를 맺고 싶어 하는가, 어떤 생활양식을 원하는가, 어떤 미학적 가치관을 품고 있는가의 문제와 떼려야 뗄 수 없는 관계에 있다"고 말했다. 이 지점을 곱씹을 필요가 있다. 사회적 관계와 생산체계, 일상의 생활양식, 권리에 대한 감수성, 정신적 세계관 모두에 대안적인 내용을 갖춰야 한다는 말이다.

우리는 어떤 시간을 원하는가? 새로운 시간체제를 상상하는 일도 마찬가지다. 과로죽음을 유발하는 작금의 착취적인 생산방식에 대한 전면적인 재구성! 그간 당연시돼온 비정상 상태의 과로+성과체제에 균열을 내고 역전시키는 일이 나 자신과 가족, 사회 전체에 해당하는 시대적 의제임을 공유해야 한다. 과로+성과체제 '이후의 사회'를 더 건강하고 주체적으로, 지금과는 다른 감각으로 그려나가기 위한 실천을 전개해야 한다. 이를 시간의 민주화democratization of time 과정이라 부를 수 있을 것이다. 시간의 민주화는 당연시되고 불가피한 것으로 여겨지는 과로+성과체제를 벗어던지는 실천이자 우리네 삶과 미래에 대한 기획이기도 하다.

자본의 역공에 대항하기

주 68시간제에서 주 52시간 상한제로의 개정 때만 하더라도, 노동시간 단축에 대한 반발 심리나 반격이 거셌다. 어떻게든 기존 시스템을 유지하려는 과로+성과체제의 백래시가 만만치 않은 모습이었다. 체제적 반발이 더 적절한 표현으로 보인다. 한편에서는 '기업 활동 부담' '지나친 부담' '기업 경영 발목' '열악

한 중소기업에게는' 같은 기업 부담을 부르짖는 언어가 하나의 계열을 이루면서 총공세를 펼친다. 이 모두는 기업의 저비용 전략을 정당화하는 아주 오래된 언어의 몸부림이다. 이는 또다시 과로+성과체제의 영속화를 꾀하는 논리로 작용한다. 이에 정부는 주 52시간 상한제를 유예한다는 발표를 내기도 했다. '과로사회 탈출'이란 정책 기조에서 또 한 번 벗어나는 신호였다.

다른 한편에서는 '조금 더 버틸 것을 요구'하는 주문이 쏟아진다. '주 52시간으로 근로시간을 줄인 것은 아직 과도하다' '대한민국도 좀 더 일해야 한다' '100시간 일하고 싶은 사람은 100시간 동안 일할 자유가 주어져야 하는데 그럴 자유를 빼앗는 것에 강력히 반대한다' '그것은 법으로 제한하는 것은 불공정하다' '자발적으로 일해도 불법인 나라다' '(뭐) 하나 개발하려면 한 주에 52시간이 아니라 일주일에 120시간이라도 바짝 일하고, 이후에 마음껏 쉴 수 있어야 한다'는 등의 설교가 그렇다. 변혁적이진 못할망정 퇴행적인 발언이 출몰해 목소리를 높인다. 퇴행적인 점도 문제이거니와 이렇게 반복 출몰하는 궤변들(시기상조, 과도, 좀 더 채찍, 일할 자유 박탈, 법적 제한은 불공정, 쉼 유예, 나중에 등)이 감내를 당연한 것인 양 또다시 정당화하는 논리로 작동한다는 점은 더욱 문제다. '도대체 얼마나 버티고 참아야' '얼마나 더 감내의 한계치를 끌어올려야' 과로의 굴레를 청산할 수 있단 말인가? 반문하지 않을 수 없다.

감내를 주문하면서 기업 부담의 논리를 앞세워 시간권리를 주변화하고 과로+성과체제를 재생산하려는 자본의 어법이 새로운 화법은 아니더라도 여전히 강력한 힘으로 작용한다. 이 점을 주지하고 '더는 이대로 내버려둬서는 안 된다'는 파국적 상상력을 발휘해 균열을 낼 필요가 있다.

과로자살은 일터에서의 인간적 삶이 불가능한 비상 상태를 보여주는 사건이자 '더는 이렇게는 취급당하지 않겠다'는 비극적 저항의 표식이다. 남은 자의 몫은 '살아가는' 삶이 아닌 '죽어가는' '막 취급되는' 삶으로 우리네 삶을 내모는 이 체제에 대해 망자들이 알리려 했던 그 목소리suicide voices의 결을 제대로 읽어내는 것이지 싶다.

과로+성과체계 낯설게 보기

우려스러운 점은 폭력적인 장시간 노동에 노출돼 있음에도 과로를 문제로 인식하지 못하는 경우가 많다는 사실이다. 과로 위험에 오랫동안 노출된 터라 과로에 대한 문제제기의 감수성이 무뎌진 상태, 일종의 저인지 상태다. 우울증을 마음의 감기 정도로 여기는 식이랄까. 이는 그만큼 자본 친화적인 관점과 감각이 일상 깊숙이 파고들었다는 징표다. 기업부담론이나 더 일할 자유론 또는 자유의지론, 선택론이 대표적이다. 자유의지 논리는 과로를 개인의 선호나 선택으로 합리화하려 한다. 그건 폭력과 착취를 위장하려는 오래된 술수와 다르지 않다.

과로에 대한 저인지 상태는 EU 국가와 비교하면 더 선명하게 드러난다. 한국의 노동시간은 EU 국가에 비해 상대적으로 길다. 하지만 과로에 대한 한국인의 주관적 인식은 EU 국가에 비해 상당히 낮다. 일에 투여하는 시간이 절대적으로 많음에도 이를 문제로 인지하지 못하는 무감각 상태에 이른 것이다. 낯설게 바라보고 거리 두기해야 할 대상은 과로+성과체제 그 자체다. 노동의 고통과 질식의 징후를 낯설게 읽어야 한다. 더 예민하게 예감할 필요가 있다. 낯설게 보기, 거리 두기를 위한 감각 훈련이 더욱 요청된다.

불가피성의 논리 걷어차기

우리는 만성화된 과로 상태에 놓여 있음에도, '원래 그래' '관행이야' '옛날에는 말이야 더하면 더 했어' '이 정도도 못 버티면 어디서 뭘 할 수 있겠어' '유리 멘탈이다'와 같이 문제를 문제로 보지 못하게 하는 일상 언어에 휩싸여 있다. 일상에서 자주 접하는 말이지만, 이는 착취적 관계를 재생산하는 지배의 언어와 맞닿아 있다. 감내의 언어나 불가피성의 논리도 자본의 언어와 꽤 친화적이다. 이런 언어는 권리의 감각과 상상을 질식시키는 언어로 결국 과로+성과체제를 영속화하는 효과를 낳는다. 코로나19 이후 심화되는 작금의 헬조선 맥락에서 과로+성과체제를 당연시하는 야만의 언어가 활개 치고 있다.

"요즘 젊은것들은 글러먹었단 말이야! 근성이라곤 없지! 이 정도도 못 버티는 놈은 어디 가서 뭘 하든 사람 구실 못 해! 평생 실패만 하다 패배자로 인생 종치겠지! 너 같은 놈이 다음 직장을 그리 쉽게 찾을 것 같아? 적응하기나 할 것 같아?"(〈잠깐만 회사 좀 관두고 올게〉 중에서)

자본의 논리와 친화적인 불가피성의 논리를 노동자의 관점에서 보면 그 불가피성은 노동의 고통과 희생을 연료로 갈아넣고 쥐어짜고 태우는 것에 불과하다. 게임업계에서 업데이트 및 버그 수정은 보통 새벽 시간에 해왔는데, 이는 유저의 접속 수가 가장 적은 시간이기 때문이다. 그런데 이는 기업의 비용 관점에서 손실을 최소화하기 위한 조치이지 노동자의 건강권이나 시간 권리와는 거리가 먼 것이다. 또한 재난 시기 헌신과 희생, 사명감, 직업정신을 앞세우는 봉사자 이데올로기도 불가피론을 자주 동원한다.

불가피론은 더 견고해지곤 하는데, 이를테면 고질적인 포괄임금제, 낮은 노조 조직율, 관행적인 조직문화 등 여러 겹의 구조적 문제가 뒤엉키면서 밤샘노동이나 새벽노동, 비상근무, 연속노동, 특별근로 등을 그럴 수밖에 없는 것처럼 당연시한다. 불가피성을 자연화하는 지점 하나하나에 균열을 내 상대화하는 실천이 전개되어야 한다.

감수성 길러내기

일상화된 과노동, 쥐어짜기, 괴롭힘 현실은 우리가 막되게 취급당하고 있음을 보여주는 증거다. 이런 취급은 쌓이고 쌓이면서 권리 감각을 무디게 하고 잠식해나간다. 마음과 몸을 지치게 한다. 기대와 희망까지 쪼그라들게 한다. 욕망과 열망을 뒤틀어버린다. 이런 가운데 막돼먹은 취급은 한층 고착된다.

모든 차원의 개혁 가운데 중요한 것 하나가 바로 새로운 감각과 감수성을 길러내는 일이다. 시간권리에 대한 감각을 키우고 자유시간을 주체적으로 향유할 수 있도록 하는 교육이 촉구된다. 근면 신화의 구속력을 떨어뜨리면서 과로+성과체제로의 회귀를 막는 그런 권리에 대한 감수성 훈련 말이다. 권리에 대한 교육을 어렸을 때부터 실시하고 권리 감각을 탄탄히 다져가는 일이 꽤 오래 걸릴 것 같은 방법이지만 사실 과로+성과체제를 역전시킬 수 있는 제일 빠른 방법일 수 있겠다.

자유시간을 주체적으로 기획하는 문화 교육과 일상 실천이 뒷받침되지 않으면 시간권리는 언제든 주변화될 위험에 처한다. 정시 퇴근 같은 일상적인 시간권리도 '언제든' 일탈적인 것으로 취급될 수 있다. 문화 교육이 부재한 상태에서는 권리 선택에 수반되는 위험과 두려움을 떨치기 어렵다. 그 두려움의 크기가 아무리 작고 경계의 문턱이 낮아도 이를 떨치는 일은 쉽지 않다. "공친 날 함바 …… 하루쯤은 현장 아닌 곳에도 가보고 싶은데 …… 노동 이외엔 어울릴 친구가 없다 …… 빨간 신호등이 자꾸 깜빡거린다"는 송경동의 시 〈암호명〉은 '일밖에 모르고 살던' 노동자가 자유시간을 갖게 된 상황에서 맞닥뜨린 역설적인 감정 상태를 잘 보여준다.[18]

시간을 정치화하기

노예는 여가/시간 없는 사람을 뜻한다는 아리스토텔레스의 논의를 빌려 시간의 사회정치적 의미를 이야기한 《경제성장이 안되면 우리는 풍요롭지 못할 것인가》의 저자 더글러스 러미스에 따르면, 과로+성과체제에 속한 우리 대부분은 노예의 범주에 들 것이다. 그는 주위 사물들에 귀 기울이게 하고 존재 그 자체가 얼마나 존귀한 일인지를 깨닫게 하는 물적 토대로서의 시간, 여가, 관상contemplation을 강조한다.

민주주의의 필요조건은 사회에 여가, 자유시간이 있어야 한다. 여가가 없으면 민주주의가 성립하지 않는다. …… 사람들이 모여 의논을 하고 합의를 하고 정치에 참가하는 데에는 시간이 걸린다. 그러한 틈이 없으면 정치는 불가능하다. 여가가 있어야 정치를 하고 문화를 만들고 예술을 만들고, 철학을 한다. …… 노동시간 이외의 시간이 있어야 비소로 사람들이 모여서 자유로운 공공영역을 만드는 것이 가능하다.[19]

과로죽음은 여가/시간의 메마름에 따른 일종의 노예화된 죽음(과로사)인 동시에 그 노예화에 대항하는 죽음(과로자살)이다. 그런데 이런 과로죽음이 꽤 잦고 반복되고 있음에도 의제화되지 못하고 특수한 케이스로 치부되는 경우가 많다. 여러 가지 이유가 있겠지만, '원래 지병이 있었다' '개인적인 이유 때문이다' '건강 관리를 못 해서'와 같이 죽음의 원인을 개인 탓으로 전가하는 논리가 강력하기 때문이다. 과로죽음을 개인적인 사유로 연결하는 프레임은 일터 내 구조적 위험의 지점을 은폐한다. 착취를 탈정치화하는 언어가 활개 치는 맥락에서 과로죽음의 고통은 타자화된다. 성과주의 시스템은 고통에 귀 기울이고 공감하도록 지지하는 감각보다는 각자도생의 감각을 강화한다.

　　《죽도록 일하는 사회》의 저자 모리오카 고지의 지적처럼, 과로죽음은 압박이 심하고 불안정성이 높고 신뢰가 낮은 일터에서는 누구에게나 발생할 수 있는 일반적인 위험이 된다. 과로와 죽음 그 사이의 구조적 연결고리를 정치화하는 실천이 더욱 전개되어야 한다. 과로와 성과 압박으로 인한 사회적 살인을 '개인적인 죽음'으로 환원시키는 프레임을 대체하는 조직, 언어, 일상, 문화 차원의 집합적 실천 말이다.

마치며

왜 죽음에서 과로는 누락되는가?

책 작업을 마무리할 즈음 기사 하나가 눈에 띄었다. 그간 관심 가졌던 사건이 나란히 배치됐다. 기사에 언급된 사례는 본문에도 다뤘던 사건이기도 하다. 자살 사건의 원인으로 '과로'가 어떻게 다뤄질지 궁금했다. 그런데 사건에 대한 진단과 해법의 흐름이 기대와 달랐다. 우선 기사를 보자.[1]

경남 거제의 한 해양파출소에서 1년여간 근무하다 지난 3월 8일 통영 해경으로 전출된 경장이 18일 만에 세상을 등졌다. 사건을 수사 중인 경찰은 '업무 스트레스로 우울증이 발병하면서 난 사고'로 판단했다. 통영경찰에 따르면 통영해경 A경장이 스스로 목숨을 끊은 것과 관련해 직장 내 업무 스트레스가 직·간접적으로 영향을 끼친 것으로 조사됐다.

경찰은 낯선 업무환경과 합동 근무에서의 소외 등으로 심한 스트레스를 받았고, 우울증이 발병·악화한 것으로 봤다.

최근 부산 한 보건소에서는 신종 코로나바이러스 감염증(코로나19) 관련 일을 맡던 간호직 공무원이 극단적 선택을 했다. 전국공무원노조 부산지역본부에 따르면 지난 5월 부산 동구보건소 간호직 공무원 B씨가 자택에서 숨졌다. 유족 측은 B씨가 해당 보건소로부터 업무를 과다하게 부여받는 등 격무에 시달리다 우울증 증세로 숨졌다고 주장했다. B씨는 과다한 업무로 피로가 누적되자 포털에 우울 관련 단어도 검색한 것으로 드러났다. 그는 불안장애, 공황장애, 두통, 치매 등 신체적 증상은 물론 정신과, 우울증 등 단어를 찾아보기도 했다.

대구 지역 초등학교 돌봄전담사 C씨는 지난 3월 전보 후 1개 돌봄교실에서 2개 돌봄교실의 학생 53명을 한꺼번에 담당하게 된 후 극심한 업무 과중을 호소했다. 그는 병가 기간에 스트레스성 우울증을 진단받았고, 결국 극단적 선택을 했다. 전국교육공무직본부는 몇 가지 요인이 있을 수 있으나 C씨가 업무 과중에 따른 우울증으로 극단적 선택을 한 것으로 추정된다고 주장했다. 이전 학교에서 업무나 생활에 전혀 문제가 없었고 지병도 없었던바, 대구시교육청과 학교에 C씨의 사망에 도의적 책임이 있다고 목소리를 높였다.

이들의 안타까운 죽음에는 공통점이 있다. 바로 '우울'이다.

기사는 자살 사건 A, B, C의 공통점을 '우울'로 진단한다. 이어 OECD 최고 수준의 자살률과 코로나19에 따른 자살률 증가를 언급하면서 자살 예방의 중요성을 강조하고 그 해법으로 관련 예산의 대폭 증액을 내놓는다.

자살 사건 A, B, C는 업무 관련성이 상당히 높은 사건이었기에 이들이 나란히 배치된 걸 보고는 깜짝 놀랐다. 드디어 과로자살의 '과로'를 문제제기하는 기사가 나오나 싶었다. 그런데 업무 관련성 요인을 문제의 공통 원인으로 꼽지는 않았다. "낯선 업무환경과 합동 근무에서의 소외" "과다한 업무로 피로가 누적" "2개 돌봄교실의 학생 53명을 한꺼번에 담당하게 된 후 극심한 업무 과중을 호소" 같은 문제적 지점('과로')은 쏙 빠진 채 증상(우울)만을 공통점으로 꼽았다. 이 같은 진단과 해법은 위 기사만 그런 게 아니다.

기사의 논리대로 진단(우울)과 해법(예산 증액)이 개선되어도 자살 사건 A, B, C를 가로지르는 문제의 원인(업무 요인)은 전혀 해결되지 않은 상태로 남아 있을 가능성이 크다. 업무 관련성 자살에 똬리를 틀고 있는 '노동'의 폭력적인, 반인권적인 특성을 거둬내지 않는다면, 그건 어떤 형태로든 또다시 발생할 수 있기 때문이다. 우울(증상)의 원인에 어떤 문제가 작용한 것인지 그 특징은 무엇인지 유형화하고, 그 유형에 따른 자살 예방 정책을 구체화해야 하는 건 아닐까 싶다.

만약 과로자살 관점을 반영해 기사를 재구성한다면, 자살 사건 A, B, C의 배치 이후→공통점은 '과로'로 진단되어야 할 것이고→문제의 원인으로 일터 괴롭힘, 업무 스트레스, 과도한 업무, 격무에 따른 질환, 갑작스런 업무 내용이 밝혀져야 할 것이고 →해법은 인력 충원, 휴식시간 및 쉬는 날 보장, 체계적 업무 분담 및 조정, 괴롭힘 금지가 제안되어야 한다.

이 책은 필자가 수행한 과로 연구의 세 번째 버전이다. 《과로 사회》(2013)는 과로의 양상에 대한 연구로 우리 주변 장시간 노동의 일상 풍경을 담았다. 그때는 주 5일제가 전 사업장에 전면 시행되기 시작한 터라 과로 문제가 조만간 구시대의 유물이 되지 않을까 싶었다. 낭만적인 기대였다. 제도 효과는 대기업, 공기업, 정규직 노동자에 한정되는 경향이 강했다. 법제도의 사각지대는 그대로인 채 비제도적·비공식적인 제약들이 제도 효과의 실질성을 갉아먹고 있었다. 《누가 김부장을 죽였나》(2018)는 과로의 효과에 대한 연구로 '시간마름병'이란 이름을 붙여 과로가 우리의 몸과 마음, 삶과 미래에 미치는 영향을 다뤘다. 과로사·과로자살 사건은 예외적인 비극이 아니라 우리의 존재조건이 어떤 상태에 놓여 있는지를 보여주는 상징적 징표라는 생각이 더 분명해졌다.

이 책은 과로에 따른 죽음을 대상으로 그 '반복성'과 과로와 죽음 간의 '연관성'을 검토했다. 과로와 죽음의 연관성을 거리로 환산하면, 그 거리는 가깝고도 멀다. 가깝다고 말한 이유는 과로+성과체제의 꽤 반복적인 죽음 형태라는 측면에서 과로와 죽음의 거리는 꽤 가깝다. 과로사·과로자살 개념이 진즉 법제도적으로 명문화되어도 이상하지 않은 현실이다.

하지만 그 거리는 꽤 멀기도 하다. 과로와 죽음은 서로 연관성이 없다는 이데올로기가 강력하게 작동한다. 이러한 이데올로기가 전방위로 관철되어야 과로+성과체제가 더 수월하게 작동할 수 있다는 점에서 꽤 먼 거리는 지배권력의 산물이기도 하다.

이런 맥락에서 과로죽음은 반복됐다. 반복되니 반복된다. 과로죽음 그 자체가 특수한 사건이지만, 특수성의 반복됨 그 자체는 과로죽음을 우연이나 예외적인 비극이 아니라 과로+성과체제의 보편적이고 집합적인 비극임을 강조했다.

자살 사건 A, B, C에서 '왜 과로는 누락되는가?' 앞으로 더 고민하고 풀어야 할 질문이다. 진단 어디에도 그렇고 해법 어디에도 과로의 문제는 찾아보기 어렵다. 과로자살에서 과로의 누락은 이 기사만 그런 게 아니라 자살 예방 정책에서도 어렵지 않게 발견할 수 있는 바다. 개념이 부재하고 정책이 부재한 탓에 과로자살 사건은 우울을 유발하는 구조 대신에 우울을 앓는 개인에 방점이 찍히고 있고 대안은 괴롭힘 방지나 착취 근절 같은 집합적 해법이 아니라 마음 치유나 정신 상담, 심리 치료 같은 개인 단위의 해법만 덧대지는 실정이다.

본문에서도 과로자살에 대한 이야기를 적지 않게 다뤘지만, 앞으로의 작업은 과로자살에서 과로가 사장되고 비가시화되는 사회문화적 또는 계급정치적 이유들을 탐색하는 일이 될 것이다. 과로죽음의 개별화가 과로+성과체제가 유지 존속하는 강력한 전략임을 비판적으로 분석하는 작업이다. 과로+성과체제에서 우울증, 공황장애, 자살 감정, 자살을 유발하는 요인으로 과로의 물질적 효과가 적지 않을 텐데, 또는 과로사의 원조국인 일본만큼 과로자살의 수가 적지 않을 텐데, 왜 개념이나 법제도가 부재한지를 반문하는 작업인 것이다. '과로'를 쏙 뺀 채 과로자살을 다루는 담론에 대한 비판적 진단을 해야 과로죽음을 법제도적으로 명문화하는 단계로 나아갈 수 있지 않을까 싶다.

또한 과로죽음의 본질을 가리고 때로는 오도하고 때로는 흐리는 마법적 장막인 '영업비밀' 논리를 구체화하는 게 필요하다. 영업비밀 보호 프레임은 '사회적 타살', '살인적인' 노동, '노예' 노동, 비참 유발 노동을 비가시화하고 과로+성과체제를 재생산하는 비밀병기 가운데 하나이기 때문이다.

《정상 인간》(2016)을 마무리하던 시기였던 걸로 기억한다. 5년 전이다. 출판사가 서교동에 있던 시절 어느 카페에서 나눴던 과로체제, 죽음, 우울, 질식의 징후, 자살, 자살 감정에 대한 아이디어를 기억하고 작업을 다시 환기시켜준 오월의봄 박재영 대표께 감사드린다. 오월의봄에서 또 책을 출간하게 되어 영광이다. 이 책을 마무리하던 즈음 날 좋은 날 파주 카페 루버월에서 나눈 일터 은어에 대한 이야기가 언젠가 다시 기억되길 기대한다. 과로죽음에 대한 고민의 시작과 끝은 한국노동안전보건연구소 노동시간센터와 맞닿아 있다. 감사드린다. 그리고 "어제 동료가 죽은 현장에 오늘 일하러 들어가는 노동자들"을 위해 '웃으면서 끝까지 투쟁'[2]했던 고 이훈구 선배께 바친다. 평안하시길. 마지막으로 이 책을 과로+성과체제에 시달리다/맞서다 죽어간 망자 존버씨와 죽어가는 산 자 존버씨에게 바친다.

〈표 1〉 승인 사례에 나타난 정신적 이상 상태의 내용

번호	업무 및 주요 특징	정신적 이상 상태의 내용
1번	민원인의 자택에 방문해 평가 업무를 수행 중 성추행 협박에 시달리다 자택에서 목매 자살.	성추행으로 신고된 후 스트레스로 잠을 자지 못함. 식사도 거의 하지 않았음. 폭언 듣고 난 후 "너무 억울하고 이번 일로 인해 직장과 당신 그리고 아이들에게 피해가 갈까봐 두려워 죽겠다. 당신 나이와 비슷해서 더욱 친절하게 대했는데 사람이 너무 무섭다. 친절하게 하면 다른 사람들은 고맙다고 메시지를 보내오는데 이젠 성추행 누명까지 썼다. 삶이 허무하다. 앞으로 이 바닥에서 계속 살아갈 수 있을까"라고 괴로워하였음. 재해 당일에는 잠을 한숨도 못 잤는지 거실에 나와 멍하니 허공을 보며 앉아서 알아들을 수 없는 말을 하면서 혼자 중얼거리고 있었고, 여러 번 불러도 알아듣지 못하고 한동안 허공에 대고 혼잣말을 함.

번호	업무 및 주요 특징	정신적 이상 상태의 내용
2번	연구원에서 제품 개발 업무 중 업무 실수로 인한 손배 책임 추궁에 대한 불안감을 겪다 기숙사 화장실에서 목매 자살.	재해 2달 전부터 주변 동료들에게 "일할 엄두가 나지 않는다" "그만두고 싶다" "아예 사라져버리고 싶다" 등의 말과 함께 불안하다면서 자기를 꼭 좀 안아달라, 손을 잡아달라는 등의 표현을 자주 함. 남자친구에게도 이와 비슷한 자책감 및 힘든 감정을 자주 표현함. 또한 사소한 업무 처리도 힘들어했으며 점점 소화불량, 구토 증상, 식욕부진 등의 빈도가 많아지고 손톱 옆 살을 물어뜯는 등의 불안한 모습을 자주 보이고 사망 당시에는 불면증에 시달린 것으로 확인됨. 홈쇼핑사에서 제품 효능 관련 구체적인 근거(논문자료 등)를 요청하였으나 근거를 찾지 못해 매우 힘들어하고 자책하였고, 다른 수십여 가지 제품 연구개발 업무 등도 지연되면서 계속 업무가 쌓이는 등 주변 동료 및 남자친구에게 자책감 및 극단적인 표현 등을 자주 언급하는 등 사망 시점으로 근접할수록 신체적 정신적으로 많이 취약해진 상태였음.
3번	제조사에서 승진 후 업무 부담(현장 생산 업무에서 사무 관리 업무로 변화)과 상사의 괴롭힘으로 스트레스를 겪다 외지에서 변사체로 발견.	유서: "팀장이라는 리더는 내가 생각하는 이하 쓰레기였다. P/L(파트 리더)을 상대하는 것이라고는 인간 말종이었다. 15년 이상 직장생활을 하면서 상식을 벗어나는 생활이었다. 1~2개월은 적응 기간이라 생각하고 마음을 비웠다. 근데, 사람을 사람으로 생각하지 않고 …… 현장 불량 발생 후 보고서를 작성하면 단 한 번에 끝나는 게 없으며, 최소 6~7번은 재보고를 해야 한다. 재보고를 할 때면 내 자신의 인격이라는 생각을 잃어버리고 마음을 비워놓고 해야 한다. 쓰레기 중에 상 쓰레기다. 내 계기를 통해서 이런 조직에 리더는 꼭 없어야 한다."

번호	업무 및 주요 특징	정신적 이상 상태의 내용
4번	건설 현장에서 부장으로 일하던 중 새로운 업무 적응(신규 공법 총괄책임), 분쟁, 예비점검에 대한 부담 등으로 인한 우울증 발병하여 자살.	재해 한 달 반 전 예비점검 자리에서 받은 심리적 충격과 좌절감으로 인해 우울증이 심화되어 협력업체와 전화 과정에서도 했던 말을 반복하거나 기억하지 못하고 죽을 것 같다, 정신이 이상한 것 같다 등의 말을 수시로 하였으며 더 이상 일상생활이 불가능할 정도로 심각한 우울증에 시달림. 재해 1일 전에는 현장에서 벗어나지 못한 자신의 처지에 대한 정신적 고통을 부인에게 호소하였고 현장 상황에 대해 몹시 불안한 모습을 보였으며, 인터넷 기사를 보고 고인이 근무한 현장에서 소방필증이 나오지 않을 수 있다는 걱정에 몹시 불안하였고 갑자기 소리를 지르고 흥분함.
5번	센터장으로 발령받아 일하던 중 실적 하락 등 목표 실적에 대한 압박으로 텃밭에서 음독자살[대법원 판결].	목표 실적에 대한 압박 스트레스로 정신과에서 우울증 치료를 받은 후, 재해 당일에는 출근해 팀장과 회의를 하는 과정에서 평소와 다르게 입으로 손톱을 뜯으면서 땀을 흘리고 혼자 중얼거리며 회의를 건성으로 진행.
6번	매니저로 일하던 중 총괄 업무에 따른 심리적 부담과 일련의 사건 등으로 스트레스를 받다 회사 옥상에서 투신.	재해 2개월 전부터 업무가 늘어나면서 새벽에 퇴근하는 일이 잦아졌고, 더불어 명랑한 성격이었으나 말이 없는 성격을 보였음. 배우자 진술: "열흘 정도 거의 하루에 2~3시간 정도밖에 잠을 못 잤다." 재해 직전에 보인 행동들은 평소의 모습이 아니라 정신 나간 사람처럼 보였다. 하지 않던 욕도 처음으로 했고 밤중에 소리를 지르기도 함.
7번	회사에서 관리 및 영업을 담당하던 중 회사 내 상사의 위반 사건으로 감사실 조사를 받으면서 생긴 오해로 냉대를 받다 스트레스로 차량에서 자살.	재해 일주일 전 "상세 불명의 수면장애, 긴장형 두통" 및 "수면 개시 및 유지 장애(불면증)"의 상병으로 두 차례 진료. 유서: "주위의 시선이 너무나 따갑다. …… 인간적으로 나를 이렇게 매장당하게 할 줄 몰랐다. 억울하고 너무나 원망스럽다." 재해 2개월 전에는 동료들이 재해자를 마치 그림자 취급을 하며 왕따 아닌 왕따로 잠도 못 자고 대하는 사람들이 무섭고 고통스럽다고 함.

번호	업무 및 주요 특징	정신적 이상 상태의 내용
8번	부품업체에서 요양(공상) 후 업무 재배치 과정에서 좌절감과 모멸감으로 자살.	"다리도 이런데 어디 가냐 남들이 내 다리를 보면 뭐라고 하겠느냐"라고 하면서 거의 외출도 하지 않고 계속 집에만 있었음. 직무 전환을 요구받고 아주 심한 실망감과 모멸감을 느꼈다고 호소하며, 그 후부터 가족과도 대화를 끊고 거의 말을 하지 않았고 집에서 잠만 자꾸 잤으며, 그렇게 좋아하던 손자도 귀여워하지 않고 2층에 같이 사는 딸에게도 애 데리고 올라가라는 말을 하였다는 진술.
9번	신축공사 소장으로 일하던 중 현장 민원으로 인한 추가 공사비와 공기 연장에 대한 책임 스트레스, 발주처와의 갈등 등 최근 발생한 스트레스로 뒷산에서 목매 자살.	스트레스로 인한 정신과 치료 및 약물을 복용. "경도우울에피소드" 정신과 관련 치료 이력.
10번	사무직으로 직장 내 성희롱과 따돌림에 우울증을 겪다 자신의 방에서 목매 자살.	어머니와 함께 산보 도중, 자기도 모르게 울컥하면서 개와 함께 바다에 뛰어들고 싶었다는 말을 함. 첫째, 우울감으로 초진. 죽고 싶다는 생각. 자제 안 돼. 둘째, 정신병적 증상이 없는 중증의 우울에피소드. 회사에서 전화 오면 화남. 회사의 모든 상황 싫다. 셋째, 임상심리 결과 '자살 충동이 높음' 상태여서 항우울제 처방. 재해 전 메모: "밖을 봐도…… 안을 봐도…… 안은 특히…… 기댈 만한 벽이 하나도 없다. 어릴 때부터 항상 절벽 끝에 발끝으로 서 있는데 위에서 밀어붙여서 떨어질 똥 말 똥 위태했던 게 내 모습."
11번	직장 내 조장의 폭언과 폭행, 직책 강등, 인사이동이 불가능해진 상황에서 스트레스를 받다 나무에 목매 자살.	유족 진술: 폭언·폭행 이후 "회사에 출근하는 것이 도살장 끌려가는 소가 된 기분"이라고 하소연. 처에게 "도저히 더 이상 근무 못 하겠다. 오늘도 조장실에서 조장이 뺨과 얼굴을 때렸다"고 하며 울먹임.

〈표 2〉 승인 사례의 자살 전 사건

번호	사건의 내용
1번	(민원인의 자택에 방문해 평가 업무를 수행 중 성추행 협박에 시달리다 자택에서 목매 자살), 재해자의 과거 정신과적 병력이 없었던 점을 고려할 때, 재해자는 업무와 연관되어 발생한 성추행 논란(성추행 신고, 민원인 가족의 협박)으로 자신의 명예가 실추되는 등 그 스트레스로 인해 정신적 이상 상태에서 자살했을 것으로 판단.
2번	업무와 관련한 실수(사건)로 손해배상책임 추궁(가능성)에 대한 불안감 등 주관적 부담감이 상당했음이 남자친구와의 카톡 대화("일할 엄두가 나지 않는다" "그만두고 싶다" "아예 사라지고 싶다")가 파악되며, 업무시간에 대한 객관적인 자료는 없으나 청구인과 사업장에서 일치된 진술(연장근무 및 휴일근무 빈도가 많은 편)로 업무량 증가 사실이 확인되어 업무 관련성을 부인할 수 없는 것으로 판단.
3번	(제조사에서 근무 중 상사와의 불화로 스트레스를 겪음), 과거에 정신질환으로 진료받은 적이 없고 개인의 기질적 취약성 또한 확인되지 않았고, 유서("무작정 ~로 향했다") 내용은 정상적인 인식 능력이 떨어진 상태를 보여주며, 상사의 괴롭힘, 인격적 모욕, 무시, 과도한 업무 부담 등으로 자살.
6번	매니저 업무를 수행하며 증가한 업무량(새벽에 퇴근하는 날이 잦았음)과 이에 따른 부담이 있었을 것으로 보이며, 업무 수행 중 발생한 일련의 사건(직원이 고객을 친 사고 발생, 유통기한 경과 제품 신고로 영업정지 행정처분 등)으로 인해 업무상 스트레스가 누적된 상황으로 인해 자살한 것으로 판단.
7번	회사가 고인을 감사실로 여러 차례 불렀고(사건) 이러한 모습이 동료들의 냉대를 불러일으킬 소지가 있었으며, 유서에도 구체적으로 명시(호소 내역 구체적으로 확인: "인간적으로 나를 이렇게 매장" "억울하고 원망")되는바 우울삽화 상태에서 업무 요인으로 발생한 사고라 판단.
8번	(부품업체에서) 업무상 사고로 다리를 다쳤으나 공상 처리하여 억울하고 분한 상태였고, 회복이 완전하지 못한 채 복직 후 업무 재배치 과정에서 익숙하지 않은 업무로 전환함으로써 좌절감과 모멸감을 느꼈던 점을 고려하여 인정한 경우.

번호	사건의 내용
10번	(사무직으로 근무하던 중) 상사의 성희롱 발언 및 이후 스트레스 상황이 있었고, 이후 가해자와 같은 층으로 발령받은 사실이 확인되며, 우울증으로 인한 병가 사실이 알려져 직원들의 험담에 노출되는 등 조직 내 보호체계가 미흡하였으며, 우울증으로 인한 상병 상태가 심각하였음에도 복직되는 등 심리적 압박감과 우울증이 촉발되어 자살에 이른 것으로 판단.
12번	(관리 임원으로) 중국 공장 출장 업무 중 새벽 근무가 잦았으며 중대한 품질 사고가 발생했고 이에 대한 책임감이 컸다고 판단.
13번	(관리부장으로) 경영 악화(매출액 급감)에 대한 책임감 및 압박감이 컸으며, 재정 압박으로 인한 직원 해고에 대해서도 힘들어한 점, 유서(불면증, 자살 사고, 답답함 호소)나 동료 진술을 감안하여 스트레스로 인한 우울증이 악화되어 정신적 이상 상태에서 자살한 것으로 판단.
18번	은행 업무를 하다 고객이 금융감독원 민원 및 민형사소송으로 지속적인 스트레스를 받고 있었고 새로운 대출 업무를 맡게 되면서 불면증, 우울증 등이 발병하여 치료받던 중 아파트에서 투신.
19번	(하청으로 근무하다 정규직 전환되면서) 직무 변경 후 업무량이 상당히 증가(30% 이상)했으며, 직무 변경에 따른 업무 관련 스트레스 호소 내역(카톡 대화, 수첩 메모, 동료 진술서)이 구체적으로 확인되어 정신적 이상 상태에서의 자살로 판정.
20번	인허가 업무, 지원부장 겸직, 관리 업무 등을 담당하다 과도한 업무 부담에 스트레스를 받았고, 상사와의 갈등으로 힘들어한 데다, 재해자의 승진에 대한 동료의 난동 등으로 극심한 스트레스를 겪다 자택 아파트에서 투신.
21번	(사무장으로 일하면서) 처음 수행하는 역할을 하며 혼자 여러 가지 문제(총괄 업무)를 책임지며 그 과정에서 육체적 과로(거의 잠을 못 잤고 집에 와서도 PC로 업무를 정리하느라 새벽 2~3시경에야 잠, 휴무일 없이 계속 일할 정도)와 정신적 스트레스를 느꼈을 것으로 보이고, 업무환경에 대한 어려움과 스트레스로 인해 심실미약, 우울삽화 상태에서 업무적 요인으로 발생한 사고.

〈표 3〉 과거 치료력에도 불구하고 승인된 사례

번호	개요	특이 사항	비고
4번	건설 현장에서 부장으로 일하던 중 새로운 업무 적응(신규 공법 총괄책임), 분쟁, 예비점검에 대한 부담 등으로 인한 우울증 발병하여 자살.	과거 치료력(자살 사고 3년 6개월 전부터 9개월가량 수면장애와 우울감 진료, 자살 전 3개월 전에는 불면증, 우울증 급격히 악화)이 있었음에도, 과도한 업무 부담(신규 공법의 설비공사 총괄책임), 인력 부족으로 인한 공기 지연과 준공 기한 준수에 대한 압박, 자재(파이프)로 인한 분쟁, 준공 전 예비점검에 대한 부담 등에 따른 스트레스로 우울증 발병, 정상적인 인식 능력이나 행위 선택 능력이 저하되어 자살에 이른 것으로 판단.	과거 치료력이 있었음에도, 새로운 업무와 분쟁으로 인한 스트레스가 우울증 야기, 이로 인한 자살로 파악.
9번	신축공사 소장으로 일하던 중 현장 민원으로 인한 추가 공사비와 공기 연장에 대한 책임 스트레스, 발주처와의 갈등 등 최근 발생한 스트레스로 뒷산에서 목매 자살.	과거 우울증으로 치료한 내역(자살 사고 10년 전부터 경도우울에피소드로 치료, 6년 전까지도 스트레스로 인한 정신과 치료)이 확인되나, 개인적 취약성보다는 현장소장으로 공기 연장에 대한 책임감, 지역 주민의 민원, 발주처와의 갈등 등 최근 발생한 업무상 스트레스로 인해 정신적 이상 상태에서 자살하게 된 것으로 판단.	과거 치료력이 있었음에도, 현장소장으로 공기 연장에 대한 책임감, 발주처와의 갈등에 따른 정신적 이상 상태 야기, 이로 인한 자살로 파악.
11번	직장 내 조장의 폭언과 폭행, 직책 강등, 인사 이동이 불가능해진 상황에서 스트레스를 받다 나무에 목매 자살.	(재해 10여 년 전부터) 기존 질환인 알코올성 의존증, 불안·우울증으로 치료를 받아오던 상태에서 직장 상사인 조장으로부터 괴롭힘, 폭언, 폭행을 당했고, 직책이 강등되어 기존에 유지해오던 지위와 책임, 정체성에 타격을 받았으며, 또한 이러한 상황으로부터 벗어나고자 했지만 인사 이동이 좌절됨으로써 직장 내 괴롭힘, 폭언, 폭행 상황이 지속될 것이라는 불안감이 큰 상태에서 자살에 이른 것으로 판단.	과거 치료력(재해 10여 년 전부터 치료를 받아오던 알코올성 의존증, 불안·우울증)에도 불구하고, 상사의 폭언·폭행, 직책 강등 등 일터 괴롭힘을 적극적으로 고려한 사례.

〈표 4〉 개인 취약성으로 인한 불승인 사례

번호	내용
23번	인사 발령에 대한 불만, 국장과의 갈등 등 업무상 스트레스(자존감 상처, 의욕 저하, 우울감, 불면, 분노 감정 등의 증상으로 진료)가 어느 정도 있을 수 있어 보이나, 우울증 등 질병에 이를 만큼 통상적인 수준을 넘어서는 스트레스 요인을 확인하기 어려우며, 개인적인 취약성으로 자살에 이른 것으로 판단.
24번	회사 경영 악화에 따른 권고사직 두려움, 업무 강도 강화(연장 6시간을 포함해 14시간씩 일함), 이벤트(설계 문제로 인한 손실 발생), 유서 등의 객관적 증거(업무 스트레스 및 실직에 대한 두려움 토로)가 발견되었음에도, 회사의 구조조정으로 인한 어려운 상황 등이 회사 구성원 모두에게 적용되는 것으로 판단되며, 자살은 개인적인 성격에 의한 결과로 판단.
31번	(공사 현장소장[새로운 업무]으로 작업 도중 발생한 문제에 대해 심리적으로 죄책감을 느껴 베란다 창문에서 투신했지만,) 사고의 주된 문제는 개인의 정신병적 증상(망상·환청: 현관 밖에서 이상한 소리가 들린다)으로 업무상 스트레스는 없는 것으로 판단.
33번	(영업 업무를 수행하면서 제품 납품 과정에서의 긴장 상태 및 납품 시 거래처의 부당한 요구에 대한 압박 등의 스트레스를 주장하나,) 고인은 책임감이 강하고 회사와 자기를 일체화하는 경향이 있으며, 협력업체 도산, 이후 선정된 협력업체의 폐업 등으로 업무 부담이 컸던 것으로 보이나, 통상적인 수준의 업무 수행으로 회사 사정이 좋지 않은 것에 대해 민감하게 책임감을 느끼는 개인적인 소양이 사망에 더 큰 영향을 끼친 것으로 판단.
34번	(강철판을 곡직하는 업무로 누적된 과로에 힘들어했고, 반장으로 승진 후 팀원들을 관리하는 부분을 몹시 힘들어했으며, 상사가 팀원을 배제한 채 팀원에게 작업 지시를 하는 등 자존심에 큰 상처를 입혀 우울증을 앓게 되었고 퇴직 후에도 힘들어했음을 주장하나,) 직접적으로 자살의 원인이 되었다고 판단할 수 있는 과로 및 스트레스 요인이 확인되지 않으며 고인의 자살은 본인의 성격적 특성 등 개인적인 취약성에 의한 영향으로 판단.
36번	원청업체의 제품 사양 변경 요구에 따라 공급 과정에서 파생된 불량품 발생 문제, (불량품 처리에 따른 단가 인상분을 재해자도 책임,) 기성금 문제, 공사 계약 내용 변경 문제, 준공 지연 문제 등의 갈등 상황이 있었던 것으로 보이나, 동료 근로자 및 거래처 직원의 진술에서 업무 관련 스트레스에 대한 특이 진술은 확인되지 않으며, 가족이 보는 공간(작은방)에서 자살을 시도한 것을 볼 때, 업무적 요인보다는 다른 요인이 더 크게 작용했을 것으로 보이며, 고인은 사건 발생 2주 전에도 자살 시도로 의심되는 목 부위의 흔적이 있었으나 그 흔적을 가리는 등 자살에 이를 정도의 판단력 망실의 상태가 있어 보이지 않음.

번호	내용
38번	(부품업체에서 추간판탈출증-급성스트레스장애[적응장애로 변경 승인]로 요양 후 이후 복귀 시 새로운 업무 부적응, 동료 간 갈등 등으로 급성스트레스장애가 재발했고 스트레스 겪다 자택에서 투신하였지만) 적응장애가 악화되었다기보다는 알코올의존증후군의 진단 이력 등으로 보아 업무와 관련성이 없는 알코올성 정신병적 피해망상("성기가 거세됐다" "카메라가 설치됐다") 등의 새로운 질환으로 자살에 이른 것으로 판단.
39번	(상대 조장의 사람이 상사로 부임하면서) 회사 내에서의 관계 등의 어려움은 있었던 것은 사실이지만, 자살을 유발할 만큼의 큰 변화나 스트레스는 아니었으며, 회사의 조치는 본인 과실에 상당 부분 기인한 측면이 있고, 이외에도 개인적인 생활 문제, 금전적 채무 등 업무외적인 이유, 즉 개인적인 취약성이 많이 관여된 것으로 판단.
49번	(안전진단 업무로 보직 변경[팀장으로 직급 하락] 및 해고의 압박과 2주간 7번의 철야 근무 등이 발견되나 판정위의 의견은) 업무 내용의 변화를 찾아볼 수 없어 업무상 스트레스 요인이 명확하지 않고 해고나 실업에 대한 두려움과 피해망상, 완벽주의 성향이 주요하게 작용하여 자살에 이른 것으로 판단.
50번	(관리소장으로) 현장에서 4개월간 업무 스트레스에 시달렸으나, 가족 문제(아이들과 학교 문제로 가족과 떨어져 지냄), 원룸 주인이 방 빼달라고 한 점(그래서 공사 현장 다락방에서 잠), 경제적 문제(이전 사업 부도) 등으로 업무 인과관계 어렵다고 판단.
52번	(공사 업무 스트레스보다는) 불면증으로 지속적인 진료를 받았고 정신과 진료 기록상 우울감, 자살 시도 실패, 과대망상 등 정신병적 증상 있어 우울증에 따른 자살로 판단.
54번	(전국 상위 영업실적을 내던 보험설계사로 무리한 영업실적 유지에 대한 스트레스, 센터장의 무시[잡일을 시킴] 등으로 본인 차량에서 번개탄 피워 자살) 영업형태가 일반적이라 할 수 없으나 보험 영업을 위해 막대한 부채를 지게 되었고 이로 인한 중압감을 느꼈으나, 비용의 사용 내역이 명확히 확인되지 않으며 영업실적을 위해 사용했다고 하더라도 통상의 영업방식에서 벗어나 고인의 과도한 성취 욕구(평소 일벌레로 소문났다는 동료의 진술), 개인적 소인에 의한 것으로 판단.
57번	(신입사원 합숙 과정에서의 대인관계 스트레스, 새로운 업무 스트레스, 파업으로 업무량 증가 등으로 2개월 수습 후 아파트에서 투신) 회사 파업으로 4일간 일시적 부담이 있었을 것이나 동일 업무한 근로자 모두 강하게 받을 만큼의 스트레스 강도로 보기 어렵고, 개인적 피해 사고, 망상에 관계되는 증상("카톡이 해킹당했다" 횡설수설), 정신병적 가족력(고모) 등 개인적 요인이 더 많다고 판단.

〈표 5〉 과거 치료력으로 인한 불승인 사례

번호	내용
25번	(상시적인 장시간 노동과 부장으로의 역할 변화에 따른 스트레스에도 불구하고) 업무 스트레스 및 직장 상사와의 갈등이 통상 업무에서 적응할 수 없을 만큼 과다한 부담으로 보이지 않고, 우울장애와 그로 인한 자살에는 개인적 취약성(누나가 자살하여 정신과 진료, 3주 전 친구의 자살)이 많이 관여한 것으로 판단.
26번	전공의로 장시간 노동이 명확하고 자살 사고 전 일어난 사건(교수의 질책)이 있었음에도, 대학 시절 불안 증상으로 치료를 받은 이력이 있었고, 재해 발생 전 업무상 스트레스가 정상적인 인식 능력을 뚜렷하게 상실한 정신적 이상 상태에 있었다고 보기 어려움.
35번	(개발팀 과장으로 입찰 사업을 맡아 [리스크에 대해] 극도로 스트레스를 받았음에도) 신경정신과 기록상 주 호소 내용은 업무 스트레스보다는 본인의 건강 상태(당뇨 및 무혈성 괴사)에 대한 걱정이 많았으며, 업무상 과실의 경우 회사 내규는 손배를 묻지 않는다고 볼 때, 사망과 자살은 연관성 없다고 판단.
41번	(회사에서 영업사원으로 저성과에 따른 극심한 스트레스를 받았고 입찰 프로젝트 준비로 연장근무가 잦던 시기 담당 병원 근처 모텔 완강기에 목매 자살) 팀장 근무 당시 업무 부담으로 인한 스트레스가 자살에 이르게 할 정도로 극심한 상태는 아니었던 것으로 판단되고 우울증 발현 시기와 업무 부담 시점이 상이한 점 등을 고려할 때, 업무 요인보다는 개인적인 요인(우울증 발현 시기-배우자와의 갈등, 이후 별거)에 의해 자살에 이르렀을 가능성이 높다고 판단.
46번	업무 증가(사업장 이전, 새로운 시스템 오픈, 데이터센터 이전, 사업장 이전에 따른 새로운 교육 업무, 인수인계 종료되지 않은 상태에서 워크숍 등) 있으나, 객관적으로 우울증을 유발할 정도의 극심한 스트레스라고 보기 어려우며 우울증을 앓게 된 주요 요인이 내성적이면서 꼼꼼한 완벽주의적 성향 등 개인 소인에 의한 것으로 판단.
55번	10여 년 전부터 우울증상 과거력이 있고 재해 전 이혼 사실이 있어 업무 스트레스(업무 중 발생한 문제에 대한 책임 스트레스)보다는 개인 취약성으로 사망한 것이라 판단.
56번	(교통사고로 피해자에 중상을 입혀 경찰 조사받고 스트레스를 받다 베란다에서 투신했지만,) 근로시간, 업무 내용, 교통사고 내용 등으로 보아 업무상 스트레스가 자살에 이르게 할 정도의 극심한 스트레스라고 보기는 어렵고, 오히려 기존 질환(10여 년 전부터 7년 동안 중증 우울에피소드, 조현병, 불안장애, 양극성정동장애)이 자연경과적으로 악화되어 합리적 판단을 기대할 수 없을 정도의 상황에서 자살했다고 판단.

〈표 6〉 경력 등의 이유로 불승인 사례

번호	내용
25번	(상시적인 장시간 노동과 부장으로의 역할 변화에 따른 스트레스에도 불구하고) 업무 스트레스 및 직장 상사와의 갈등이 통상 업무에서 적응할 수 없을 만큼 과다한 부담으로 보이지 않고, 우울장애와 그로 인한 자살에는 개인적 취약성(누나가 자살하여 정신과 진료, 3주 전 친구의 자살)이 많이 관여한 것으로 판단.
30번	20여 년간 해당 업무 근무 이력을 감안해볼 때, 업무 스트레스(문제 사건으로 영업정지에 대한 책임 스트레스)가 도저히 감당할 수 없을 정도의 스트레스라고 볼 수 없다고 판단.
32번	(업무 담당하던 중 [재해 석 달 전] 이동 발령 후 본인의 업무 외에 새로운 인사관리 업무 등의 업무 스트레스로 정신과 진료를 받고 있었지만), 고인이 그동안 수행하던 일상적인 업무의 일부로 판단되고 자살에 유의미한 영향을 미쳤을 직무 요인이나 업무상 스트레스가 없었던 것으로 판단.
33번	(영업 업무를 수행하면서 제품 납품 과정에서의 긴장 상태 및 납품 시 거래처의 부당한 요구에 대한 압박 등의 스트레스를 주장하나,) 고인은 책임감이 강하고 회사와 자기를 일체화하는 경향이 있으며, 협력업체 도산, 이후 선정된 협력업체의 폐업 등으로 업무 부담이 컸던 것으로 보이나, 통상적인 수준의 업무 수행으로 회사 사정이 좋지 않은 것에 대해 민감하게 책임감을 느끼는 개인적인 소양이 사망에 더 큰 영향을 끼친 것으로 판단.
37번	(설치관리 업무를 수행하다) 하청의 증가, 공사 마감에 따른 촉박한 일정, 인력 부족 등으로 일부 업무 과로나 스트레스가 있었을 것으로 판단되나, 시간 외 근무 등이 객관적 자료에 의해 명확하지 않은 점에서 과로나 스트레스는 통상의 정도에 불과할 뿐이며, 사망 전 가족과 여행을 가는 등 지극히 정상적인 생활을 하였고, 정신질환으로 진료받은 병력도 없기에 업무 관련성 낮다고 판단.
40번	(주로 영업을 하는 마케팅팀 팀장으로) 영업실적에 대한 부담과 구조조정에 따른 해고 불안, 연장근무로 자살에 이르렀다고는 하지만, 부서 신설에 따른 영업 목표가 오히려 축소되었고, 구조조정 대상도 아니었던 것으로 확인되며, 행사 협찬 역시 회사는 국내 1위 회사로 협찬이 그만큼 수월했을 것으로 판단. (매출 압박에 대한 스트레스는 통상적인 수준(타 영업팀장들도 있는 부분) 또한 영업 업무를 수행해 상당 시간을 사업장 밖에서 근무하는 형태로 업무시간을 확인할 수 있는 명확한 근거 자료가 없다.

번호	내용
42번	(모니터 통해 생산설비 가동 확인) 업무는 7년간 계속해오고 있던 것은 업무에 있어 큰 변화라고 볼 수 없고, 희망퇴직 강요한 정황 없어 구조조정과 업무 강도 증가가 스트레스에 영향 미쳤다고 볼 수 없음.*
45번	11개월간 근무한 주임(신입사원으로 사업부 강판 파트 수출입 영업 업무 담당)으로, 업무 내용 및 강도의 변화를 찾아볼 수 없어 스트레스 요인이 명확하지 않고, 회사에서 발생한 손실(수십억)에 대한 객관적인 증거가 부족하므로 인과관계 인정이 어렵다고 판단.
46번	업무 증가(사업장 이전, 새로운 시스템 오픈, 데이터센터 이전, 사업장 이전에 따른 새로운 교육 업무, 인수인계 종료되지 않은 상태에서 워크숍 등) 있으나, 경력 16년 차에 극복할 수 없을 정도의 과중한 업무라고 판단하기 어려움.
51번	환경상 업무 스트레스(조직 개편으로 부하직원 1명 퇴사, 영업 관련 비용에 대한 독촉 전화 수시로 받음)가 없지 않았으나, 통상적인 범위 내라고 보이고 업무환경의 결정적 변화, 충격 사건, 인간관계 변화 등 없어 과도한 스트레스로 정신적 이상 상태에서 자살하였다고 인정하기 어려움.
53번	(수주한 물량을 하청 제작해 납품하는 4인 규모의 업체에서 생산관리 업무 맡다 자살) 초과근무에 관해 확인할 객관적 자료가 없는 점, 고인의 채용 이유나 과거 근무 경력 그리고 사업주 진술 등에 비춰보면 과도한 정도의 부담을 주는 업무는 아니었을 것으로 판단, 납기 지연 사고 있었으나 고인이 직접 항의를 받았거나 영향을 받은 주체였는지 명확하지 않은 점, 설령 업무 과로나 스트레스가 상당하다고 할지라도 자살 결정할 정도의 부담인지 의문인 점 등으로 업무상 인과관계 낮다고 판단.
58번	업무 및 부서 인사이동(재해 1주일 전 부서 이동)이 업무상 스트레스가 될 수 있으나, 인사이동이 고인에게 특정하여 실시된 것은 아니고, 고인의 업무적 스트레스는 일반적 업무환경에서의 스트레스로 판단.
59번	관리자로서의 책임감과 업무 실적에 대한 부담감 등 평소 업무 스트레스가 있었다하더라도, 20여 년간 같은 업무를 수행해 해당 업무에 익숙했다고 판단.

* 과거력이 있는 경우 많은 경우 개인 취약성을 들어 불승인을 하는 것에 비해, 사례 [42번]의 경우, 재해 발생 4년 전(상세 불명의 신경증성 장애)과 6개월 전(수면장애, 불면증) 진료 내역이 있었음에도 불승인 근거로 개인 취약성을 설명하고 있지는 않았다.

〈표 7〉 유사 사건에 대한 승인/불승인 비교

	번호	내용
승인	2번	연구원에서 제품 개발 중 업무 실수로 인한 손해배상 책임 추궁에 불안감 등 스트레스 겪다 자살.
	5번	지점장으로 발령받아 일하던 중 실적 하락 등 목표 실적에 대한 압박으로 텃밭에서 음독자살[대법원 판결].
	6번	총괄매니저로 새벽 근무가 잦았고 업무 수행 중 발생한 사건(직원이 고객을 친 사고 발생, 유통기한 경과 제품 신고로 영업정지 행정처분 등)으로 스트레스 받아 자살.
	12번	관리 임원으로 출장 업무 중 새벽 근무가 잦았고 품질 사고에 대한 스트레스로 출장 중 자살.
	13번	관리부장으로 최근 경영 악화에 의한 책임감이 컸고 직원 해고에 대한 스트레스로 사무실에서 자살.
	18번	은행 업무하다 고객이 민원 및 민형사소송으로 지속적인 스트레스를 받고 있었고 새로운 대출 업무를 맡게 되면서 불면증, 우울증 등이 발병하여 치료받던 중 친정 식구 아파트에서 투신.
불승인	29번	하자보수 업무를 하다 과도한 청소 요구+재해자가 일부 청소+청소비용의 절반을 사비로 배상+이에 대해 선배 문책 등이 있었고 페이스북에 하자보수 업무에 대한 스트레스를 여러 차례 호소하다 현장 옥상에서 목매 자살.
	35번	개발팀 과장으로 입찰 사업을 맡아 (리스크에 대해) 극도로 스트레스를 받았고 자택 주방에서 목매 자살.
	36번	공사를 입찰해 수주를 받고, 하청업체를 지정해 제품을 제공받고 원청에 준공일에 맞춰 공사를 마무리하고 하청업체를 조율하는 업무를 하던 중 불량품 발생, 불량품 처리에 따른 단가 인상분을 재해자도 책임, 준공 지연 문제 등으로 스트레스를 받다 아파트에서 목매 자살.

	번호	내용
불승인	37번	설치관리 업무를 수행하다 하청 증가, 촉박한 일정, 인력 부족, 업무 중 사고로 인한 손해배상책임 등으로 과로와 스트레스를 받다 자재 창고에서 자살.
	42번	생산팀에서 일하던 중 회사의 구조조정으로 작업자 줄면서 4조 3교대에서 사실상 12시간 맞교대에 추가로 4시간씩 더 근무하고 구조조정 스트레스 겪다 자살.
	47번	반장으로 현장에서 공사 현장의 시위와 공사 지연 등으로 업무로 인한 어려움을 호소하던 가운데 자살.
	48번	기관사로 기기 오작동에 따른 아차 사고로 심한 스트레스(상세 불명의 우울에피소드)를 겪다 자살.
	53번	수주한 물량을 하청 제작해 납품하는 4인 규모의 업체에서 생산관리 업무를 하다 납기 지연 사고로 스트레스를 받다 본인 차량에서 번개탄 피워 자살.

⟨표 8⟩ 기타 불승인 사례

번호	내용
23번	인사 발령에 대한 불만, 국장과의 갈등 등 업무상 스트레스(자존감 상처, 의욕 저하, 우울감, 불면, 분노 감정 등의 증상으로 진료)가 어느 정도 있을 수 있어 보이나, 우울증 등 질병에 이를 만큼 통상적인 수준을 넘어서는 스트레스 요인을 확인하기 어려우며, 개인적인 취약성으로 자살에 이른 것으로 판단.
29번	(하자보수 업무를 하다 과도한 요구+재해자가 일부 청소+청소비용의 절반을 사비로 배상+이에 대해 선배 문책 등이 있었고 페이스북에 하자보수 업무에 대한 스트레스를 여러 차례 호소하다 현장 옥상에서 목매 자살하였지만,) 하자보수 등으로 인한 스트레스는 일부 확인되나, 자살을 유발할 정도의 업무 스트레스를 받았다고 보긴 어려우며, 자살 직전 뚜렷한 정신병적 상태를 확인하기 어렵다고 판단.
39번	(상대 조장의 사람이 상사로 부임하면서) 회사 내에서의 관계 등의 어려움은 있었던 것은 사실이지만, 자살을 유발할 만큼의 큰 변화나 스트레스는 아니었으며, 회사의 조치는 본인 과실에 상당 부분 기인한 측면이 있고, 이외에도 개인적인 생활 문제, 금전적 채무 등 업무 외적인 이유, 즉 개인적인 취약성이 많이 관여된 것으로 판단.
46번	업무 증가(사업장 이전, 새로운 시스템 오픈, 데이터센터 이전, 사업장 이전에 따른 새로운 교육 업무, 인수인계 종료되지 않은 상태에서 워크숍 등) 있으나, 객관적으로 우울증을 유발할 정도의 극심한 스트레스라고 보기 어려우며 우울증을 앓게 된 주요 요인이 내성적이면서 꼼꼼한 완벽주의적 성향 등 개인 소인에 의한 것으로 판단.
53번	(수주한 물량을 하청 제작해 납품하는 4인 규모의 업체에서 생산관리 업무를 하다 자살) 초과근무에 관해 확인할 객관적 자료가 없는 점, 고인의 채용 이유나 과거 근무 경력 그리고 사업주의 진술 등에 비춰보면 과도한 정도의 부담을 주는 업무는 아니었을 것으로 판단, 납기 지연 사고 있었으나 고인이 직접 항의를 받았거나 영향을 받은 주체였는지 명확하지 않은 점, 설령 업무 과로나 스트레스가 상당하다고 할지라도 자살 결정할 정도의 부담인지 의문인 점 등으로 업무상 인과관계가 낮다고 판단.

〈표 9〉 근거 불충분에 따른 불승인 사례

번호	내용
28번	(부품업체에서 반장의 보조 업무를 주로 담당하던 중 일상화된 폭언, 노조의 가입 탈퇴 과정에서 불안감, 유서 내용으로 정신적 힘겨움을 호소하다 자살 하였지만,) 업무 중 대인관계에서 스트레스가 상당했을 것으로 보이나, 그로 인해 정신질환을 앓았다는 근거 및 자살 전에 판단력이 정상보다 떨어지는 정신적 이상 상태였다는 근거가 충분하지 않다고 판단.
29번	(하자보수 업무를 하다 과도한 요구+재해자가 일부 청소+청소비용의 절반 을 사비로 배상+이에 대해 선배 문책 등이 있었고 페이스북에 하자보수 업무 에 대한 스트레스를 여러 차례 호소하다 현장 옥상에서 목매 자살하였지만,) 하자보수 등으로 인한 스트레스는 일부 확인되나, 자살을 유발할 정도의 업 무 스트레스를 받았다고 보긴 어려우며, 자살 직전 뚜렷한 정신병적 상태를 확인하기 어렵다고 판단.
36번	원청업체의 제품 사양 변경 요구에 따라 파생된 자제 불량품 발생 문제, (불 량품 처리에 따른 단가 인상분을 재해자도 책임,) 기성금(공사대금 중 일부) 문제, 공사 계약 내용 변경 문제, 준공 지연 문제 등의 갈등 상황이 있었던 것 으로 보이나, 동료 근로자 및 거래처 직원의 진술에서 업무 관련 스트레스에 대한 특이 진술은 확인되지 않으며, 가족이 보는 공간(작은방)에서 자살을 시 도한 것을 볼 때, 업무적 요인보다는 다른 요인이 더 크게 작용했을 것으로 보이며, 고인은 사건 발생 2주 전에도 자살 시도로 의심되는 목 부위의 흔적 이 있었으나 그 흔적을 가리는 등 자살에 이를 정도의 판단력 망실의 상태가 있어 보이지 않음.
48번	기기 오작동은 사고 이후 고인의 과실이 아니라는 것을 인지하였을 것으로 보여 우울 유발 정도의 요인이라고 판단하기 어렵고 장기간 지하철 기관사 로 열악한 근무환경에서의 고충이 인정되지만 고인의 판단력을 상실케 할 정도로 판단되지는 않음.

참고문헌

강경화, 〈간호노동현장의 일터 괴롭힘 실태와 해결과제〉, 《병원업종의 직장 내 괴롭힘 근절 방안》 국회토론회, 2018.

강연자·김미정·김영선·이상호, 《실노동시간 단축의 올바른 방향과 노동조합의 과제》, 전국민주노동조합총연맹, 2011.

고용노동부, 〈직장 내 괴롭힘 판단 및 예방·대응 매뉴얼〉, 2019.

고용노동부, 〈특별연장근로 인가제도 설명 자료〉(2020.1.31.), 2020.

고용노동부 임금근로시간과, 〈특별연장근로 인가 현황〉, 2019.

고용노동부 임금근로시간과, 〈외국 인력 입국 지연되어 업무량이 폭증하면, 특별연장근로를 활용할 수 있습니다〉(2021.10.25.), 2021.

고용노동부 임금근로시간과, 〈고용노동부, 주 52시간제 애로 기업 지원: 꼭 필요한 기업에는 특별연장근로 기간 일부 확대(90일→150일)〉, 2021.

고태은, 〈산재가족 경험 연구〉, 《산업재해는 가족에게도 사회적 재난이다》, 산재가족 지원체계 구축을 위한 발표 토론회, 2021.

故 이길연 집배원 사망 사고 진상규명과 책임자 처벌 명예 회복을 위한 광

주지역 대책위, 《故 이길연 집배 노동자 자살 사건 관련 진상조사 보고서》, 2017.

공공운수노조 전국물류센터지부 쿠팡물류센터지회 외, 《쿠팡 노동자, 일터를 말한다》, 2021.

공공운수노조 외, 《쿠팡 물류센터 노동자 노동환경·건강수준 평가》 국회토론회 (2021.9.30.), 2021.

과로사OUT공동대책위원회, 《"직장 내 괴롭힘, 장시간 노동, 과로사 근절" 2017년 활동 평가와 과제》, 과로사OUT대책위 2차 워크숍, 2018.

과학기술정보통신부, 〈과학기술과 ICT로 열어가는 사람 중심의 4차 산업혁명〉, 2018년도 업무계획 (2018.1.), 2018.

근로복지공단, 〈정신질병 업무 관련성 조사 지침 (4차 개정)〉 (2019.5.8.), 2019.

김병훈, 〈집배 노동자 노동환경 실태조사 결과〉, 《법·제도 개선을 중심으로 바라본 집배원 과로사 문제의 해결책》 국회토론회 (2017.9.1.), 2017.

김석호, 《가축매몰 (살처분) 참여자 트라우마 현황 실태조사》, 국가인권위원회, 2017.

김승섭, 《소방공무원의 인권 상황 실태조사》, 국가인권위원회, 2015.

김영선, 《과로 사회》, 이매진, 2013.

김영선, 《누가 김부장을 죽였나》, 한빛비즈, 2018.

김영선, 〈아름답고 새로운 노동세계〉, 최성환·김형주 엮음, 《AI 시대, 행복해질 용기》, 사이언스북스, 2020.

김영선, 〈이주노동, 강산이 변해도 '노예노동'〉, 《작은책》 11월호, 2020, 122~127쪽.

김영선·최민·서선영·천주희·전주희·예동근·김직수·강민정, 《신자유주의 시대의 과로자살: 사례 비교 연구》, 한국노동안전보건연구소 2017년 노동보건 연구보고서, 2018.

김원·김영선·박선영·심성보·이경환, 《안산의 산업화 및 노동문화에 대한 전반적인 조사 연구》, 안산시사편찬위원회 자료조사사업, 2009.

김인아, 〈노동시간의 건강 영향 동향〉, 《제52차 대한직업환경의학회 봄학

술대회》, 2014.

김재윤, 〈영국의 기업과실치사법에 대한 고찰과 시사점〉,《형사정책연구》 25(4), 2014, 181~218쪽.

김재천, 〈집배 노동자 과로사 대책위〉,《과로사예방센터 개소식 & 토론회》, 2017.

김지민, 〈배제와 차별은 재난 이후의 회복을 방해한다〉,《서리풀연구통》 (2021.7.22.), 2021.

김직수, 〈'원조' 과로사회의 블랙 아르바이트〉,《비정규 노동》 115, 2015, 120~126쪽.

김철·김직수·이희우·김영선,《공공서비스 확충과 일자리 창출을 위한 공공 부문 노동시간 단축 방향 연구》, 사회공공연구원, 2018.

김철식·장귀연·김영선·윤애림·박주영·박찬임·홍석만,《플랫폼 노동 종사자 인권 상황 실태조사》, 국가인권위원회, 2019.

김효, 〈집배 인력 증원을 통한 노동시간 단축〉,《법·제도 개선을 중심으로 바라본 집배원 과로사 문제의 해결책》국회토론회(2017.9.1.), 2017.

노동건강연대,《넷마블 전현직 게임개발자 대상 노동조건 설문조사》, 2016

노동자운동연구소,《집배원 노동자의 노동재해·직업병 실태 및 건강권 확 보 방안》, 2013.

마창거제산재추방운동연합,《부산경남 지역 집배 노동자 노동환경 실태조 사 보고서》, 2017.

메르스 사태 인터뷰 기획팀·지승호,《바이러스가 지나간 자리》, 시대의창, 2016.

문재인, 〈문재인 대통령 취임 3주년 특별연설〉, 2020.

박수민, 〈플랫폼 배달경제를 뒷받침하는 즉시성의 문화와 그 그림자〉, 노동 시간센터 월례토론(2021.11.24.), 2021.

박형민,《자살, 차악의 선택: 자살의 성찰성과 소통 지향성》, 이학사, 2010.

박혜경, 〈고해상도 도시 센서를 이용한 새로운 발견〉, 서울연구원 빅데이터 포럼, 2020.

백욱인, 〈서비스 플랫폼의 전유 방식 분석에 관한 시론: '플랫폼 지대와 이윤'을 중심으로〉,《경제와 사회》104, 2014, 174~196쪽.

비상경제중앙대책본부, 〈코로나19 대응 및 경제활력 제고를 위한 「10대 산업 분야 규제혁신 방안(I)」〉, 2020.

사무금융 노동자 직장 내 괴롭힘 조사연구팀,《전략적 성과관리? 전략적 괴롭힘!: 사무금융 노동자 직장 내 괴롭힘 실태조사 보고서》, 전국사무금융서비스노동조합, 2015.

서울노동권익센터,《금융산업 감정노동 연구》, 서울노동권익센터, 2016.

서울노동권익센터,《택배 기사 노동실태와 정책대안 모색: 서울 지역 택배 기사를 중심으로》, 서울노동권익센터 연구사업 최종 발표 토론회, 2017.

세계법제정보센터, 〈일본 "일하는 방식 개혁" 시행에 따른 노동기준법의 변화-근로시간을 중심으로〉, 2019.

손미아, 〈《자본론》과 노동자계급의 건강: 맑스 시대와 현대 자본주의 시대에서 노동자계급 건강 악화의 기원〉,《노동사회과학》3, 2010, 35~127쪽.

송경동,《꿀잠》, 삶창, 2011.

시민건강연구소,《인권중심 코로나19 시민백서》, 2020.

신병현, 〈애니메이션산업의 노동과정에 관한 탐색적 연구〉,《산업노동》8(2), 2002, 111~139쪽.

신창현 의원실, 〈지난해 과로사 집배원 15명… 2010년 이후 최고〉 (2019.5.9.), 2019.

우정사업본부, 〈집배물류 혁신전략 10대 추진 과제〉, 2017.

우정사업본부, 〈집배원 노동시간 단축을 위한 집배물류 혁신전략(안)〉, 2017.

유성규,《용광로 사망, 막을 수 없었나: 이른바 '기업의 노동자 살인' 개념 도입을 중심으로》긴급토론회, 2012.

이강원,《재난과 살다: 대지진에 대비하는 일본 방재과학의 집합실험》, 서울대학교출판문화원, 2017.

이문영,《웅크린 말들: 말해지지 않는 말들의 한恨국어사전》, 후마니타스,

2018.

이유민·김영선·김지안·류한소·박경환·장순원·정지윤·최민, 〈사무금융 노동
자에서 노동 강화 요인으로써의 성과 압박과 정신건강 실태〉, 《대한직
업환경의학회 학술대회 논문집》, 2020, 53~54쪽.

이정희, 〈집배원 과로사 무엇이 문제인가?〉, 《집배원 과로사 근절 대책 및
부족 인력 증원을 위한 토론회》(2017.7.24.), 2017.

이항우, 〈이윤의 지대 되기와 정동 엔클로저〉, 《한국사회학》 50(1), 2016,
189~219쪽.

이혜은, 〈노동시간 단축 운동의 패러다임 전환: 일자리 나누기를 넘어서
건강권으로〉, 《민주노총 투쟁의제 강화를 위한 연구 결과 워크숍》,
2016.

인사혁신처·행정안전부, 〈정부기관 근무혁신 종합대책〉(2018.1.16.), 2018.

임상혁, 〈과로사방지법 초청 강연회 토론문〉, 《과로사방지법 일본 전문가
초청 강연회》, 2015.

임수강, 《은행권 성과주의에 대한 노조의 대응》, 금융경제연구소, 2015.

장서희, 〈콘텐츠 유통에서 나타나는 불공정 문제에 관한 고찰〉, 문화/과학
편집위원회 엮음, 《누가 문화자본을 지배하는가》, 문화과학사, 2015.

전국공공운수노동조합, 〈경마기수 노동 건강 실태조사 결과 발표〉
(2019.12.11.), 2019.

전국민주노동조합총연맹, 〈2018 최악의 살인기업 선정식〉(2018.4.25.),
2018.

전국집배노동조합, 〈집배 소요 인력 산출의 기준인 집배부하량 시스템의
문제〉(2017.6.22.), 2017.

전국우정노동조합, 《집배원 과로사 무엇인 문제인가?》 집배원 과로사 근절
대책 및 부족 인력 증원을 위한 토론회, 2017.

정진영, 〈야간노동 새벽배송의 위험과 개선 방안〉, 노동시간센터 월례토론
(2020.6.3.), 2020.

정최경희, 〈일개 게임기업체의 연속된 사망 사건〉, 이정미 의원실·노동자
의 미래, 《넷마블 노동자의 돌연사, 우연인가 필연인가?》 국회토론회

(2017.2.9.), 2017.

조한진희, 《아파도 미안하지 않습니다: 어느 페미니스트의 질병 관통기》,
　　동녘, 2019.

중대재해기업처벌법 제정 운동본부, 〈중대재해는 기업의 범죄!! 생명안전
　　에 차별이 없도록 계속 나아가겠습니다〉(2021.1.8.), 2021.

집배 노동자 장시간 노동 철폐 및 과로사·자살 방지 시민사회 대책위원회,
　　《집배원 노동조건 개선 기획추진단 7대 권고이행 점검 토론회》, 2019.

최명선, 〈과로 추방운동의 현황과 과제〉, 《노동자 건강권 포럼》, 일과건
　　강·노동환경건강연구소, 2018.

통계청, 〈2021년 8월 경제활동인구조사 근로형태별 부가조사 결과〉
　　(2021.10.26.), 2021.

한국경영자총협회, 〈경제활력 제고와 고용·노동시장 선진화를 위한 경영계
　　건의〉(2020.3.23.).

한국노동연구원, 《소방·교정공무원 노동시간 단축 및 새로운 교대제 개편
　　을 통한 일자리 창출 효과》, 2017.

한국노동안전보건연구소, 《증권 노동자 노동조건 및 건강 실태조사》, 전국
　　증권산업노동조합, 2008.

한국노동안전보건연구소, 〈운전 노동자 노동시간, '특별히' 더 짧아야 한
　　다〉, 《오마이뉴스》, 2018.1.2.

한국노동안전보건연구소·이유노동정책연구소, 《현대증권 노동자 노동환
　　경 및 직무스트레스 실태조사 연구》, 현대증권노동조합, 2018.

한국노동안전보건연구소, 《자살·정신질환 산재 판정 무엇이 문제인
　　가: 2017년 질병판정위원회 자살 정신질환 사례 분석》 국회토론회
　　(2018.10.1.), 2018.

한국노동안전보건연구소, 《사무금융 노동자 업무상 정신질환 실태 및 대응
　　연구》, 전국사무금융서비스노동조합, 2020.

한국노동조합총연맹, 〈집배원이 쓰러진다〉, 《미디어노총》 534, 2017.

한국마사회 고 문중원 기수 죽음의 진상규명과 책임자 처벌을 위한 시민대
　　책위 진상조사팀, 〈마사회는 어떤 조직인가〉, 《고 문중원 기수죽음과

관련한 마사회 구조와 실태조사 보고서》, 2020.

한빛미디어노동인권센터, 〈방송 미디어 현장에서 일터 괴롭힘을 경험한 분을 찾습니다〉 설문조사 안내문, 2021.9.17.

한지원, 〈넷마블을 통해 본 게임산업 문제점〉, 이정미 의원실·심상정 의원실·무료노동신고센터, 《넷마블, 불공정 갑질-열정 페이가 무너뜨린 청년의 삶》 국회토론회, 2017.

한지원, 〈게임산업, 청년의 꿈을 담보로 한 신종 사채시장인가?〉, 노동자운동연구소 이슈페이퍼, 2017.

한지원, 〈코로나 재확산, 고용위기는 어디서 얼마나?〉, 노동자운동연구소, 2020.

홍승혜·박길성·김영선·강수환, 〈넘치는 백서, 부족한 백서: 위험의 사회적 추적으로서 메르스 백서를 진단한다〉, 《한국사회》 21(1), 2020, 3~34쪽.

IT산업노동조합, 〈IT 노동자 노동 실태조사 결과〉, 2018.

가와히토 히로시, 《과로 자살》, 김명희·노미애·다나카 신이치 옮김, 한울, 2019

가이 스탠딩, 《프레카리아트》, 김태호 옮김, 박종철출판사, 2014.

곤노 하루키, 《블랙 기업》, 이용택 옮김, 레디셋고, 2013.

닉 서르닉, 《플랫폼 자본주의》, 심성보 옮김, 킹콩북, 2020.

다카하시 유키미·가와히토 히로시, 《어느 과로사: 다카하시 마쓰리의 죽음》, 다나카 신이치·노미애·최효옥 옮김, 건강미디어협동조합, 2018.

더글라스 러미스, 《경제성장이 안되면 우리는 풍요롭지 못할 것인가》, 최성현·김종철 옮김, 녹색평론사, 2011.

데보라 코웬, 《로지스틱스: 전 지구적 물류의 치명적 폭력과 죽음의 삶》, 권범철 옮김, 갈무리, 2017.

데이비드 와일, 《균열 일터》, 송연수 옮김, 황소자리, 2015.

데이비드 콰먼, 《인수공통, 모든 전염병의 열쇠》, 강병철 옮김, 꿈꿀자유, 2017.

도키다 요시히사, 〈극소 전자혁명과 노동자계급의 상태〉, 《생산혁신과 노동의 변화: 포스트 포드주의 논쟁》, 강석재·이호창 옮김, 새길, 1993, 311~330쪽.

레베카 솔닛, 《이 폐허를 응시하라》, 정해영 옮김, 펜타그램, 2012.

로널드 퍼서, 〈가짜 마음챙김 혁명: 새로운 자본주의적 영성〉, 에스페라 옮김, 커먼즈번역네트워크, 2019.

로널드 퍼서, 《마음챙김의 배신: 명상은 어떻게 새로운 자본주의 영성이 되었는가?》, 서민아 옮김, 필로소픽, 2021.

뤼투, 《중국 신노동자의 미래》, 정규식·연광석·정성조·박다짐 옮김, 나름북스, 2018.

마이크 데이비스, 《조류독감: 전염병의 사회적 생산》, 정병선 옮김, 돌베개, 2008.

마크 제롬 월터스, 《에코데믹, 새로운 전염병이 몰려온다》, 이한음 옮김, 북갤럽, 2004.

모리오카 고지, 《고용 신분 사회》, 김경원 옮김, 갈라파고스, 2017.

모리오카 고지, 《죽도록 일하는 사회: 삶을 갉아먹는 장시간 노동에 관하여》, 김경원 옮김, 지식여행, 2018.

맛시모 데 안젤리스, 《역사의 시작: 가치 투쟁과 전 지구적 자본》, 권범철 옮김, 갈무리, 2019.

바버라 에런아이크, 《긍정의 배신: 긍정적 사고는 어떻게 우리의 발등을 찍는가》, 전미영 옮김, 부키, 2011.

스티븐 맥나미·로버트 밀러 주니어, 《능력주의는 허구다: 21세기에 능력주의는 어떻게 오작동되고 있는가》, 김현정 옮김, 사이, 2015.

에드윈 슈나이드먼, 《자살하려는 마음》, 서청희·안병은 옮김, 한울아카데미, 2019.

에릭 클라이넨버그, 《폭염 사회: 폭염은 사회를 어떻게 바꿨나》, 홍경탁 옮김, 글항아리, 2018.

에바 일루즈·에드가르 카바나스, 《해피크라시: 행복학과 행복산업은 어떻게 우리의 삶을 지배하는가》, 이세진 옮김, 청미, 2021.

와타나베 마사히로, 《토요타의 어둠: 2조 엔의 이익에 희생되는 사람들》, JPNews 옮김, 창해, 2010.

울리히 벡, 《위험사회》, 홍성태 옮김, 새물결, 1997.

울리히 벡, 《글로벌 위험사회》, 박미애·이준우 옮김, 길, 2010.

위화, 《허삼관매혈기》, 최용만 옮김, 푸른숲, 2019.

윌리엄 데이비스, 《행복산업: 자본과 정부는 우리에게 어떻게 행복을 팔아왔는가?》, 황성원 옮김, 동녘, 2015.

자크 랑시에르, 《프롤레타리아의 밤》, 안준범 옮김, 문학동네, 2021.

자크 비데, 《마르크스의 생명정치학: 푸코와 함께 마르크스를》, 배세진 옮김, 오월의봄, 2020.

제리 밀러, 《성과지표의 배신》, 김윤경 옮김, 궁리, 2020.

조 시게유키, 《후지쯔 성과주의 리포트》, 윤정원 옮김, 들녘, 2004.

존 머터, 《재난 불평등: 왜 재난은 가난한 이들에게만 가혹할까》, 장상미 옮김, 동녘, 2016

질 들뢰즈, 《소진된 인간》, 이정하 옮김, 문학과지성사, 2013.

질 안드레스키 프레이저, 《화이트칼라의 위기》, 심재관 옮김, 한즈미디어, 2004.

칼 마르크스, 《자본론 I (상)》, 김수행 옮김, 비봉출판사, 1996.

캐시 오닐, 《대량살상수학무기》, 김정혜 옮김, 흐름출판, 2017.

폴 라파르그, 《게으를 수 있는 권리》, 조형준 옮김, 새물결, 2005.

폴 파머, 《감염과 불평등》, 정연호·김수진 옮김, 신아출판사, 2010.

프랑코 '비포' 베라르디, 《노동하는 영혼: 소외에서 자율로》, 서창현 옮김, 갈무리, 2012.

프랑코 '비포' 베라르디, 《죽음의 스펙터클》, 송섬별 옮김, 반비, 2016.

프랑코 '비포' 베라르디, 《미래 가능성: 무능력의 시대와 가능성의 지평》, 이신철 옮김, 에코리브르, 2021.

프랭크 파스퀄레, 《블랙박스 사회》, 이시은 옮김, 안티고네, 2016.

프리드리히 엥겔스, 《영국 노동자계급의 상태》, 박준식·전병유·조효래 옮김, 두리, 1988.

피에로 바소, 〈노동시간에 대한 마르크스주의적 분석〉, 《사회운동》 112, 2013, 114~126쪽.

하시모토 겐지, 《계급도시: 격차가 거리를 침식한다》, 김영진·정예지 옮김, 킹콩북, 2019.

황이링·까오요우즈, 《과로의 섬: 죽도록 일하는 사회의 위험에 관하여》, 장향미 옮김, 나름북스, 2021.

Asgari, Behrooz, "Karoshi and Karou-jisatsu in Japan: Causes, statistics and prevention mechanisms", *Asia Pacific Business & Economics Perspectives* 4(2), 2017, pp.49-72.

Böckerman, P., Bryson, A., & Ilmakunnas, P., "Does high involvement management improve worker wellbeing?" *Journal of Economic Behavior & Organization* 84(2), 2012, pp.660-680.

Barnshaw, John and Joseph Trainor, "Race class and capital amidst the Hurricane Katrina diaspora", *The Sociology of Katrina: Perspectives on a Modern Catastrophe*, Rowman & Littlefield, 2007, pp.91-105.

Bowles, Samuel and Park Yongjin, "Emulation, Inequality, and Work Hours: Was Thorsten Veblen Right", *The Economic Journal* 115(507), pp.397-396.

Caruso, Claire C., "Possible broad impacts of long work hours", *Industrial Health* 44, 2006, pp.531-536.

Dahl, Michael and Lamar Pierce, "Pay-for-Performance and Employee Mental Health: Large Sample Evidence Using Employee Prescription Drug Usage", Forthcoming in *Academy of Management Discoveries* 2019.

Dahl, Michael S. and Lamar Pierce, "Pay-for-Performance and Employee Mental Health", *Academy of Management Discoveries* 6(1), 2020, pp.12-38.

Dore, Ronald, "Introduction", In Satoshi Kamata, *Japan in the Passing Lane: An Insider's Account of Life in a Japanese Auto Factory*, Pantheon Books, 1982.

Evans, John M., Douglas C. Lippoldt, Pascal Marianna, "Trends in working hours in OECD countries", *OECD Labour Market and Social Policy Occasional Papers* 45, 2001, p.4.

Foucault, Michel, *Security, Territory, Population: Lectures at The Collège de France 1977~1978*, Picador, 2007.

Foucault, Michel, *"Society Must Be Defended": Lectures at The Collège de France 1975-1976*, Picador, 2003.

Foucault, Michel, *Discipline and Punish: The Birth of the Prison*, Vintage/Random House, 1995.

Ganster, Daniel C., Christa E. Kiersch, Rachel E. Marsh & Angela Bowen, "Performance-based rewards and work stress", *Journal of Organizational Behavior Management* 31(4), 2011, pp.221-235.

Garson, Barbara, *The Electronic Sweatshop: How Computers are Transforming the Office of the Future*, Penguin Books, 1989.

Goswami, Rupashree, "Shift work and its effect on social and personal life of shift workers", *International Journal of Research in Management, Economics and Commerce* 2(5), 2012, pp.47-63.

Hazards, "Suicidal work: Work-related suicides are uncounted", *Hazards* (Mar.), 2017.

Inoue Tatsuo, "The Poverty of Rights-Blind Communality: Looking through the Window of Japan", *Brigham Young University Law Review* 2, 1993, pp.517-551.

Kikuchi Hiroyuki et al., "Association of overtime work hours with various stress responses in 59,021 Japanese workers: Retrospective cross-sectional study", *PLoS One* 15(3), 2020, pp.1-22.

Kitanaka Junko, *Depression in Japan: Psychiatric Cures for a Society in Distress*, Princeton University Press, 2012.

Kivimäki, Mika. et al., "Long working hours and risk of coronary heart disease and stroke", *The LANCET* 386(10005), 2015, pp.1739-1746.

Lee Hye-Eun, Kim Inah, Kim Hyoung-Ryoul & Kawachi Ichiro, "Association of long working hours with accidents and suicide mortality in Korea", *Scandinavian Journal of Work, Environment & Health* 46(5), 2020, pp.480-487.

Monteil, Charlotte, Peter Simmons & Anna Hicksc, "Post-disaster recovery and sociocultural change: Rethinking social capital development for the new social fabric", *International Journal of Disaster Risk Reduction* 42 (Jan.), 2020.

Nomura Shuhei et al., "Trends in suicide in Japan by gender during the COVID-19 pandemic, up to September 2020", *Psychiatry Research* 295, 2021, pp.1-5.

Occupational Safety and Health Administration, "Pandemic Influenza Preparedness and Response Guidance for Healthcare Workers and Healthcare Employers", 2007.

Occupational Safety and Health Administration, "Protecting Workers during a Pandemic", *OSHA Fact Sheet* (Aug.), 2014.

Reich, Robert B., "Covid-19 pandemic shines a light on a new kind of class divide and its inequalities", *The Guardian*, 26 Apr. 2020.

Sewell, Graham, "The Discipline of Teams: The Control of Team-based Industrial Work through Electronic and Peer Surveillance", *Administrative Science Quarterly* 43, 1998, pp.397-428.

Schor, Juliet, *The Overworked American: The Unexpected Decline of Leisure*, BasicBooks, 1992.

Takashi Amagasa and Takeo Nakayama, "Relationship between long working hours and depression: a 3-year longitudinal study of clerical workers", *Journal of Occupational and Environmental Medicine* 55(8), 2013, pp.863-872.

Takahashi Masaya, "Sociomedical problems of overwork-related deaths and disorders in Japan", *Journal of Occupational Health* 61(4), 2017, pp.269-277.

The Center for Popular Democracy, "The Grind: Striving for Scheduling Fairness at Starbuks", 2015.

The SARS Commission, *Spring of Fear* (Dec.), 2006.

Yamauchi Takashi et al., "Overwork-related disorders in Japan: recent trends and development of a national policy to promote preventive measures", *Industrial Health* 55(3), 2017, pp.293-302.

Yoshio Shibata, "Governing employees: A Foucauldian analysis of deaths from overwork in Japan", *Global Asia Journal* 12, 2012, pp.1-85.

Virtanen, Marianna et al., "Long working hours and symptoms of anxiety and depression", *Psychological Medicine* (Feb.), 2011, pp.1-10.

White, Joanne and Johanna Beswick, *Working Long Hours*, Health and Safety Laboratory, 2003.

WHO·ILO, "Ebola Virus Disease: Occupational Safety and Health", *Occupational Health and Safety* (Sep.), 2014.

주

들어가는 글: 과로와 죽음의 거리

1 '존버' 표현은 오래전 소설가 이외수가 헬조선 시대를 살아가는 청년들을 위해 건넬 조언이 없냐는 스님 혜민의 질문에 게임 유저들 사이에서 유행하던 말(존나 버로우)을 빌려 내놓은 답변으로 유명해졌다.

2 여기서 과로+성과체제는 발전국가 이후 지금도 계속되는 낡은 과로체제의 문제 상태와 신자유주의 이후 새롭게 덧대진 성과체제의 문제 상태가 교차하면서 작동함을 강조한 표현이다. 한국적 신자유주의 또는 신자유주의적 자본주의의 한국적 특성을 담은 것이기도 하다. 그리고 호칭으로 사용되는 ~씨는 이름(이나 성) 뒤에 띄어쓰기를 하는 게 맞지만, 여기서는 하나의 고유명사로 취급해 존버씨로 표기한다.

3 《죽음의 스펙터클》(2016)의 저자 프랑코 '비포' 베라르디는 오늘날의 자살은 뒤르켐 시대의 자살과 다르다고 말한다. 오늘날처럼 불확실성만이 확실한 불안정한 사회에서 아노미anomie는 보편적 조건이 되어버렸기 때문이라는 것이다. 자살은 예외나 주변적 현상이 아니라 우리 시대를 특징짓는 주요 요소이며 현재를 바라보는 결정적인 관점을 제공한다고 본다. 오늘날의 자살은 자본주의적 경쟁의 가속화, 극단적인

노동의 파편화, 예측할 수 없는 경제위기·공황으로 불안감, 고립감, 우울감, 공황, 신경쇠약, 좌절감이 교차하고 흘러넘치는 가운데 발생하는 보편적인 죽음이 되어버렸다.

4   프리드리히 엥겔스, 《영국 노동계급의 상황》, 이재만 옮김, 라티오, 2014, 142~143쪽.

1장 | 살아가는 혹은 죽어가는 삶

1   직장 내 괴롭힘의 형태는 매우 다양하다. 고용노동부는 직장 내 괴롭힘으로 분류될 수 있는 행위를 다음과 같이 예시하고 있다. 정당한 이유 없이 업무 능력이나 성과를 인정하지 않거나 조롱함, 정당한 이유 없이 훈련/승진/보상/일상적인 대우 등에서 차별함, 다른 근로자들과는 달리 특정 근로자에 대하여만 근로계약서 등에 명시되어 있지 않은 모두가 꺼리는 힘든 업무를 반복적으로 부여함, 근로계약서 등에 명시되어 있지 않은 허드렛일만 시키거나 일을 거의 주지 않음, 정당한 이유 없이 업무와 관련된 중요한 정보 제공이나 의사결정 과정에서 배제시킴, 정당한 이유 없이 휴가/병가/각종 복지 혜택 등을 쓰지 못하도록 압력 행사, 다른 근로자들과는 달리 특정 근로자의 일하거나 휴식하는 모습만을 지나치게 감시, 사적 심부름 등 개인적인 일상생활과 관련된 일을 하도록 지속적·반복적으로 지시, 정당한 이유 없이 부서 이동 또는 퇴사를 강요함, 개인사에 대한 뒷담화나 소문을 퍼뜨림, 신체적인 위협이나 폭력을 가함, 욕설이나 위협적인 말을 함, 다른 사람들 앞이나 온라인상에서 나에게 모욕감을 주는 언행을 함, 의사와 상관없이 음주/흡연/회식 참여를 강요함, 집단 따돌림, 업무에 필요한 주요 비품(컴퓨터, 전화 등)을 주지 않거나, 인터넷·사내 네트워크 접속을 차단함(고용노동부, 〈직장 내 괴롭힘 판단 및 예방·대응 매뉴얼〉, 2019, 16쪽).
한편, 일터 괴롭힘에 대한 실태조사의 설명 자료에서 언급하는 일터 괴롭힘은 다음과 같다. 공개적이거나 은밀한 폭언, 위협·협박적인 언어적·물리적 행동, 모욕적 언행, 고성을 동반한 불필요한 지적, 악의적 소문 퍼트리기, 지속적인 비난 퍼붓기, 공개적인 망신 주기, 업무와 무관한 트집 잡기, 사생활 침해, 실업급여 등 정당한 급여 미지급 협박, 따돌림, 외모 등 각 개인의 속성에 대한 비하적 행동, 자유로운 의견 개진 및 건의 행위 방해, 제대로 된 업무 교육 없이 근무 과정에서의 질책, 높은 수준의 노동강도, 불합리한 업무환경 방치 및 조장(예: 명확한 의사 확인 없는 일방적인 스케줄 배치), 문제적 조직문화 방치, 동료들 간의 행동이나 언행 감시 압박, 업무와 상관없는 사적인 지시 강요, 일방적이거나 불합리한 업무 배제, 휴가·병가 사용 제한, 사직·제작 현장 하차 강요, 성차별·성희롱 언행과 행위, 회식 및 야근 강요, 원치 않은 장기자랑 참여 강요 등(한빛미디어노동인권센터, 〈방송 미디어 현장에서 일터 괴롭힘을 경험한 분을 찾습니다〉 설문조사 안내문, 2021.9.17.).

2   자크 랑시에르, 《프롤레타리아의 밤》, 안준범 옮김, 문학동네, 2021, 9쪽.

3   사이먼 크리츨리, 《자살에 대하여: 죽음을 생각하는 철학자의 오후》, 변진경 옮김, 돌베게, 2021, 64쪽.

4   프랑코 '비포' 베라르디, 《노동하는 영혼: 소외에서 자율로》, 서창현 옮김, 갈무리, 2012, 227~237쪽; 프랑코 '비포' 베라르디, 《죽음의 스펙터클》, 송섬별 옮김, 반비, 2016, 197~204쪽.

5   최근 비정규직의 수나 정규직-비정규직 임금 격차는 2003년 통계 작성 이래 최고치·최대치를 기록했다. 비정규직 규모는 전년 대비 64만 명 늘어난 806만 6000명이다. 임금 격차는 156.7만 원으로 정규직 월평균 임금 333만 6000원 대비 비정규직은 53% 수준인 176만 9000원이다. 참고로 남성 대비 여성의 임금 비율은 68% 수준이다(통계청, 〈2021년 8월 경제활동인구조사 근로형태별 부가조사 결과〉(2021.10.26.), 2021).

6   유가족은 과로죽음을 입증하기 위해 증거 수집에 나서야 하는 상황 그

자체가 가장 어렵다고 말한다. 하지만 '제출 의무 없다'는 회사의 회피나 방해로 자료 접근이 제한되는 경우 더 큰 어려움을 겪는다고 말한다. 어느 증언 대회에서 들었던 유가족의 울분이 잊히질 않는다. "내 자식을 두 번 죽이려는 거냐!"(고태은, 〈산재가족 경험 연구〉, 《산업재해는 가족에게도 사회적 재난이다》, 산재가족 지원체계 구축을 위한 발표 토론회, 2021, 14쪽).

7   여기서는 과로가 유발한 죽음의 문제를 다룬다. 죽음을 유발하는 과로의 원인은 다양할 텐데, 임금체계, 시간구조, 성과 평가, 조직 분위기, 법제도, 규범 및 문화, 소비양식 차원에서 과로가 재생산되는 이유에 대해서는 《누가 김부장을 죽였나》(김영선, 한빛비즈, 2018)를 참조한다.

8   〈간호사 사망 사건 반복되는 이유, 정부·병원 "개선 의지 없다"〉, 《메디파나뉴스》, 2019.2.18.

9   〈사회복지 공무원 잇단 자살… 이대로 좋은가?〉, 《노컷뉴스》, 2014.9.3.

10   〈6명의 공무원은 왜 스스로 목숨을 끊었나〉, 《워커스》 40호, 2018.3.26.

11   〈집배원, 일반인보다 연 87일 더 일해… 10년간 166명 사망〉, 《한겨레》, 2018.10.22.

12   〈16개월 동안 21명 사망… '택배 기사의 비극' 언제 멈추나〉, 《뉴시스》, 2021.3.26.

13   〈택배기사 또 쓰러져… "주 6일 근무에 하루 2시간 자는 날 많았다"〉, 《파이낸셜뉴스》, 2021.6.14.

14   앙리 르페브르, 《리듬분석》, 정기헌 옮김, 갈무리, 2013.

15   2018년 12월 12일 청와대 국민청원 게시판에 올라온 〈어느 IT개발자의 죽음〉.

16   2019년 2월 8일 청와대 국민청원 게시판에 올라온 〈BC카드 IT개발자의 죽음〉.

17   IT노조, 〈산업은행 차세대 프로젝트 '반프리' 개발자의 직장 내 사망,

한국정보통신산업노동조합 성명서〉(2018.12.19.), 2018; 〈비씨카드, 'IT개발자 자살' 뒤에 숨겨진 불편한 민낯〉,《스페셜경제》, 2019.3.6. 돌연사한 망자는 '반프리' 개발자로 산업은행의 차세대 프로젝트 막바지인 12월 19일 오후 6시 55분 산업은행 별관 2층 화장실에서 쓰러진 채 발견됐다. 자살한 망자는 2차 협력사 소속 개발자로 BC카드의 첨단화 프로젝트 업무를 하던 중 실적 압박에 시달리다 설 연휴에 극단적 선택을 했다.

18   Joanne White and Johanna Beswick, *Working Long Hours*, Health and Safety Laboratory, 2003, p.5.; Claire C. Caruso, "Possible broad impacts of long work hours", *Industrial Health* 44, 2006, pp.531-536; Rupashree Goswami, "Shift work and its effect on social and personal life of shift workers", *International Journal of Research in Management, Economics and Commerce* 2(5), 2012, pp.47-63; Mika Kivimäki et al., "Long working hours and risk of coronary heart disease and stroke", *The LANCET* 386(10005), 2015, pp.1739-1746; Masaya Takahashi, "Sociomedical problems of overwork-related deaths and disorders in Japan", *Journal of Occupational Health* 61(4), 2017, pp.269-277; 김인아, 〈노동시간의 건강 영향 동향〉,《2014년도 제52차 대한직업환경의학회 봄 학술대회》, 2014; 이혜은, 〈노동시간 단축 운동의 패러다임 전환: 일자리 나누기를 넘어서 건강권으로〉, 민주노총 투쟁의제 강화를 위한 연구 결과 워크숍, 2016.

19   프리드리히 엥겔스,《영국 노동자계급의 상태》, 박준식·전병유·조효래 옮김, 두리, 1988; 칼 마르크스,《자본론 I (상)》, 김수행 옮김, 비봉출판사, 1996, 433쪽; 폴 라파르그,《게으를 수 있는 권리》, 조형준 옮김, 새물결, 2005, 14쪽; 손미아, 〈《자본론》과 노동자계급의 건강: 맑스 시대와 현대 자본주의 시대에서 노동자계급 건강 악화의 기원〉,《노동사회과학》 3, 2010, 35~38쪽.

20   《노동하는 영혼》(2012, 151쪽)의 저자 프랑코 '비포' 베라르디는 소외

의 특징을 정신병리적인 것으로 규정한다. 산업시대의 소외 개념이 물화reification로 나타나는 것과 비교해 영혼, 정신의 포섭을 특징으로 하는 지금 시대의 소외는 현실감 상실derealization로 나타난다는 것이다. 전자가 삶과 노동의 분열, 인간 시간의 사물화, 사물 법칙에의 종속, 활기의 상실, 자신을 위한 시간의 상실을 의미한다면, 후자는 다음과 같이 이해된다. ① 정신병리학적 특성, ② 자아의 고통스러운 분열, ③ 탈진된 느낌과 연관된 괴로움과 좌절감. 현시대의 소외를 잘 나타내는 것은 숨막힘, 정신적 고통, 공황, 우울증, 고립감, 불안감, 공격성, 방향상실이라는 것이다.

21 Marianna Virtanen et al., "Long working hours and symptoms of anxiety and depression", *Psychological Medicine* (Feb.), 2011, pp.1-10; "Mental illness flourishes in high-pressure workplace" *Financial Times*, September 15, 2016; Takashi Yamauchi et al., "Overwork-related disorders in Japan: recent trends and development of a national policy to promote preventive measures", *Industrial Health* 55(3), 2017, pp.293-302; Hye-Eun Lee, Inah Kim, Hyoung-Ryoul Kim, Ichiro Kawachi, "Association of long working hours with accidents and suicide mortality in Korea", *Scandinavian Journal of Work, Environment & Health* 46(5), 2020, pp.480-487; Hiroyuki Kikuchi et al., "Association of overtime work hours with various stress responses in 59,021 Japanese workers: Retrospective cross-sectional study", *PLoS One* 15(3), 2020, pp.1-22; 한국노동안전보건연구소, 《증권 노동자 노동조건 및 건강 실태조사》, 전국증권산업노동조합, 2008; 한국노동안전보건연구소·이유노동정책연구소, 《현대증권 노동자 노동환경 및 직무스트레스 실태조사 연구》, 현대증권노동조합, 2018.

22 Shibata Yoshio, "Governing employees: A Foucauldian analysis of deaths from overwork in Japan", *Global Asia Journal* 12, 2012, pp.34-35.

23 Daniel C. Ganster, Christa E. Kiersch, Rachel E. Marsh & Angela Bowen, "Performance-based rewards and work stress", *Journal of Organizational Behavior Management* 31(4), 2011, pp.221-235; Böckerman, P., Bryson, A., & Ilmakunnas, P., "Does high involvement management improve worker wellbeing?", *Journal of Economic Behavior & Organization* 84(2), 2012, pp.660-680; Michael S. Dahl and Lamar Pierce, "Pay-for-Performance and Employee Mental Health", *Academy of Management Discoveries* 6(1), 2020, pp.12-38; 과로사OUT공동대책위원회,《"직장 내 괴롭힘, 장시간 노동, 과로사 근절" 2017년 활동 평가와 과제》, 과로사OUT대책위 2차 워크숍, 2018, 4쪽.

24 맛시모 데 안젤리스,《역사의 시작: 가치 투쟁과 전 지구적 자본》, 권범철 옮김, 갈무리, 2019, 138쪽.

25 〈'생산성 vs. 빅 브라더' 재택근무로 가속화된 '직원 모니터링 도구'의 현황과 과제〉,《ITWORLD》, 2020.11.3.; "Inside the invasive, secretive 'Bossware' tracking workers", Electronic Frontier Foundation, June 30, 2020.

26 임상혁,〈과로사방지법 초청 강연회 토론문〉, 과로사방지법 일본 전문가 초청 강연회, 2015, 25쪽.

27 '자살 이유는 다양하다'는 논리는 상당 부분 '사망과 업무와의 연관성 없음'이라는 주장을 강화하는 경향이다. 꽤 반복되는 화법이다. 자살 이유의 다양성은 규명의 대상이지 연관성 없음, 책임 없음의 근거가 될 수는 없다. 전형적인 패턴을 보면 다음과 같다. "관계자는 '자살이라는 것이 사유가 복잡하다. 한 가지 사유만 가지고 일어나지는 않을 것'이라며 '가정 문제, 경제적 문제 등이 겹치다보니 어떤 사유로 돌아가셨는지 명확하게 이야기하기 어렵다'고 밝혔다."

28 금번 국제질병분류(ICD-11)는 1990년 개정된 이후 30년 만의 개정이다(세계보건총회, 2019.5.28.). 국제질병분류International Statistical Classification of Diseases and Related Health Problems 개정안의 새로운 점은 '전

통의학'과 관련한 내용이 신설되고 수면장애나 성건강과 관련한 내용이 기존 대비 커졌다는 것이다. 사회적으로 크게 이슈화된 내용은 흔히 게임중독이라고 불리는 것을 게임이용장애gaming disorder란 진단명으로 규정해 정신·행동·신경발달장애의 하위 항목인 중독성 행위장애에 포함한다는 것이다. 게임이용장애는 게임이 일상생활보다 우선순위에 놓여 개인, 가정, 사회, 직업 등 개인의 역할을 제대로 할 수 없는 부작용이 나타남에도 게임을 중단할 수 없는 상태가 최소 12개월 이상 지속되는 경우를 말한다.

29   번아웃과 우울증은 꽤 겹치는 증상(흥미 상실, 집중력 감소, 피로감, 수면 문제 등)이 많아 구분하기 어렵다. 그래서 둘을 구별하기 위한 논의는 오래됐고 또한 논쟁적이다. 그렇지만 번아웃과 우울증은 꼭 같지만은 않다. 둘의 관계에도 불구하고 둘은 별개란 얘기다. 번아웃은 직업이나 어떤 책임과 연관되어 맥락적인 특징을 보이고 (물론 일상 스트레스 때문에도 발생한다) 스트레스의 원인을 제거하면 사라지는 경향이 높다. 하지만 우울증은 그렇지 않다. 특정 스트레스가 때때로 우울증을 유발할 수 있지만, 그 스트레스가 사라진 후에도 우울증은 계속될 수 있다. 한편, 제대로 관리되지 않은 채 지속되는 스트레스와 소진은 우울증으로 이어질 가능성을 높인다.

30   참고로 다양한 직업만큼 다양한 일터 은어가 있을 텐데, 이문영의 《웅크린 말들》(후마니타스, 2018)은 일터 은어의 백과사전이랄 만큼 각종 은어를 감칠맛 나게 풀어낸 책이다.

31   위화, 《허삼관 매혈기》, 최용만 옮김, 푸른숲, 2019, 171쪽.

32   《자동차 절망 공장》(가마타 사토시, 1995), 《토요타의 어둠》(MyNewsJapan, 2010), 《프레카리아트, 21세기 불안한 청춘의 노동》(아마미야 가린, 2011), 《블랙 기업》(곤노 하루키, 2013), 《죽음의 스펙터클》(프랑코 '비포' 베라르디, 2016), 《어느 과로사》(다카하시 유키미·가와히토 히로시, 2018), 《중국 신노동자의 미래》(뤼투, 2018), 《과로 자살》(가와히토 히로시, 2019), 《과로의 섬: 죽도록 일하는 사회의 위험에 관하여》(황이링·까오요우즈, 2021), 《아이폰을

위해 죽다: 애플, 폭스콘, 그리고 중국 노동자의 삶》(제니 챈·마크 셀던·푼 응아이, 2021)은 동아시아의 존버하는 죽음을 살펴볼 수 있는 텍스트다.

33 일본 정부는 '일하는 방식 개혁을 추진하기 위한 관계 법률의 정비에 관한 법률'을 공포했다(2018.7.6.). 이는 '노동기준법' 제정(1947) 이후 가장 중요한 노동개혁이라 일컬어진다. 이 법은 ① 일하는 방식 개혁의 종합적이며 계속적인 추진, ② 장시간 노동의 시정과 다양하고 유연한 일하는 방식의 실현, ③ 고용형태에 상관없는 공정한 대우 확보라는 목표를 내세웠다. 이에 따라 노동기준법, 노동안전위생법, 노동시간 등 설정개선법, 고용대책법(노동시책의 종합적인 추진과 노동자의 고용안정 및 직업생활의 충실 등에 관한 법률), 노동계약법, 노동자파견법 등 30여 개의 관계 법률이 개정됐다. 이 가운데 '장시간 노동의 시정'과 관련해서는 ① 시간 외 노동의 상한을 원칙적으로 월 45시간, 연 360시간으로 정함(기존에는 법률상 시간 외 근로의 상한이 없었음), ② 임시적인 특별한 사정이 있어 노사가 합의하는 경우(특별 조항)라도 시간 외 노동 연 720시간 이내로 준수, ③ 중소기업의 월 60시간을 초과하는 시간 외 노동에 대한 할증임금의 재검토(대기업처럼 중소기업의 할증임금률을 50%로 개정), ④ 일정 일수의 연차유급휴가의 확실한 보장, ⑤ 모든 사람의 노동시간 상황을 객관적인 방법, 그 밖에 적절한 방법으로 파악하도록 법률로 의무화, ⑥ 근무 간 인터벌(11시간의 휴식시간) 제도의 보급 등을 포함한다(세계법제정보센터, 〈일본 "일하는 방식 개혁" 시행에 따른 노동기준법의 변화-근로시간을 중심으로〉, 2019).

34 1969년 신문발송부 노동자의 돌연사occupational sudden death가 최초의 과로사 사례로 보고되고 있지만, 과로사 개념은 1980년대부터 부각됐다. 《토요타의 어둠》(2010)을 쓴 와타나베 마사히로는 과로사가 1980년대부터 두드러진 사회 현상임을 지적한다. 이 시기는 토요타가 생산과정 내 모든 비용의 최소화를 목표로 적기생산방식Just In Time을 도입해 한때 '세계 경영의 교과서'로 거론되던 때였다. 그런데 이는 '마

른 수건 쥐어짜기' 식 노무관리로 악명이 높았고 과로로 인한 사망 사고를 유발했다. 도키다 요시히사 또한 포드주의적 생산방식의 위기에 대응하는 일본적 생산방식의 출현이 고강도 장시간 노동, 피로 누적과 과로사를 유발했다고 지적한다(도키다 요시히사, 〈극소 전자혁명과 노동자계급의 상태〉, 《생산혁신과 노동의 변화: 포스트 포드주의 논쟁》, 강석재·이호창 옮김, 새길, 1993, 311~330쪽).

과중노동으로 인한 사망 사고가 잇따르자 유가족 중심의 시민단체는 과로사를 의제화하는 데 주력했다. 1988년 유가족 모임이 결성될 당시 노동 법률가들은 전화 상담 창구인 '과로사 110번'을 운영했다. 첫해에만 1000여 건이 접수됐고, 3년 동안 2500여 건을 기록했다. '과로사過勞死, karoshi'라는 조어도 이때 만들어졌다. 1990년대 후반에는 '과로자살過勞自殺, karojisatsu' '과로우울증karō utsubyō' 개념도 사회적 관심을 불러일으켰다(Junko Kitanaka, *Depression in Japan: Psychiatric Cures for a Society in Distress*, Princeton University Press, 2012).

그리고 2000년대 들어서면서 청년 노동을 '쓰고 버리기'를 일삼는 블랙 기업Black Company 문제가 두드러졌다. 이에 포세를 포함한 노동시민사회단체의 투쟁은 청년 노동의 우울증·과로사 문제를 의제화했다. 이러한 일련의 오랜 투쟁을 거치면서 '과로사 등 방지대책 추진법'이 제정됐다(2014년 6월 20일).

과로사방지법은 과로로 인한 죽음을 방지하기 위한 대책으로 ① 조사 연구, ② 교육·홍보 계발, ③ 상담체계 정비, ④ 민간단체의 활동 지원, ⑤ 과로사방지대책추진위원회 구성을 규정하고 있다. 선언 수준이고 활동 지원에 그친다는 평가를 받지만, 그간 법제도 외적으로 통용되던 과로사 개념을 법의 범주로 명문화한 점, 과로위험의 심각성을 파악하기 위해 전국 단위의 조사를 제도화한 점, 과로사 방지를 위해 교육과 상담을 국가 의무로 규정하고 있는 점은 유의미한 진전으로 볼 수 있다. 조사연구의 일환으로 2016년 10월에는 《과로사 백서》가 나왔다(김영선, 《누가 김부장을 죽였나》, 60~61쪽).

35 김직수, 〈'원조' 과로사회의 블랙 아르바이트〉, 《비정규 노동》 115, 2015, 120~126쪽.

36 맛시모 데 안젤리스, 《역사의 시작: 가치 투쟁과 전지구적 자본》, 226~229쪽.

37 프랑코 '비포' 베라르디, 《미래 가능성: 무능력의 시대와 가능성의 지평》, 이신철 옮김, 에코리브르, 2021, 66쪽.

38 참고로 하시모토 겐지는 《계급도시: 격차가 거리를 침식한다》(킹콩북, 2019)에서 한 사회의 불평등 정도를 나타내는 '격차'를 기준으로 경제적 격차가 공간적 격차로 어떻게 확장되어나가는지(도쿄 서쪽의 부르주아 동네 야마노테 vs. 동쪽의 프롤레타리아 동네 시타마치), 그리고 여기에 계급 문제가 어떻게 교차하는지를 데이터로 시각화한다. 대안으로 도시에 거주하는 모든 사람이 정치권, 경제권, 사회권, 문화권, 노동권을 온전히 향유할 수 있는 권리로서 '도시에 대한 권리the right to the city'를 제안한다.

39 과로자살은 동아시아의 공통적인 현상으로 이야기된다. 그런데 이런 질문은 어떤가? 과로자살은 동아시아의 고유한/특수한 현상인가? 과로 유발 죽음 문제가 동아시아의 공통적인 문제임에는 이견이 없지만, 고유하거나 특수한 현상으로 보는 건 적절치 않다고 본다. 통상 과로자살은 한국, 일본, 대만 또는 중국에서 발견되는 현상이라고 언급된다. 물론 동아시아에서 빈도 높게 발생하는 사건이지만 이를 동아시아의 고유한/특수한 현상으로 해석하는 것은 오독이다.
① 우선, 시바타 요시오는 동아시아적 특수성을 전면 비판한다. 문화론이나 기질론으로 귀결되는 경우가 많기 때문이다. 이에 대한 논의는 이 책 〈왜 힘든데도 일을 계속하는가?〉 파트를 참조한다. ② 한편, 가이 스탠딩은 《프레카리아트. 새로운 위험한 계급》(박종철출판사, 2014)에서 '일과 관련된 자살'이 프랑스, 일본, 심지어는 사회민주주의의 메카인 스칸디나비아반도 전역을 포함해 많이 늘었고, 미국의 경우 업무 관련 자살이 한 해 28% 증가했다고 보고한다. 스트레스, 불안, 심리적 격리, 고립감 따위가 증가했기 때문이라는 것이다. ③ 2020년

9월 《포브스》 기사에 따르면, 미국은 전후 최고치의 자살률을 기록하고 있는데, 정신질환으로 인한 자살 사망자 수가 매년 4만 4000명으로 추정된다. 눈여겨볼 점은 직장 문제와 관련된work-related 자살도 증가하고 있다는 점이다. 높은 직무 요구를 통제할 수 없을 때 발생하는 업무 스트레스가 자살의 핵심 요인이라고 밝히고 있다. 구체적으로 보면, 과도한 작업량(46%)과 대인관계 문제(28%)가 직장 스트레스의 주요 원인으로 꼽혔다("Grappling with the rise of work-related suicide during the pandemic", *Forbes*, Sep. 5, 2020). ④ 마지막으로, 이탈리아의 자율주의자 프랑코 '비포' 베라르디는 《죽음의 스펙터클》(반비, 2016)에서 과로자살이 신자유주의 시대의 공통적인 심지어는 본질적인 문제라고 주장한다. 전 지구적으로 발견되는 자살 문제의 공통성은 신자유주의적 세계화에 있다는 것이다. 그의 논의에 따르면, 신자유주의적 시스템에서 공통적으로 발견되는 과로자살의 문제가 여느 곳보다 더욱 두드러지게 나타나는 곳이 한국사회다. 동아시아 국가만의 고유한 현상이 아니란 이야기다. 그렇다면 다음 질문으로 왜 신자유주의적 형태의 과로죽음이 한국사회에 두드러지게 나타나는가를 물어야 할 것이다.

2장 | 특별한 또는 특별하지 않은 죽음

1   스티븐 맥나미·로버트 밀러 주니어, 《능력주의는 허구다: 21세기에 능력주의는 어떻게 오작동되고 있는가》, 김현정 옮김, 사이, 2015, 334쪽; 제리 밀러, 《성과지표의 배신》, 김윤경 옮김, 궁리, 2020, 85쪽.

2   로널드 퍼서, 〈가짜 마음챙김 혁명: 새로운 자본주의적 영성〉, 에스페라 옮김, 커먼즈번역네트워크, 2019.
    《마음챙김의 배신》(필로소픽, 2021)의 저자 로널드 퍼서는 〈가짜 마음챙김 혁명〉이란 글에서, 마음챙김 프로그램은 일종의 '자아의 종교', '사회적 마취제', 행복산업의 파생상품이라고 규정한다. 맥도날드처럼 프랜차이즈화된 마음챙김 산업을 빗대 맥마인드풀니스McMindfullness를 책 제목으로 꼽기도 했다. 마음챙김은 알게 모르게 신자유주의의 명령을 강화하는 상품화된 자조 기술이 되었다고 비판한다. 심지어 그는 로렌 벌랜트의 표현을 빌려 마음챙김이 잔인한 낙관주의cruel optimism라고 일갈한다. 마음챙김이 마음속으로 잘 견디도록 부추기는 이미지나 판타지는 황폐하고 유독한 신자유주의적 환경에서 이미 무너질 대로 무너져버렸기에 더욱 잔인한 희망 고문이라는 것이다. 《긍정의 배신》의 저자 바버라 에런라이크의 긍정 이데올로기나 《행복산업》의 저자 윌리엄 데이비스의 행복산업, 《해피크라시》의 저자 에바 일루즈의 해피크라시happycracy 개념도 유사한 비판이다.

3 서바이벌 리얼리티 프로그램 〈피의 게임〉은 참가자에게 시작하자마자 최후 생존이라는 목표를 달성하는 데 있어 배신, 속임수, 거짓말, 협잡, 이간질 등 모든 것이 가능하다고 알린다. 최후 생존이라는 목표와 경쟁의 규칙만 있을 뿐인 세계에서 참가자들은 '여기에서 어떻게든 살아남아야' 한다고 되뇐다. 오늘부터는 비열하고 치사하고 야비해도 (게임이니까) 어쩔 수 없다고 받아들인다. 게임 규칙 그 자체에 대한 문제제기를 기대하긴 어렵다. 투견장, 〈오징어 게임〉, 〈피의 게임〉의 세계는 가상의 이야기만이 아니라 능력주의+성과주의가 작동하는 경쟁적인 일터 현실과 꽤 맞닿아 있다.

4 본 절은 필자의 글 〈기사 분석: 추세〉(《사무금융 노동자 업무상 정신질환 실태 및 대응 연구》, 한국노동안전보건연구소, 2021)를 수정·편집한 것이다.

5 네이버뉴스라이브러리를 활용해 자살과 금융, 증권, 보험, 은행을 번갈아 가면서 검색했다. 필요에 따라 자살 사건에 주로 등장하는 키워드로 구글링을 해서 사건 파일의 내용을 채워 넣었다. 주로 등장했던 키워드로는 유서, 목맴, 죽음 부른, 목숨, 끊었다, 압박, 투신을 들 수 있다.

6 자세한 내용은 한국노동안전보건연구소, 《사무금융 노동자 업무상 정신질환 실태 및 대응 연구》, 전국사무금융서비스노동조합, 2020, 21

쪽을 참조한다.

7   코로나19 이후의 상황은 자살 빈도가 급증할 것으로 예감되는 세 번째
    시기가 되지 않을까 하는 우려가 든다. 작금의 시기는 전례 없는 역사
    적 상황들이 교차하는 상태이다. 한편으로는 '4차 산업혁명'으로 칭해
    지는 신기술의 시대인 동시에 다른 한편으로는 코로나19로 강제된 '언
    택트' 시대이면서 기후위기에 대응하기 위한 산업 전환이 고강도로 전
    개되는 시대다. 이에 '차세대' 시스템을 구축하려는 금융자본의 움직
    임은 더욱 빨라지고 있고 이는 지점 통폐합을 포함한 고강도의 구조조
    정으로 이어질 가능성이 크기 때문이다.

8   참고로 근로복지공단에서 보는 '업무 관련 스트레스'의 내용에는 업무
    관련 사고, 업무의 어려움·부담, 낮은 자율성, 거래처와의 갈등이나 고
    객 응대 스트레스, 업무의 변화나 긴장도가 높은 업무, 폭언·폭행·성희
    롱, 업무의 양과 질의 변화, 업무상 실수나 책임, 회사와의 갈등, 일터
    내 갈등, 배치 전환 등 인사명령이 포함된다(근로복지공단, 〈정신질병
    업무 관련성 조사 지침(4차 개정)〉(2019.5.8.), 2019, 16~18쪽).

9   지인 명의를 이용한 차명거래는 자본시장법 제63조에 따라 3년 이하
    의 징역 또는 1억 원 이하 벌금, 금융실명제법 제3조에 따라 5년 이하
    의 징역형 또는 5000만 원 이하 벌금을 부과하는 범죄로 처벌된다. 임
    의매매는 증권사나 증권 노동자가 투자자로부터 금융상품 매매의 청
    약 또는 주문을 받지 않고 투자자의 위탁 재산으로 금융상품을 매매하
    는 것을 말한다. 포괄적 일임매매는 투자자가 증권 노동자에게 금융상
    품의 종류, 종목, 가격, 수량, 매매 방법을 명시하지 않고 자산의 운용
    을 전적으로 맡기는 투자 방식을 말한다(〈임의매매와 포괄적 일임매
    매〉, 《뉴스티앤티》, 2017.11.20.; 〈타인 계좌 이용 불공정 거래 급증 …
    '차명계좌 제공도 처벌'〉, 《이데일리》, 2021.2.24.).

10 작성계약은 보험설계사는 계약자 모르게 보험을 가입하고 판매수당
    으로 보험료를 대납한 후 인센티브나 해약환급금이 그간 낸 보험료보
    다 더 커지는 시점에 계약을 해지하고 그 차익(판매수당+인센티브+
    해약환급금-보험료)을 챙기는 방식이다(〈'가짜 계약'; 사태서 드러난

보험사의 단기 성과주의〉,《대한금융신문》, 2019.5.23.; 〈불법 계약에 당한 소비자들, 보험료만 날렸다〉,《오마이뉴스》, 2021.4.18.).

11 한국노동안전보건연구소,《증권 노동자 노동조건 및 건강실태 조사》, 전국증권산업노동조합, 2008; 사무금융 노동자 직장 내 괴롭힘 조사 연구팀,《전략적 성과관리? 전략적 괴롭힘!: 사무금융 노동자 직장 내 괴롭힘 실태조사 보고서》, 전국사무금융서비스노동조합, 2015; 임수 강,《은행권 성과주의에 대한 노조의 대응》, 금융경제연구소, 2015; 서울노동권익센터,《금융산업 감정노동 연구》, 서울노동권익센터, 2016; 한국노동안전보건연구소·이유노동정책연구소,《현대증권 노 동자 노동환경 및 직무스트레스 실태조사 연구》, 현대증권노동조합, 2018.

12 이유민 외, 〈사무금융 노동자에서 노동 강화 요인으로써의 성과 압박 과 정신건강 실태〉,《대한직업환경의학회 학술대회 논문집》, 2020, 53~54쪽.

13 박형민은 자살자가 겪고 있는 문제 상황에 대한 인식과 판단을 어떻게 하고 있는지(성찰성 차원에서 자기 귀책적 평가형과 타인 전가적 평 가형으로 구분), 자살 메시지가 이해를 구하느냐 아니면 해결을 기대 하는 것인지(메시치 차원에서 정서적 메시지형과 문제 지향적 메시지 형으로 구분), 마지막으로 소통방식이 어떤지(일방적 소통인지 아니 면 상호적 소통인지)에 따라 자살 유형을 회피형, 이해형, 해결형, 배 려형, 비난형, 각인형, 고발형, 탄원형으로 구분하고 있다(박형민,《자 살, 차악의 선택: 자살의 성찰성과 소통 지향성》. 이학사, 2010, 256 쪽).

14 최명선, 〈과로 추방운동의 현황과 과제〉,《노동자 건강권 포럼》, 일과 건강·노동환경건강연구소, 2018, 130쪽.

15 한국마사회 고 문중원 기수 죽음의 진상규명과 책임자 처벌을 위한 시 민대책위 진상조사팀, 〈마사회는 어떤 조직인가〉,《고 문중원 기수 죽 음과 관련한 마사회 구조와 실태조사 보고서》, 2020, 7쪽.

16 전국공공운수노동조합, 〈경마기수 노동건강 실태조사 결과 발표〉,

2019.12.11.

17   〈"목소리 내겠다"… 문중원 기수 동료들 경마기수노조 설립 추진〉,
      《연합뉴스》, 2020.1.9.; 〈"기수노조 만들어 억울한 목소리 내겠다"〉,
      《경남매일》, 2020.1.20.

18   본 장은 〈크런치 모드: 개발자들의 돌연사〉(《누가 김부장을 죽였나》,
      2018)를 수정·편집한 것이다.

19   〈게임업체 직원 잇단 돌연사·자살… 격무로 스트레스 추정〉, 《국제신
      문》, 2016.11.26.

20   정최경희, 〈일개 게임기업체의 연속된 사망 사건〉, 이정미 의원실·노
      동자의 미래, 《넷마블 노동자의 돌연사, 우연인가 필연인가?》 국회토
      론회(2017.2.9.), 2017, 92~93쪽. 돌연사의 경우만 보더라도, 뇌심혈
      관계질환에 의한 20~30대의 사망률이 10만 명당 10명 미만인 데 반
      해, 위 사망 사건의 사망률은 10만 명당 66.7명으로 매우 높다(직원
      3000명을 10만 명으로 가정하고 사망률 추정).

21   IT노조, 〈IT 노동자 노동 실태조사 결과〉, 2018, 22쪽.

22   〈게임업체 모바일 플랫폼 성장 타고 해외로 접속 중〉, 《브릿지경제》,
      2014.12.17.; 〈카카오톡, 모바일 게임 플랫폼 시대 열다〉, 《데일리게
      임》, 2013.7.1.

23   스마트폰 보급률은 한국(88%)에 이어 호주(77%), 이스라엘(74%),
      미국(72%), 스페인(71%), 영국(68%), 캐나다(67%), 말레이시아
      (65%), 칠레(65%), 이탈리아(60%), 독일(60%), 터키(59%) 순이다.

24   〈넷마블 방준혁 의장 "잃어버린 스피드 경쟁력, 사업 영역 확대로 극
      복할 것"〉, 《INVEN》, 2018.2.6. 최근 넷마블은 중국의 생산 속도가 세
      계 최고로 부상했다고 진단하고 잃어버린 스피드 경쟁력에 대한 대안
      으로 선제적 대응 전략을 내세우고 있다.

25   〈대형 게임 세작, '인리얼' 강세 속 '유니티' 시장 진입〉, 《디지털데일
      리》, 2017.1.6.; 〈리니지 열풍에 유니티 vs 언리얼 '엔진 경쟁도 후끈'〉,
      《한경닷컴》, 2017.1.4.; 〈게임 영상 제작, 유니티와 언리얼 엔진 차이
      는?〉, 《게임메카》, 2017.10.27.; 〈개발엔진계 삼성-LG' 언리얼 vs 유

니티, 앞다퉈 혜택 늘린다〉,《파이낸셜투데이》, 2020.8.18.

26 기사 〈게임업계 야근과 철야, 모바일 중심의 시장 재편이 야기〉,《게임메카》, 2017.2.9.에 대한 댓글 참조(2017.2.10. 11:27).

27 기사 〈우리네 청춘 저물고 저물도록, 게임은 잘도 도네 돌아가네〉,《경향신문》, 2017.2.6.에 대한 댓글 참조(2017.2.6. 9:31).

28 최근 IT노소의 보고 또한 언어폭력의 심각성을 문제로 지적하고 있다. 고객사로부터, 직장 상사로부터 또는 남성으로부터 비롯하는 언어적 폭력이 수직적인 구도에서 꽤 일상화되어 있음을 지적한다. 더욱 문제는 폭력에 대한 감수성이 상당히 낮다는 데 있다. 또한 조직 차원에서의 사후 대책이나 조치가 마련될 가능성도 매우 낮다고 인식하고 있다(IT노조, 〈IT 노동자 노동 실태조사 결과〉, 31~35쪽).

29 기사 〈게임개발자, 월 30시간 더 일한다 게임산업 노동환경 토론회〉,《인벤》, 2017.2.9.에 대한 댓글 참조(2017.2.9. 20:22).

30 〈권위·헝그리 정신은 이제 그만〉,《더게임스》, 2016.11.30.

31 언제든지 교체될 수 있다는 두려움과 업계 평판에 대한 우려가 컸던지라 인터뷰에서는 "누가 고양이 목에 방울을 달려 하겠냐"는 자조 섞인 응답이 많았다. 그런데 일련의 사건과 투쟁 이후 IT·게임업계에도 노조가 세워졌다. 2018년 네이버, 넥슨, 스마일게이트, 카카오, 안랩에 이어 2019년 SAP코리아, 2020년 엑스엘게임즈, 2021년 카뱅, 한컴(재결성), 웹젠 노조가 설립됐다. 이전에는 1976년 한국후지쯔, 2017년 한국마이크로소프트, 한국오라클 등 외국계 IT업체를 제외하고는 노조가 따로 없었다.

32 신병현, 〈애니메이션산업의 노동과정에 관한 탐색적 연구〉,《산업노동》 8(2), 2002, 111~139쪽.

33 〈국내 게임사 연봉은 4100만원, 근속연수 3년〉,《게임메카》, 2013.4.8.; 박준도, 〈21세기 신흥 부자 명예, 이런 곳에 줄 순 없다〉,《오마이뉴스》, 2017.10.17.; 한지원, 〈게임산업, 청년의 꿈을 담보로 한 신종 사채시장인가?〉, 노동자운동연구소 이슈페이퍼, 2017, 6쪽.

34 〈IT 코리아의 그늘, '노가다' IT 노동자의 눈물〉,《국민일보》,

2013.12.7.; IT노조, 〈IT 노동자 노동 실태조사 결과〉, 2018, 2쪽.

35 이항우, 〈이윤의 지대 되기와 정동 엔클로저〉, 《한국사회학》 50 (1), 2016, 192~195쪽; 백욱인, 〈서비스 플랫폼의 전유 방식 분석에 관한 시론: '플랫폼 지대와 이윤'을 중심으로〉, 《경제와 사회》 104, 2014, 174쪽.

36 최근 인앱결제IAP, In App Purchase 수수료 30%를 둘러싼 논쟁이 치열했다. 전 세계 앱마켓을 애플과 구글이 독과점하다시피 한 상황에서, 포트나이트를 개발한 에픽게임즈가 30% 수수료를 내지 않기 위해 자체 결제수단을 도입했다. 애플과 구글은 정책 위반을 근거로 앱마켓에서 게임을 내려버렸다. 이에 에픽게임즈는 캘리포니아 북부 지방법원에 애플과 구글을 반독점법Sherman Antitrrust Act 위반으로 제소하면서 논쟁은 불타올랐다. (반독점 소송에서 에픽게임즈가 애플에 패소했다 [2021년 9월 10일]. 현재는 항소 상태다.) 한편, 전 세계 모바일 운영체제의 85%를 차지하고 있는 구글이 인앱결제 시스템을 게임 앱에 한해서만 부과하던 것을 음원, 영화, 웹툰 등 다른 모든 콘텐츠 앱까지 의무화한다는 방침을 내놓으면서 논란은 더 커졌다. 일종의 앱 통행세 30%에 대한 기준은 어떻게 되는지, 적절한 타협점은 얼마인지, 또는 독점금지법 위반 여지는 없는지에 대한 비판과 문제제기가 어떻게 매듭될지는 지켜봐야 하는 상황이다. 이와 관련해 미국 상원에서는 앱마켓의 인앱결제 강제를 금지하는 '오픈 앱마켓 법안'이 발의된 상태고 뉴욕주 등 36개 주는 구글을 상대로 반독점 소송을 제기하기도 했다. 이런 가운데, 애플은 2008년 앱스토어를 출시할 때부터 이어온 수수료 30% 원칙을 15%로 낮추는 내용의 '앱스토어 중소 개발사 지원 프로그램'을 발표했다.

국내의 경우, IT업계는 구글 플레이스토어가 국내 앱마켓 시장의 66.5%를 차지하는 상황에서 구글의 인앱결제 정책이 콘텐츠 가격 인상과 소비자 부담으로 이어질 것이라 주장했다. 이에 국회 법사위는 앱마켓 사업자의 인앱결제 의무화를 제한하는 '전기통신사업법 개정안'(일명 '구글 갑질 방지법' 혹은 '인앱결제 방지법')을 통과시켰다

(2021년 8월 31일). 개정 내용은 "앱마켓 사업자가 거래상의 지위를 부당하게 이용해 특정한 결제방식을 강제하는 행위 금지" "앱마켓 사업자가 모바일 콘텐츠 등의 심사를 부당하게 지연·삭제하는 행위 금지"다. 이렇게 인앱결제 강제를 법으로 금지한 것은 세계적으로도 처음이다. 에픽게임즈 대표 팀 스위니는 인앱결제 방지법이 통과하자마자 자신의 트위터 계정에 "개인용 컴퓨터가 등장한 이래 45년 역사에서 가장 중요한 이정표"라는 메시지를 남기기도 했다(〈애플, 구글과 반대로 간다 "중소 개발사엔 앱 수수료 30%→15%"〉, 《중앙일보》, 2020.11.18.; 〈에픽 vs 애플, 앱스토어를 둘러싼 치열한 전쟁〉, 《IT동아》 2021.4.22.; 〈'구글 갑질 방지법' 법사위 통과 급물살〉, 《세계일보》, 2021.8.24.; 〈세계 첫 인앱결제 금지법에… 美 게임 거물 "오늘부터 난 한국인"〉, 《동아일보》, 2021.9.2.).

37 장서희, 〈콘텐츠 유통에서 나타나는 불공정 문제에 관한 고찰〉, 《누가 문화자본을 지배하는가》, 2015, 39~42쪽; 한지원, 〈넷마블을 통해 본 게임산업 문제점〉, 이정미 의원실·심상정 의원실·무료노동신고센터, 《넷마블, 불공정 갑질-열정 페이가 무너뜨린 청년의 삶》 국회토론회, 2017, 4~7쪽.

38 〈한국 게임개발업계 '정글의 법칙': '낡은 관행과 시작'의 실태… 규제 대상으로 보지 말고 불합리한 이윤 구조 고쳐야〉, 《주간경향》, 2016.8.2.

39 〈'레드오션' 모바일 시대, 개발자의 눈물〉, 《한국경제매거진》, 2016.12.12.

40 온라인에서 모바일로 주력 플랫폼이 달라지면서 변화한 지점을 요약하면, 개발 주기가 상당히 짧아졌다. 유행 속도도 빨라졌다. 라이브 단계도 짧아졌다. 그만큼 노동자에게 부담으로 여겨지는 크런치 모드의 빈도가 '잦아졌다'. 업데이트 주기도 이전보다 빨라졌다. 예전엔 이벤트가 계절마다 한 번씩이었지만, 지금은 '언제나' 이벤트 기간이라고 말할 정도다. 한편 시장 변화, 유행 변화, 기술 변화의 속도가 빨라져 개발 프로세스 또한 변화를 모색해야 함에도 여전히 중앙 통제식 프로

세스가 고수된다. 프로세스 혁신을 통해 시장·유행·기술의 변화를 흡수하는 방식이 아닌 기존의 중앙 통제식 관리가 계속되는 실정이다. 또한 개발의 가속화로 개발자의 '부품화' 경향이 높아졌다. 대박 신화도 희미해졌다. 더 잦아진 야근+밤샘노동에 대한 보상도 '포괄임금제'란 명목으로 극히 미미한 수준이다. 현장에서는 포괄임금제를 '노동자 자유이용권'이라 냉소하기도 하는데, 자본은 고질적인 제도에 기대 노골적인 저비용 전략을 구사하며 게임 노동자를 '무제한적으로 사용'하는 형국이다. 마지막으로, 개발사와 퍼블리셔 간의 관계가 불공정하게 흐를 가능성이 매우 커졌다. "출시하려면 퍼블리셔의 말을 들을 수밖에 없다." 소작농화되었다는 표현은 게임시장 내 중소 개발사 및 개발 노동자의 위치를 극명하게 보여준다.

41 본 장은 《공공서비스 확충과 일자리 창출을 위한 공공부문 노동시간 단축 방향 연구》(사회공공연구원, 2018) 가운데 〈우편집배 노동자〉 파트를 수정·편집한 것이다.

42 집배원 노동조건 개선 기획추진단은 정규직 집배원 순차적 증원, 토요 근무 폐지를 위한 사회적 협약, 안전보건 관리시스템 구축, 집배부하량 산출시스템 개선, 조직문화 혁신, 업무 완화를 위한 제도 개편, 재정 확보를 골자로 한 권고안을 제출했다. 이에 우정사업본부는 2020년까지 집배원 2000명을 증원하고 토요일 배달업무를 중단한다는 노동조건 개선안을 발표했다(2018년 10월). 그러나 우정사업본부는 인력 부족 문제를 인력 충원 대신 인력 재배치로 대응하려 하고 토요 배달을 유지하려는 입장을 고수하고 있다. 또한 인력을 늘리는 대신 와사비앱 같은 배달대행서비스업체와 위탁 계약을 맺고 노무관리를 강화하고 있다(집배 노동자 장시간 노동철폐 및 과로사·자살방지 시민사회 대책위원회, 《집배원 노동조건 개선 기획추진단 7대 권고이행 점검 토론회》, 2019; 〈"이행하겠다" 말 잔치에 가려진 '암울한 노동 현장'〉, 《매일노동뉴스》, 2019.12.4.

43 〈설 배달물 폭주에, 또 과로로 쓰러진 집배원〉, 《경향신문》, 2020.1.28.

44 이른바 '김용균법'이라 불리는 산업안전보건법 전부개정안이 28년 만에 국회를 통과했다(2018년 12월 27일). 이는 하청·비정규직 노동자의 산재 예방을 위해 도급인의 안전보건 책임을 높였고 보호 대상을 '근로자'에서 '노무를 제공하는 자'로 넓혔다. 이와 관련해 법인과 도급인의 징역 및 벌금도 높였다. 그렇지만 개정 산안법 시행(2020년 1월 16일) 이후의 실태를 보면, 사망 사건의 피고인 모두 2년의 집행유예를 받았고, 벌금으로 개인은 평균 340만 원, 법인은 평균 525만 원을 냈다. 이는 산안법 개정 이전과 크게 다르지 않은 형량이다(〈경영계가 "세계 최고 수준 처벌"이라 주장하는 개정 산안법 적용해보니… 법인 벌금 '524만 원'〉,《경향신문》, 2021.1.4.

45 유성규, 〈용광로 사망, 막을 수 없었나: 이른바 '기업의 노동자 살인' 개념 도입을 중심으로〉 긴급토론회, 2012, 12쪽; 김재윤, 〈영국의 기업과실치사법에 대한 고찰과 시사점〉,《형사정책연구》25(4), 2014, 201쪽.

46 김재천, 〈집배 노동자 과로사 대책위〉,《과로사예방센터 개소식 & 토론회》, 2017, 100~101쪽.

47 전국민주노동조합총연맹, 〈최악의 살인기업 선정식〉, 2018.4.25.

48 신창현 의원실, 〈지난해 과로사 집배원 15명… 2010년 이후 최고〉, 2019.5.9.

49 전체 집배원 1만 6000여 명의 주당 평균 노동시간은 48.7시간이며, 이 가운데 7300여 명(46%)은 주 52시간을 초과한다고 밝히고 있고 (어느 정도 초과하는지를 밝히지는 않고 있다) 이들은 주로 신도시 개발 지역 등 세대·인구수가 급증하는 지역이라고 한다(우정사업본부, 〈집배원 노동시간 단축을 위한 집배물류 혁신전략(안)〉, 2017, 2쪽).

50 과학기술정보통신부, 〈과학기술과 ICT로 열어가는 사람 중심의 4차 산업혁명〉, 2018년도 업무 계획(2018.1.), 2018, 40쪽. 우정사업본부가 내놓은 〈집배원 노동시간 단축을 위한 집배물류 혁신전략(안)〉은 인력 충원(임기제 공무원), 업무 평준화, 공동작업 축소, 구분 자동화, 무인우편함, 소포배달 혁신(소포전담구 확대 및 위탁 배달 확대), 초

소형 4륜차, 배달 정보화를 포함하고 있다.

51 과학기술정보통신부의 2018년도 업무 계획을 보면, 우정사업본부는 2022년까지 1000명 증원하는 것으로 계획하고 있다(과학기술정보통신부, 2018, 55쪽). 이에 집배노조는 노동시간을 한국 노동자 평균 수준으로 줄이려면 4500명이 충원되어야 한다고 말한다.

52 〈우정노조 '집배 인력 3,600명 충원하라'〉, 《매일노동뉴스》, 2017.6.27.; 한국노동조합총연맹, 〈집배원이 쓰러진다〉, 《미디어노총》 534, 2017.

53 노동자운동연구소, 《집배원 노동자의 노동재해·직업병 실태 및 건강권 확보 방안》, 2013, 4쪽.

54 마창거제산재추방운동연합, 《부산경남 지역 집배 노동자 노동환경 실태조사 보고서》, 2017, 8쪽.

55 위 인터뷰는 마창거제산재추방운동연합, 《부산경남 지역 집배 노동자 노동환경 실태조사 보고서》, 185~187쪽을 재인용한 것이다.

56 노동자운동연구소, 《집배원 노동자의 노동재해·직업병 실태 및 건강권 확보 방안》, 6쪽.

57 〈대구성서우체국 집배 노동자 '겸배' 중 숨져〉, 《매일노동뉴스》, 2017.5.25.

58 〈'상 당하지 않고선 쉬지 못한다'… 집배원 총파업 배경엔 '겸배 공포'〉, 《중앙일보》, 2019.6.25.

59 위 2개의 인터뷰는 노동자운동연구소, 《집배원 노동자의 노동재해·직업병 실태 및 건강권 확보 방안》, 6쪽을 재인용한 것이고, 아래 2개의 인터뷰는 마창거제산재추방운동연합, 〈부산경남 지역 집배 노동자 노동환경 실태조사 보고서〉, 199쪽을 재인용한 것이다.

60 전국우정노동조합, 《집배원 과로사 무엇인 문제인가?》 집배원 과로사 근절 대책 및 부족 인력 증원을 위한 토론회, 2017, 58~60쪽.

61 故 이길연 집배원 사망 사고 진상규명과 책임자 처벌 명예 회복을 위한 광주지역 대책위, 〈故 이길연 집배 노동자 자살 사건 관련 진상조사 보고서〉, 2017, 37쪽.

62 〈우체국, 집배원 초과근로 조작해 17만 시간 '도둑질'〉, 《한겨레》, 2017.11.22. 공무원 집배원의 초과근무시간을 왜곡한 것 외에도 우정사업본부는 상시계약집배원·우체국택배원·우정실무원 등 공무원이 아닌 직원 8060명에게 분 단위 초과근무시간을 버리는 방식으로 초과근무수당을 적게 지급해왔다. 비공무원 노동자의 경우 1시간 미만의 분 단위까지 계산해 초과근무수당을 지급해야 하는 것이 원칙이지만, 우정사업본부는 그동안 비공무원 노동자에게 공무원 초과근무 운영기준을 적용해왔다. 〈우정본부, 비공무원 노동자 초과근무수당도 4억 5천만 원 축소〉, 《한겨레》, 2017.12.21.

63 우정사업본부는 한국전자통신연구원(ETRI)이 실시한 집배 인력 적정성 진단 결과, 집배 인력 소요 인원은 1만 5458명으로 현 인원 1만 5582명에 비해 '적정' 수준으로 평가받았다고 밝히고 있다.

64 전국집배노동조합, 〈집배 소요 인력 산출의 기준인 집배부하량 시스템의 문제〉, 2017.6.22.

65 〈[기계처럼 집배 인력 산출한 우정본부] 집배원은 충분, 재배치만 잘하면 된다?〉, 《매일노동뉴스》, 2017.6.20. 기시감이 드는 최근 사례가 있다. 쿠팡이츠나 배달의민족의 AI 자동배차/추천배차 시스템에 따른 직선거리 배정이다. 인공지능이 배차하는 직선 최단 거리는 실제 주행할 거리보다 짧아 배달 노동자는 실제 일한 것보다 적은 수수료를 받게 된다. 한편, 직선거리에 따라 배정된 배달 시간을 맞추기 위해 속도를 낼 수밖에 없어 사고 위험은 높아진다(〈가라면 가? 25분 거리를 15분 안에 가라는 'AI 사장님'〉, 《한겨레》, 2020.10.30.; 〈AI, 직선거리로 '12분 뒤 도착' 압박… 노동자, 돌고 도는데 10분 늦어 한숨〉, 《서울신문》, 2020.11.3.; 〈배달기사 잡는 'AI 배달 앱'… '직선거리 배정'의 함정〉, MBN 뉴스, 2021.6.29).

66 〈올해만 5명 자살, 집배 노동 현장이 곧 죽음의 일터〉, 《위클리서울》, 2017.7.12.

67 프랭크 파스콸레, 《블랙박스 사회》, 이시은 옮김, 안티고네, 2016, 10쪽.

68 소방공무원 또한 현장 활동의 기준 인력과 실재 현장 인력 간의 차이가 작지 않은 경우에 해당한다. 이를 어떻게 해결할 것인가에 대한 해법도 상당히 다른데, 소방청은 인력 배치의 효율화를 강조하고 있는데 반해, 소방공무원은 인력 충원이 없는 방식으로는 교대근무 인원 부족에 따른 장시간 노동을 해결하기 어렵고 안전서비스의 질을 담보하기 어렵다고 비판한다. 소방청이 인력 배치의 효율화를 오랫동안 주장해왔어도 인력 부족 문제가 고질적으로 계속된다는 것은 효율화 전략이 본질적으로 한계가 있음을 증명하는 것이 아니냐는 지적이다. 2021년 현재 기준으로도 인력 충원이 7000명 더 되어야 하는 상황이라고 한다. 실로 인력 부족에 따른 건강 문제가 심각한데, 건강 이상자의 비율이나 외상후스트레스장애PTSD 같은 정신적 고통을 호소하는 비율 또한 꽤 높다. 2017년의 경우 자살 사건이 17건에 달했을 정도다. 소방 안전서비스의 질을 제고하는 데 필요한 적정 인력은 어느 정도인지 인력 산정 및 인력 부족의 해결 방법을 둘러싼 쟁점을 노사 공동의 논의 테이블에서 구체화할 필요가 있다(김영선, 〈소방공무원〉, 김철·김직수·이희우·김영선, 《공공서비스 확충과 일자리 창출을 위한 공공부문 노동시간 단축 방향 연구》, 사회공공연구원, 2018, 91~110쪽).

69 대전지방고용노동청이 2017년 5월 관할 지역 4개 우체국을 대상으로 조사한 결과 집배원의 연평균 연차휴가 사용일은 3일(2.7일)도 채 되지 않았다. 집배 노동자들이 연차를 사용하지 못한 주된 이유는 대체적으로 '업무량 과중'과 '동료에게 피해 주기 싫음'으로 나타난다. 연가 미사용 이유가 개인적 이유에서 비롯하는 것이 아니라 장시간 노동을 할 수밖에 없는 상황과 연가 사용 시 대체 인력 부족으로 인한 동료에게 피해가 발생하는 것에 대한 우려·미안함 등으로 모두 구조적인 문제로 정리된다(《故 이길연 집배 노동자 자살 사건 관련 진상조사 보고서》, 32~33쪽). 미안함, 죄책감, 피해 주기 싫음 같은 감정의 사회구조적 성질을 읽어나갈 필요가 있다. 이러한 감정구조 아래 노동자의 시간권리는 당연한 것이지만 아주 쉽게 유예되기 때문이다.

70 김효, 〈집배인력 증원을 통한 노동시간 단축〉, 《법·제도 개선을 중심

으로 바라본 집배원 과로사 문제의 해결책》 국회토론회(2017.9.1.),
2017.

71 〈'집배원 주 52시간제' 도입… '토요일 택배'는 다른 약자의 몫?〉,《한
겨레》, 2018.5.14. 한편, 우정사업본부는 '이원화된 주 5일제'의 시범
실시를 계획하고 있는데, 이는 월요일부터 금요일까지 통상우편을 배
달하는 지역과 화요일부터 토요일까지 소포를 배달하는 지역으로 노
동자들을 나누는 것이다. 이는 인력 충원이 되지 않은 채 물량을 해
소하겠다는 것이기에 집배노조 등 집배원 다수는 '꼼수 주 5일제'라
고 비판하고 있다(〈집배원 인력을 대폭 충원해야 한다〉, 노동자연대,
2018.4.18).

72 여기서 다룰 텍스트는 "Governing employees: A Foucauldian
analysis of deaths from overwork in Japan"(Shibata Yoshio,
Global Asia Journal 12, 2012)으로 저자인 요시오 시바타는 뉴욕시
티대에서 문화인류학 박사학위를 받았으며, 현재 리츠메이칸대에서
사회학을 강의하는 연구자다.

73 Ronald Dore, "Introduction", Satoshi Kamata, *Japan in the
Passing Lane: An Insider's Account of Life in a Japanese Auto
Factory*, Pantheon Books, 1982.

74 Inoue Tatsuo, "The Poverty of Rights-Blind Communality:
Looking through the Window of Japan", *Brigham Young
University Law Review* 2, 1993, pp.517-551.

75 Michel Foucault, *"Society Must Be Defended": Lectures at The
Collège de France 1975-1976*, Picador, 2003; Michel Foucault,
*Security, Territory, Population: Lectures at The Collège de France
1977~1978*, Picador, 2007.

76 Graham Sewell, "The Discipline of Teams: The Control of Team-
based Industrial Work through Electronic and Peer Surveillance",
Administrative Science Quarterly 43, 1998, pp.397-428.

77 Michel Foucault, *Discipline and Punish: The Birth of the Prison*,

Vintage/Random House, 1995.

78 일본 기업 후지쯔는 1990년대 초반 거품경제 이후 혁신의 일환으로 연공서열 중심의 파벌적 기업문화를 혁파하는 성과주의를 도입한다. 후지쯔 성과주의의 핵심은 '목표관리제도'로 꼽히는데, 반기마다 목표를 세우고 성과에 따라 상여금을 지급받는 형식이었다. 그러나 후지쓰식 성과주의는 실패로 결론났다. 그것은 목표를 설정하는 데 퍼포먼스의 결과가 제대로 반영되지 않았고, 성과에 대한 피드백 역시 제대로 제시되지 않았고, 목표치 설정과 평가는 어떻게 이뤄지는지를 알 수 없어 제도에 대한 신뢰성과 공정성을 잃었고, 업무가 불명확하게 나눠지는 경우에 오히려 팀워크가 떨어지게 됐고, '어디에 근거한 것인지는 모르겠지만 절대로 달성할 수 없는 (목표) 숫자'에 대한 스트레스가 많았기 때문으로 진단된다(조 시게유키, 《후지쯔 성과주의 리포트》, 윤정원 옮김, 들녘, 2004, 153~178쪽).

79 '학습된 무력감'은 자신이 어떤 일을 해도 상황을 극복할 수 없을 것이라는 무기력이 학습된 상태를 일컫는다. 1967년 미국 심리학자 마틴 셀리그먼과 스티브 마이어는 24마리의 개를 세 집단으로 나누었다. 첫 번째는 코로 조작기를 누르면 전기충격을 스스로 멈출 수 있는 환경을 제공받은 집단, 두 번째는 조작기를 눌러도 전기충격을 피할 수 없고 몸이 묶여 있어 어떠한 대처도 할 수 없는 환경을 제공받은 집단, 세 번째는 그 어떤 전기충격도 가하지 않은 집단이었다. 24시간 뒤 연구팀은 장애물을 넘기만 하면 전기충격을 피할 수 있는 상자에 24마리 개를 재배치했다. 이때 두 번째 집단은 새로 가해지는 전기충격에 대해 피하려 하지 않고 구석에 웅크리고 앉아 그대로 받아들이고 있었다. 자신들이 어떤 노력을 해도 전기충격에서 벗어날 수 없다는 무력감이 학습된 것이다. 연구팀은 '피할 수 없는 힘든 상황을 반복적으로 겪게 되면, 피할 수 있게 되어도 극복하려는 시도조차 하지 않고 자포자기하는 현상'을 학습된 무력감이라 규정했다.

80 에드윈 슈나이드먼, 《자살하려는 마음》, 서청희·안병은 옮김, 한울아카데미, 2019, 204~205쪽.

81 가이 스탠딩, 《프레카리아트》, 220~221쪽 재인용.

82 업무용 앱의 대표적인 형태는 엠디엠mobile device management, MDM이라 불리는 모바일 기기 관리시스템이다. 회사 내 IT부서가 직원의 스마트 기기를 원격으로 관리하는 방식이다. 이는 프라이버시 침해나 보안 문제를 안고 있다. 하지만 기업들은 다양한 신기술을 통해 업무의 매끄러운 흐름·순환·의사소통을 최대화하는 방향으로 업무환경을 재편 중이다. 프라이버시 침해나 보완 문제도 기술 혁신을 통해 통제할 수 있다고 설파한다. 사실 업무용 앱의 변화는 프라이버시 침해, 보안 침해에 대한 문제제기의 속도보다 신기술의 속도만큼 더 빠르게 진화하고 있는 모양새다. MDM의 새로운 버전으로 MAMMobile Application Management이 등장했고 UEMUnified Endpoint Management, EMMEnterprise Mobility Management, BYODBring Your Own Device, BYOTBring Your Own Technology, BYOPBring Your Own PC, BYOABring Your Own Application 등 업무 편의와 효율성을 제고한다는 신기술의 새로운 이름은 계속 버전 업 중이다(김영선, 〈아름답고 새로운 노동세계〉, 최성환·김형주 엮음, 《AI 시대, 행복해질 용기》, 사이언스북스, 2020, 107쪽).

83 신경민 의원은 '사용자가 근로기준법에서 정하는 근로시간 이외의 시간에 전화·문자메세지·SNS 등의 통신수단을 통해 업무에 관한 지시를 내려 근로자의 사생활 자유를 침해해서는 안 된다'는 내용을 담은 근로기준법 개정안을 발의했다(2016년 2월).

84 정부는 코로나19 초기에 고용안정 특별 대책을 발표했다. 일자리 정책의 일환으로 언택트 일자리가 포함됐다. 15만 개의 일자리에 달한다. 언택트 일자리는 대면 접촉이 적은 IT 업무나 방역, 환경보호 업무인데 주 15~40시간 일하고 최저임금 수준의 임금을 받는, 6개월의 단기 일자리다. 민간 부문 또한 온라인쇼핑, 인슈어테크 같은 비대면 채널을 더욱 강화하면서 관련 인력을 대거 늘린다고 한다. 문제는 늘어나는 일자리 대다수가 비정규 일자리이거나 특수고용형태의 플랫폼 노동이라는 사실이다. '질 좋은' 일자리라고 기대하기 어렵다. 노동권, 건강권, 시간권, 일-생활균형권 등의 사회적 권리가 약화된 사실상 배제

된 일자리임을 부정하기 어려울 것이다. 국제노동기구가 제안한 괜찮은 일자리decent work나 국제노총이 제안한 정의로운 일자리Just Jobs 기준에도 부합하지 못한다. '언택트 알바'라고 비판받는 이유이기도 하다. '4차 산업혁명'이란 자본의 담론에 기대 공공의 이름으로 노동법의 사각지대를 제도적으로 양산하는 것은 아닌가라는 의문이 든다. 작금의 헬조선 맥락에서 일자리 프레임은 '그나마 일자리라도'라는 최소주의 태도를 자위하는 수준에 고착케 한다. 한편, 디지털 뉴딜 정책의 일환으로 발표된 '데이터댐' 정책도 우려스러운 일자리를 양산할 가능성이 높다. 2025년까지 39만 개의 일자리 창출을 목표로 하고 있다. 일자리 규모는 한국판 뉴딜의 10대 대표과제 가운데에서도 압도적으로 크다(제7차 비상경제회의, 〈한국판 뉴딜 종합계획〉, 2021년 7월 14일). 데이터댐은 인공지능 학습용 데이터를 수집·표준화·가공·결합하는 사업을 말하는데, 이때 데이터를 모으는 과정에서 필요한 일자리는 텍스트, 이미지, 동영상, 소리 등의 수많은 데이터에 라벨(이름)을 붙여 구분하는 작업, 일명 데이터 라벨링data labeling이다. 플랫폼 노동으로 분류되는 크라우드 워크의 하나다. 데이터댐이란 표현에서 보듯이 데이터의 공급 관점에서 데이터 경제, 인프라, 공급망, 관리, 경쟁력, (인공지능의 기계학습을 최적화하기 위한 데이터의) 품질(정확성, 타당성, 활용성 등)이 강조되고 있다. 그런데 그 어디에도 데이터 라벨러에 대한 노동(조건)과 권리에 대한 언급은 찾을 수 없다. 데이터 클리닝과 라벨링이 AI 기계학습이라는 전체 프로세스 가운데 가장 많은 시간(65%가량)을 차지하고 클리닝과 라벨링의 처리에 있어서 라벨러가 직접 작업해야 하는 비중(70~89%)이 높은데도 말이다.

85   〈법원, '배달 알바' 중 척수 다친 고교생 산재 불인정〉, 《경향신문》, 2015.10.11.

86   김철식·장귀연·김영선·윤애림·박주영·박찬임·홍석만, 〈플랫폼 노동 종사자 인권 상황 실태조사〉, 국가인권위원회, 2019.

87   시간마름병은 감자마름병에서 착안한 조어다. 감자마름병은 아일랜드 대기근의 원인으로 지목된다. 그런데 대기근의 원인이 감자마름병

이란 자연적 차원의 문제에서 비롯한 것이라 이야기되지만, 실상 영국 식민 당국의 체계적 수탈과 의도적 방조로 빚어진 사회적 부정의의 산물이라는 비판이 있다. 마찬가지로 한국사회의 시간 부족, 시간 기근, 과로, 여가 제약, 여가 박탈, 이에 따른 불건강을 의미하는 시간마름병 또한 자본주의의 체계적 착취와 사회제도적 차원의 방조로 재생산되는 부정의의 산물임을 강조한 것이다. 비참을 유발하는 작금의 시간 구조가 우리의 시간의 미래 또한 갉아먹고 잠식할 것이라는 예감을 지울 수 없다. 이에 대한 자세한 내용은 《누가 김부장을 죽였나》(김영선, 2018)를 참조한다.

88 본 절은 필자의 글 〈아름답고 새로운 노동 세계〉(《AI 시대, 행복해질 용기》, 118~122쪽)를 수정·편집한 것이다.

89 한국노동안전보건연구소, 〈운전 노동자 노동시간, '특별히' 더 짧아야 한다〉, 《오마이뉴스》, 2018.1.2.

90 The Center for Popular Democracy, *The Grind: Striving for Scheduling Fairness at Starbuks*, 2015, p.11. 참고로 UCLA Labor Center에 따르면, 판매 노동자의 44% 정도가 클로프닝을 경험했고, 그 가운데 61%는 10시간 미만의 휴식시간도 갖지 못했다(UCLA Labor Center, 2018, p.37).

91 Kronos 같은 관련 프로그램으로 Dayforce, ADP workforce, Xero, Gusto, Zenefits, Epicor, Namely, PeopleSoft, AccountEdge, Justworks가 언급된다. 이 모두가 크로노스와 같이 보행 패턴, 교통량, 트윗 양 등의 거대 데이터를 활용해 교대제를 짜는 것은 아니지만, 핵심은 과소·과잉의 인력을 최소화하는 혁신 수단이라고 광고된다는 데 있다. 솔루션 프로그램들은 적시에 적정한 인력의 근무 일정을 예측하고 스케줄링하는 것을 비롯해 문서 관리, 작업 관리, 모니터링, 휴가 관리, 복리후생 관리, 학습 관리, 갈등 관리, 안전 및 보안 관리까지 통합해나가고 있다.

92 데이터가 원유인 시대라고 한다. 모든 것이 데이터화되는 작금의 시대에는 데이터의 공공적 사용을 최대화하는 민주적 관리 통제가 점점 중

요해질 것이다. 2020년 12월 열린 '서울 빅데이터 포럼'에서 고해상도 도시 센서를 이용해 서울시 기온의 공간적 패턴을 확인한 결과 발표를 들을 수 있었다(박혜경, 〈고해상도 도시 센서를 이용한 새로운 발견〉, 서울연구원 빅데이터 포럼, 2020). S-DoT Smart Seoul Data of Things 은 서울 전역의 CCTV 지주에 설치된 850개의 IoT 센서다. 이 수치는 S-DoT 설계의 참조 모델이 되었던 시카고의 AoT Array of Things보다 설치 밀도가 5배 이상 높은 것으로 도시 공간에서 발생하는 미세한 현상까지 세밀하게 감지할 수 있을 정도다. S-DoT은 하루에 총 62만 건의 데이터를 생성한다. 수집 정보는 미세먼지, 온도, 습도, 자외선, 소음, 조도 등 도시 현상에 대한 데이터와 시민 행동에 대한 데이터다. 데이터 수집 목적은 실시간 모니터링을 통한 방재, 데이터에 기반한 과학적 행정, 데이터 융합을 통한 다양한 가치를 창출하는 데 있다.

당일 발표에서는 기온 데이터를 통해 새롭게 발견된 점을 들을 수 있었다. 그중 도시의 생활 기온이 기상청의 발표보다 1.8도 높았다는 사실이 인상적이었다. S-DoT은 도로변과 같은 도시 환경 속에 설치되어 있어 실질적 생활 기온을 측정하는 데 유리하다고 했다. 높은 설치 밀도 덕에 지역별 온도 차이를 구체화하기도 용이해 종로, 홍대, 구로 일대가 여느 지역보다 기온이 높다는 사실도 확인됐다. 24시간 동안 기온 변화 패턴을 살필 수 있는 S-DoT 덕에, 오전에는 지역 간 기온 차이가 그렇게 크지 않다가 오후 1시부터 서울 중심의 기온이 평균보다 높아지고, 이후 저녁 7시까지 고온 지대가 점차 동쪽으로 확대되는 현상을 확인할 수 있었다. 그 외에도 하루 최고 기온이 가장 높았던 날의 서울 내 지역 간 온도 차이가 4도까지 벌어졌고 이러한 차이는 낮보다는 밤에 더 컸다는 사실, 공간 차원에서 보면 낮에는 큰 차이를 보이지 않다가 오후 4시 이후부터 기온의 하락 속도의 지역별 차이가 확연해졌는데, 하락 속도가 빠른 곳은 산지 공간, 개방 공간, 주거 공간 순이었고 가장 느린 곳은 상업 공간이라는 사실이 확인됐다. 이러한 자료는 녹지 비율, 고도 차이, 평균 도로 폭, 건축 면적 등 다른 데이터와 연계할 경우 더 풍부한 인사이트를 얻을 수 있는 기반이 된다. 서울시는 향후 2022년까지 도시 센서를 2500개까지 늘릴 예정이다. 2500개 도시 센서가 매일같이 생성하는 약 200만 건의 데이터는 과학적 행정, 실시간 방재, 다양한 가치를 창출할 것이라는 데엔 의심의 여지가 없다. 동시에 이러한 공공 데이터의 상업적 사용도 극대화될 여지도 다분하다. 빅데이터가 이윤 창출을 위한 근거지가 되고 새로운 비즈니스 모델의 자원이 되는 지금, 이 시대에 공공 데이터의 자본주의적 활용에 대해 그 어느 때보다 적극적인 데이터 규제가 요청된다.

93　The Center for Popular Democracy, "The Grind: Striving for Scheduling Fairness at Starbuks", 2015, pp.11.

94　데이비드 와일, 《균열 일터》, 송연수 옮김, 황소자리, 2015, 32쪽; 캐시 오닐, 《대량살상수학무기》, 김정혜 옮김, 흐름출판, 2017, 208쪽.

95　쿠팡은 물류 혁신을 높이기 위해 데이터 기반 노선 분류 시스템인 쿠파고cupago를 일찍부터 도입했다. 어느 인터뷰이는 쿠팡맨(현재는 쿠팡친구)은 "컴퓨터가 다 짜주는" 노선으로 배송을 나가야 한다고 말한다. 그런데 노선이 매일 바뀌다시피 하고 노선 통보도 몇 시간 전에 이뤄지는 경우도 많아 사고 위험에 더 노출될 수밖에 없다. 노선이 하루하루 다 다르고 랜덤으로 투입되다보니 한 쿠팡맨은 "경비원들이 (했던 말을 또 해야 하니까, 쿠팡맨을) 진짜 싫어해요"라고 털어놓는다. 한편 배달의민족은 AI 추천배차 시스템을 2020년 초부터 도입해 운영하고 있다. 라이더의 동선과 배달 수요를 직선거리로 계산한 '최적의 주문'을 자동 배정하고 콜 단가를 산정한다. 이런 이야기도 있었다. 콜을 따라가다보니 "사당에서 시작했는데 오이도에서 끝났다"고. 배달 노동자들은 "유배 간다" "유배당했다"고 표현한다. 자동배차를 거부하면 콜도 잘 안 들어오는 것 같아 AI 지시대로 갔더니 동네를 한참 벗어나게 됐다는 것이다. 정진영, 〈야간노동 새벽배송의 위험과 개선 방안〉, 노동시간센터 월례토론(2020.6.3.), 2020과 박수민, 〈플랫폼 배달경제를 뒷받침하는 즉시성의 문화와 그 그림자〉, 노동시간센터 월례토론(2021.11.24.), 2021 참조.

3장 | 재난, 노동, 권리

1　본 절은 필자의 글 〈열악한 노동〉(《인권중심 코로나19 시민백서》, 시민건강연구소, 2020)을 수정·편집한 것이다.

2　존 머터, 《재난 불평등: 왜 재난은 가난한 이들에게만 가혹할까》, 장상미 옮김, 동녘, 2016, 27쪽; 레베카 솔닛, 《이 폐허를 응시하라》, 정해영 옮김, 펜타그램, 2012, 22쪽.

3　위험은 계층화되거나 계급 특수적인 방식으로 분배됨을 지적할 필요가 있다. 사회적, 경제적, 계급적, 지리적, 젠더적, 인종적 이유들이 교차하면서 어떤 사람들은 더욱 가파른 불평등에 노출된다. 위험은 특정한 계층에 더욱 축적될 수 있다. 재난 이후 회복도 다른 집단에 비해 더디고 충분하지 않을 가능성이 크다(울리히 벡, 《위험사회》, 홍성태 옮김, 새물결, 1997; 폴 파머, 《감염과 불평등》, 정연호·김수진 옮김, 신아출판사, 2010; 에릭 클라이넨버그, 《폭염 사회: 폭염은 사회를 어떻게 바꿨나》, 홍경탁 옮김, 글항아리, 2018, 65쪽; Barnshaw and Trainor, "Race class and capital amidst the Hurricane Katrina diaspora", *The Sociology of Katrina: Perspectives on a Modern Catastrophe*, Rowman & Littlefield, 2007).

4　Robert B. Reich, "Covid-19 pandemic shines a light on a new kind of class divide and its inequalities", *The Guardian*, 26 Apr. 2020.

5　〈자가격리에 연차 내라… 코로나 1년 휴업·휴가 강요 2,700건〉, 《한겨레》, 2021.4.26. 2020년 4월 초 개설한 익명 신고센터는 6월 말까지 한시적으로 운영하려고 했지만, 코로나19 상황이 이어지고 부당한 휴가·휴업 지시 사례가 많아 계속 운영하게 됐다.

6　〈'코로나 실업' 현실화… 대기업은 권고사직, 中企는 정리해고 많았다〉, 《투데이코리아》, 2020.7.22.; 〈알바생 5명 중 2명은 부당해고 경험〉, 《경기매일》, 2020.8.26.

7　공공운수노조 보육지부가 2020년 4월 초 온라인으로 실시한 '보육교

사 페이백 실태조사'를 보면, 민간·가정 어린이집 응답자의 12.9%(131명)가 페이백을 직접 경험했으며, 25.4%(258명)는 직접은 아니지만 원장으로부터 페이백을 권유받거나 동료 교사가 권유받는 것을 목격했다고 답했다. 페이백 수법을 보면, '현금을 인출해서 원장에게 직접 가져다준 경우'가 68.4%(240명)였으며 이외에 '원장이 지정한 다른 사람의 계좌로 송금한 경우'(7.4%, 26명)와 '현금을 인출해서 동료 교사 등 원장이 지정한 사람에게 가져다주는 경우'(2.8%, 10명)도 있었다. 코로나19를 이유로 단축근무를 시키고 단축된 근무 일수나 시간을 무급 처리하거나 연차를 소진시키는 경우, 심지어 휴게시간마저도 무급으로 처리하는 경우도 있었다(〈"월급 현금으로 반납해"… 어린이집 보육교사 '페이백' 코로나19 틈타 기승〉,《민중의소리》, 2020.4.8.; 〈원장님들, 어린이집 교사 급여 페이백 제발 멈춰주세요〉,《베이비뉴스》, 2021.2.18.).

8   〈코로나19 '실직 재난' 저임 노동자에 10배 더 가혹했다〉,《한겨레》, 2020.6.22.; 〈코로나19, IMF에 가까워… 비정규직 1/4 실직〉,《오마이뉴스》, 2020.7.9.; 〈코로나19 이후 '실업 한파' 기록 경신〉,《참여와혁신》, 2020.8.12.; 〈영세업체 일자리 170만 개 줄었다〉,《경향신문》, 2020.8.24.; 한지원, 〈코로나 재확산, 고용위기는 어디서 얼마나?〉, 노동자운동연구소, 2020.

9   코로나19 이후 청년 여성의 자살률 증가가 다른 세대나 성별에 비해 높다는 통계를 주목할 필요가 있다. 청년 여성이 주로 서비스업종에서 비정규직, 저임금노동 등 불안정한 형태로 일을 하고 있었고, 코로나19의 충격이 서비스업종, 비정규직, 저임금노동에서 크게 나타났기에 자살률의 증가 폭이 청년 여성에게서 두드러졌다는 것이다(〈'조용한 학살', 20대 여성들은 왜 점점 더 많이 목숨을 끊나〉,《한겨레》, 2020.11.13.).
일본의 경우도 유사한 패턴을 보인다. 코로나19 이후 남성의 자살률 증가가 22%인 것에 반해, 여성의 자살률 증가는 83%에 달했다. 몇 가지 잠재적인 이유로 여성이 해고가 심한 호텔, 식품서비스 및 소매

산업에서 시간제 노동자로 일하는 비율이 더 높았기 때문이라고 본다. 인터뷰이의 말처럼, "나쁜 일이 생기면 가장 약한 고리의 사람들이 제일 먼저 끊어지는 사회"에서 여성은 팬데믹의 충격을 더 많이 받을 가능성이 크다는 것이다. 정신질환에 대한 치료는 물론 정신건강 케어와 재정적 지원 및 사회적 지지에 대한 적시적절한 조치가 긴급하다고 보는 제언을 되새길 필요가 있다. 팬데믹의 젠더적 영향을 포함해 위험의 하층 축적 실태를 파악하기 위한 교차성intersectionality 연구도 요청된다("In Japan, more people died by suicide last month than from COVID in all of 2020", abc7news, November 30, 2020; Shuhei Nomura et al., "Trends in suicide in Japan by gender during the COVID-19 pandemic, up to September 2020", *Psychiatry Research* 295, 2021, pp.1-5).

10 〈실업 공포에 돈 풀지만… 유럽은 해고 방지, 美는 실직자 지원 방점〉, 《한국일보》, 2020.3.27.

11 〈코로나19 방역수칙 '아프면 3~4일 쉬기' 회의적… 직장인 눈치 보인다〉, 《BreakNews》, 2020.6.9.

12 《쿠팡 물류센터 노동자 노동환경·건강수준 평가》 국회토론회 (2021.9.30.)에 따르면, 작업 강도에 대한 질문에 응답자의 28.4%가 100미터 달리기 수준의 힘듦 이상의 강도를 호소했다(공공운수노조 외, 2021, 73쪽).

13 주말도 없이 비상근무하다 과로사한 지자체 공무원(전주시, 성주군, 합천군)의 연이은 과로사 사건도 여기에 해당한다. 한편, 인천의 한 선별진료소에서 3명의 의료진이 실신하는 등 방역 현장 보건의료 노동자의 과중 노동이 빈도 높게 보고된다. 방호복을 착용하면, 심한 육체적 피로와 스트레스를 경험하기에 평상시의 노동 상태와는 다른 휴게시간 원칙을 가져야 한다. 실신 경험을 이야기한 어느 보건의료 노동자는 방호복을 입고 한두 시간이면 "땀이 비 오듯이 흘렀다"고 한다. 그럼에도 언제 휴게시간을 가져야 할지, 어디서 쉬어야 할지, 대체휴가는 가능한지 몰랐다고 토로했다.

14 물류센터 노동자의 사망 사고 외에도 안산1캠프 배송 기사
(2020.3.12., 심야 배송 중 빌라 계단에서 쓰러짐), 송파1캠프 배송 기
사(2021.3.5., 새벽 배송 업무를 담당하고 있었는데, 거주하던 고시원
에서 숨진 채 발견), 구로캠프 캠프리더(2021.3.6., 자택에서 새벽에
쓰러진 채 발견), 배송 기사(2021.3.24., 야간 배송을 시작한 지 2일 차
에 배송지 근처에서 쓰러진 채 발견)의 사망 사고도 연이어 발생했다.
공공운수노조 전국물류센터지부 쿠팡물류센터지회 외,《쿠팡 노동자,
일터를 말한다》, 2021, 60쪽.

15 응답자의 96.6%는 주당 60시간 이상 일하고 있으며, 주당 70시간을
초과하는 비율도 56.9%로 나타나 절대다수가 장시간 노동에 노출되
어 있었다. 명절같이 택배 물량이 급격히 증가하는 시기에는 주당 평
균 노동시간이 86시간 23분에 달했다. 한 달 평균 근무 일수는 25.3일
이었는데, 일요일을 제외하고 월요일부터 토요일까지 주 6일 일하는
상황이었다(서울노동권익센터,《택배 기사 노동실태와 정책대안 모
색: 서울 지역 택배기사를 중심으로》, 서울노동권익센터 연구사업 최
종 발표 토론회, 2017, 45~47쪽).

16 〈과로사 택배 노동자 올해만 5명… "폭염·폭우 대책 마련하라"〉,《한
겨레》, 2020.8.11.; 〈'택배 없는 날' 만들어졌지만… 과로사는 어떻게
막나〉,《오마이뉴스》, 2020.8.14.; 〈택배 없는 날에도 택배 노동자 1명
터미널에서 사망〉,《경향신문》, 2020.8.20.

17 근로기준법 시행규칙 제9조에서 말하는 '특별한 사정이 있는 경우'란
① 재난 또는 이에 준하는 사고가 발생하여 이를 수습하거나 재난 등
의 발생이 예상되어 이를 예방하기 위해 긴급한 조치가 필요한 경우,
② 사람의 생명을 보호하거나 안전을 확보하기 위해 긴급한 조치가 필
요한 경우, ③ 갑작스런 시설·설비의 장애·고장 등 돌발적인 상황이 발
생하여 이를 수습하기 위해 긴급한 조치가 필요한 경우, ④ 통상적인
경우에 비해 업무량이 대폭적으로 증가한 경우로서 이를 단기간 내에
처리하지 않으면 사업에 중대한 지장을 초래하거나 손해가 발생하는
경우, ⑤ 소재·부품 및 장비의 연구개발 등 연구개발을 하는 경우로서

고용노동부 장관이 국가경쟁력 강화 및 국민경제 발전을 위해 필요하다고 인정하는 경우를 말한다(고용노동부, 〈특별연장근로 인가제도 설명 자료〉(2020.1.31.), 2020, 1쪽).

18 고용노동부 임금근로시간과, 〈특별연장근로 인가 현황〉, 2019, 1쪽; 〈'리셋' 된 상반기 특별연장근로 인가⋯ 하반기에도 90일 사용 가능〉, 《아웃소싱타임즈》, 2020.7.15.; 고용노동부 임금근로시간과, 〈외국 인력 입국 지연되어 업무량이 폭증하면, 특별연장근로를 활용할 수 있습니다〉, 2021, 2쪽.

19 〈직장인 10명 중 8명 "코로나19 이후에도 재택근무 의향 있다"〉, 《서울경제》, 2020.4.17.

20 기술주의 담론이 코로나 이후 새로워진 점은 효율과 혁신, 비용 절감의 논리 위에 '안전' 프레임을 새롭게 장착했다는 점이다. 정부 정책뿐만 아니라 여러 경로를 통해 신기술이 코로나 위기를 돌파할 수 있는 해법으로 견고하게 계열화되는 모습을 볼 수 있다. 이러한 기술적인 것에 대한 믿음은 공간 유연화의 방식으로 구현되곤 하는데, 그것이 2000년대부터 대기업 중심으로 발 빠르게 도입했던 스마트오피스, 모바일오피스다. 지금은 재택근무, 언택트 워크, 리모트 워크 같은 다양한 이름으로 불리면서 공간 유연화를 정당화하는 흐름이다.

21 실태조사에 보고된 살처분 관련 공무원 사망 실태를 추려보면, 2010년 방역초소에서 근무 중 뇌출혈 사망, 방역초소에서 근무 중 화물차 전복으로 사망, 밤샘근무 뒤 뇌출혈 사망, 2011년 조류독감 오리 살처분 작업에 과로로 사망, 구제역 초소에서 비상근무 중 과로로 의식불명, 구제역 상황실에서 밤샘근무로 사망, 야간 방역활동 참여 중 과로로 입원 치료 뒤 사망, 주민센터 근무 뒤 구제역 초소 방역 업무에 동원, 밤샘근무로 사망, 밤샘근무 뒤 뇌출혈로 사망, 구제역 이동 제한으로 종축장 내 숙소에서 수면 중 화재로 사망, 소 돼지 살처분 뒤 외상후스트레스장애로 자살, 2015년 AI 초소 근무 등의 과로로 사망, 2016년 조류독감 대응 위해 한 달 넘게 매일 12시간 방역 업무로 사망, 2017년 AI 업무 과로로 사망 등이 보고된다(〈새끼 돼지 태워 죽인 공무원 트

라우마, 국가는 책임을 외면했다〉, 《한겨레》, 2019.2.20.).

22 〈폭염 속 격무… 공무원 노동자 잇단 '업무 중 사망'〉, 《매일노동뉴스》, 2004.8.16.; 〈포천 AI 피해 복구 공무원 사망 '예견?', 아픈 몸으로 방역… 연일 밤샘근무〉, 《인천일보》, 2017.6.27.; 〈ASF 방역에 힘 쓰다가… 파주시 정승재 수의사 심근경색으로 사망〉, 《데일리벳》, 2020.3.31.; 〈사람 잡는 '살처분'〉, 《서울신문》, 2019.9.25.; 〈'라돈 침대 매트리스' 수거 집배원 사망, 결국 무리한 업무 부담이 독 됐나?〉, 《위키리스크한국》, 2018.6.19.

23 메르스 시기, '잔다르크'부터 '메르스 전사' 같은 언어가 전쟁을 방불케 하는 국난 상황을 극복하는 이미지로 동원됐다. 전사 호명에 대한 계보를 훑어보면 '산업역군' '수출전사' '모범근로자' '태극전사' '영웅' 같은 단어도 떠오를 것이다. 이는 어떤 것을 할 때마다 전장에서 싸우는 병사의 정신 자세로 임해야 하고, 그것이 국난을 극복하는 길임을 설파하기 위해 만들어진 것이다. 개인 희생을 요구하는 전사 이데올로기의 전형이다.

24 〈초과근무 180시간, 사비 털어 약 대리 구매… 코로나와 싸우는 공무원들〉, 《중앙일보》, 2020.4.12.

25 OECD에 비해 공무원 수가 '많다' 또는 '적다'? 이 비교는 매우 논쟁적이다. '많다'는 입장은 OECD의 공공 부문public sector 고용 통계는 일반 정부general government뿐만 아니라 공기업public corporation이나 비정규직을 포함한 통계인 것에 비해, 한국은 그 부분이 통계에 빠져 있기에 적게 산출된다는 주장이다. 공기업(비금융공기업, 금융공기업)은 차치하고라도, 일반 정부 부문도 과소계상되고 있다고 한다. 이에 대해 행정안전부는 〈해명자료〉(2014.4.16.)를 통해 161만 명 규모라고 밝혔다. 이는 중앙·지방 공무원(98만 1927명)은 물론 직업군인·군무원(21만 2930명), 공공비영리기관(공기업 제외 6만 8658명: 국민연금공단 4210명+건강보험공단·심평원 1만 4063명+근로복지공단 4896명+공무원연금공단 492명+사학연금공단 186명), 사회보장기금(2만 3847명), 비정규직(32만 5652) 등 국제 기준상의 인력을 모두 포함

한 것이다. 161만 명은 경제활동인구 대비 6.5%로 OECD 평균 15.5%에 비해 가장 낮은 것으로 평가됐다.

26 인사혁신처·행정안전부, 〈정부기관 근무혁신 종합대책〉, 2018.1.16.

27 지구 대기권 밖에 존재하는 전자파 에너지의 변화로 발생하는 재난을 말한다(전파법 51조). 태양 흑점이 폭발할 경우 발생하는 다량의 우주 물질이 지구에 영향을 미쳐 위성, 항공, 항법, 전력, 방송, 통신에 피해를 일으키는 재난이다. 일례로 관측 기록상 가장 강력했던 캐링턴 이벤트Carrington event(1859)부터 최근 일상생활에 가장 큰 피해를 야기한 캐나다 퀘벡의 대규모 정전 사태(1989)나 지구 전역에서 동시에 통신 두절, 전력 단절, GPS 기능 장애, 위성 송신 장애를 야기한 할로윈 이벤트(2003)를 들 수 있다. 우주전파 재난은 IoT, AI, 자율주행, 5G 같은 신기술 시대에 더욱 우려할 만한 문제로 여겨지고 있다.

28 본 절은 필자의 글 〈재난 불평등과 노동인권: 과로, 위협, 무권리의 악순환〉(《복지이슈 투데이》 91호, 2020)과 〈이주노동, 강산이 변해도 '노예노동'〉(《작은책》 2020년 11월호)을 수정·편집한 것이다.

29 〈폭우 이재민 80%가 이주노동자, 이유가 기막히다〉, 《오마이뉴스》, 2020.8.7.; 〈'비닐하우스 숙소' 규제에도… 이천 저수지 붕괴 이재민 상당수 이주노동자〉, 《한국일보》, 2020.8.11.; 〈폭우가 내려야 비로소 보이는 '그들의 비닐집'〉, 《시사인》, 2020.9.1.

30 〈한 달에 이틀도 못 쉬는데… 빨간 날이 무슨 날이에요?〉, 《한겨레》, 2019.10.23.; 〈하루 11시간씩 일했던 캄보디아 노동자에게 고용허가제란〉, 《미디어오늘》, 2020.8.23.

31 김원·김영선·박선영·심성보·이경환, 《안산의 산업화 및 노동문화에 대한 전반적인 조사 연구》, 안산시사편찬위원회 자료조사작업, 2009, 163~180쪽.

32 고용노동부·농식품부·해수부가 이주노동자를 고용한 사업장 496곳을 대상으로 한 주거환경 실태조사(2020.9.21.~2020.11.10.)를 보면, 69.6%가 컨테이너, 조립식 패널, 비닐하우스 등의 가설 건축물을 숙소로 사용하고 있었다. 속헹 씨 사망 사건 이후 경기도가 도내 농어촌

외국인 노동자 숙소 2142개소 가운데 폐업 등의 이유로 점검이 어려운 290개소를 제외한 1852개소 대상의 주거환경 조사에 따르면, 49%가 비거주 지역이었고 56%가 미신고 시설의 숙소였다. 〈"정부의 이주노동자 주거시설 대책은 미봉책"〉,《참여와혁신》, 2021.1.7.; 〈경기도 이주노동자 10명 중 4명 비닐하우스에 산다〉,《한겨레》, 2021.2.26.

33 본 절은 필자의 글 〈재난 불평등과 노동인권 침해〉(《문화과학》 98, 2019, 86~118쪽)를 수정·편집한 것이다.

34 WHO·ILO, "Ebola Virus Disease: Occupational Safety and Health", *Occupational Health and Safety* (Sep.), 2014; The SARS Commission, *Spring of Fear* (Dec.), 2006.

35 Occupational Safety and Health Administration, "Protecting Workers during a Pandemic", *OSHA Fact Sheet* (Aug.), 2014; Occupational Safety and Health Administration, "Pandemic Influenza Preparedness and Response Guidance for Healthcare Workers and Healthcare Employers", 2007. 에볼라 사태 이후 미국 전국간호사연합은 "모든 의료 종사자들은 사전 예방 준칙을 따라야 한다"며 국민과 환자는 물론 종사자의 안전을 보호하도록 하는 조치를 정부에 촉구했다. 그 첫 번째 사항으로 최고 기준에 부합되는 최적의 개인별 보호장비를 갖출 것을 명시했다. 이외에 '환자 한 명당 최소 두 명의 정식 등록 간호사가 직접 보살필 것' '그 등록 간호사의 판단으로 필요할 경우 추가적인 등록 간호사가 다른 환자 간호의 별도 부담이 없이 배치될 것' '질병의 본질의 변화에 대응하도록 등록 간호사들에 대한 교육이 지속될 것'을 요구했다. 전국간호사연합은 무기와 탄약 없이 병사들을 전장에 내보내지는 않는다며 이러한 조치 없이는 병원 노동자들이 극도의 위험에 처할 뿐이라고 강조했다(〈전국간호사연합, 에볼라 퇴치 위해 대통령 집행명령 발동 촉구〉,《연합뉴스》, 2014.10.17.).

36 〈안전은 협상의 대상이 아니다〉,《한겨레21》 1068호, 2015.6.29.; 전국보건의료산업노동조합, 〈공공의료 99% 캐나다에서는 노조와 정부,

과학자가 함께 감염 대책을 마련〉, 2015.6.25.

37 태움은 과도한 업무량, 만성적인 인력 부족, 도제식 교육, 연대책임제 특성을 띠는 업무 수행 문제가 중첩되어 나타나는 직장 괴롭힘이다 (강경화, 〈간호 노동 현장의 일터 괴롭힘 실태와 해결 과제〉, 《병원업종의 직장 내 괴롭힘 근절 방안》 국회토론회, 2018, 32쪽).

38 메르스 사태 인터뷰 기획팀·지승호, 《바이러스가 지나간 자리》, 시대의창, 2016, 156쪽.

39 이강원, 《재난과 살다: 대지진에 대비하는 일본 방재과학의 집합 실험》, 서울대학교출판문화원, 2017, 279쪽; 〈보호복 착용법도 몰랐던 메르스 간호… 우리가 잔다르크냐〉, 《메디컬타임즈》, 2015.7.28.; 〈1,800원짜리 장갑 아끼라는 의료체계, '제2 메르스' 못 막아〉, 《한겨레》, 2016.5.16.

40 〈방호복 무장한 의료진 왜 메르스에 감염되나〉, 《쿠키뉴스》, 2015.6.20.

41 Charlotte Monteil, Peter Simmons, Anna Hicksc, "Post-disaster recovery and sociocultural change: Rethinking social capital development for the new social fabric", *International Journal of Disaster Risk Reduction* 42 (Jan.), 2020; 김지민, 〈배제와 차별은 재난 이후의 회복을 방해한다〉, 《서리풀연구통》, 2021.7.22.

42 '산업재해보상보험법'상 업무상 질병은 '업무 수행 과정에서 유해·위험 요인을 취급하거나 그에 노출되어 발생한 질병'을 말하는데, 업무 수행 과정에서 메르스 감염 환자와 접촉해 메르스에 감염되었다면 업무상 질병에 해당한다. 앞서 근로복지공단은 2009년 '신종플루 감염자에 대한 업무상 질병 판정 지침'을 마련해 신종플루에 감염된 노동자의 산재 여부를 판단토록 했다. 그러나 업무 관련성이 의학적으로 명백한 경우여야 하고 업무 관련성의 범위가 너무 협소하며 또한 업무 관련성을 노동자가 입증해야 하기에 사실상 감염 트라우마를 산재로 인정받기 쉽지 않다.

43 김석호, 《가축매몰(살처분) 참여자 트라우마 현황 실태조사》, 국가인

권위원회, 2017.

44 '가축전염병예방법'은 살처분 참여 노동자가 6개월 내에 신청할 경우 국가와 지방자치단체가 심리적·정신적 치료 비용을 지원할 수 있도록 규정하고 있었다. 국가인권위원회의 권고에 따라 농식품부와 보건복지부는 '가축전염병예방법 시행령'을 개정해 심리 지원 신청 제한 기간을 폐지하고 심리 치료비 전액을 국가가 부담하는 지원안을 강화할 것이라고 밝혔다(〈가축 살처분 때 트라우마 예방 치료 정부가 나서야〉, 《한겨레》, 2019.1.4.; 〈'살처분 노동자' 심리 치료비, 국가가 전액 지급한다〉, 《한겨레》, 2019.3.25.).

45 김석호, 《가축매몰(살처분) 참여자 트라우마 현황 실태조사》, 120쪽. 관련한 문제제기를 구제역 사태를 예로 들어 인용하면 다음과 같다. "시간당 계산, 업무량으로 계산을 하기 때문에 빨리 가능한 많은 동물을 죽이는 것이 돈이 되는 상황이다. 그래서 일용직 용역의 경우에는 가장 많은 위험에 노출이 되어 있지만 이런 위험의 성질에 대해 정확히 인지하지 못하고 현장에 투입되는 경우가 많다. 또한 살처분 현장에 들어가는 일용직 노동자들의 경우에는 전혀 사후관리가 안 되고 있는 상황이라고 볼 수 있다. 실제적인 위험에 가장 접근하고 있지만, 사실은 감염 및 심리적 트라우마의 가능성 등 위험에 가장 많이 노출되어 있다고 볼 수 있다. 특히 조류독감의 경우에는 인수공통전염병으로 상당히 위험한 질병이지만, 이에 대한 인지나 대비가 잘되어 있지 않은 상황이다."

46 존 머터, 《재난 불평등: 왜 재난은 가난한 이들에게만 가혹할까》, 40~41쪽; 마크 제롬 월터스, 《에코데믹, 새로운 전염병이 몰려온다》, 이한음 옮김, 북갤럽, 2004, 173~182쪽; 데이비드 콰먼, 《인수공통, 모든 전염병의 열쇠》, 강병철 옮김, 꿈꿀자유, 2017, 43~45쪽; 마이크 데이비스, 《조류독감: 전염병의 사회적 생산》, 정병선 옮김, 돌베개, 2008, 15쪽.

47 위험 계산은 불확실한 위험에 대처해 안전을 담보하기 위한 계산과 판단을 의미한다(울리히 벡, 《글로벌 위험사회》, 2010, 57~60쪽). 일례

로 D등급 방호복이 일선 현장의 보호장비로 안전한 것인지에 대한 판단부터 밀접접촉자 기준('2미터 이내' '밀폐된 공간' '같이 식사한 사람' '수분 이상 마주 보며 대화한 사람' 등)은 적정한 것인지, 비말 감염 외에 에어로졸로 인한 감염 가능성은 없는지, 2차 감염 이외에 3차나 4차 감염 가능성은 없는지, 병원 명을 어느 때 어느 정도로 공개해야 하는 것인지, 병원 명 공개는 '알 권리'인지 아니면 '더 큰 혼란'인지, 코호트 격리 조치는 언제 어느 범위로 해야 하는지, 매년 유행하는 독감처럼 봐야 하는지, 바이러스를 차단하는 데 N95마스크는 적절한 것인지, 발열 판단 기준인 38℃는 적정한 것인지, 무증상 감염인지 아닌지에 대한 판단 기준은 무엇인지, 백신을 맞으면 마스크를 안 써도 되는지, 백신을 맞으면 감염은 안 되는 것인지, 돌파 감염은 어떤 경우에 발생하는 것인지, 위드 코로나로 전환하는 데 백신접종률 기준은 어떻게 되는지, 백신접종률이 높으면 위드 코로나는 안전한지, 백신 미접종자에게 부과하는 불이익은 정당한 것인지, 백신패스는 차별의 소지는 없는지, 부스터샷 접종을 해야 하는 것인지, 백신 접종 후 사망에 대한 인과성을 어떻게 판정하고 인과성 범위를 어느 정도까지 인정해야 하는지 같은 바이러스 감염병이 야기하는 각종 위험에 대한 판단과 결정을 말한다. 그런데 이 기준과 판단은 이해 관계자의 힘관계에 의해 언제든지 달라질 수 있는 것이다. 위험 계산의 원칙과 가치 기준을 무엇으로 설정할지가 중요한 대목이다. 이를테면 비용, 효율, 통제, 전문가 중심 의사결정 구조 대 인권, 연대, 생태, 투명성, 시민 참여 의사소통 구조.

48   캐나다 사스위원회는 방대한 분량의 보고서에서 노동인권에 대한 문제제기를 다각도로 상술하고 있다. 일례로 보건의료 노동자의 노동실태, 간호 노동자에 대한 설문조사, 노동부의 보건의료 노동자에 대한 법 조치, 현장 보건의료 노동자의 목소리 듣기, 현장 노동자의 안전문화, 노동자 안전법을 들 수 있다.

49   메르스 사태 인터뷰 기획팀·지승호, 《바이러스가 지나간 자리》, 318쪽.

1 본 장의 자료는 대한직업환경의학회가 지원하는 연구모임(업무상질병연구모임)을 통해 강병원 의원실에서 확보한 자료(2017년 판정된 자살 사례의 〈재해 조사서〉와 〈업무상 질병 판정서〉)를 활용한 것이다. 연구모임의 전체 분석 결과는 최종보고서(한국노동안전보건연구소, 《자살·정신질환 산재 판정 무엇이 문제인가: 2017년 질병판정위원회 자살 정신질환 사례 분석》 국회토론회(2018.10.1.), 2018, 23~33쪽)를 참조한다. 참고로 본 장의 내용은 《신자유주의 시대의 과로자살》(한국노동안전보건연구소 2017년 노동보건 연구보고서)의 '부록'에 실렸던 필자의 글을 수정·보완한 것임을 밝힌다.

2 산업재해보상보험법 시행령 제36조: 자해행위에 따른 업무상의 재해 인정 기준(근로복지공단, 〈정신질병 업무관련성 조사 지침(4차 개정)〉(2019.5.8.), 2019, 9쪽).

3 근로복지공단, 〈정신질병 업무 관련성 조사 지침(2019.5.8. 4차 개정)〉, 2019, 2~8쪽.

4 2017년 판정 케이스 63건은 승인 23건(36.5%)과 불승인 40건(64.5%)으로 나뉘는데, 2016년도의 승인 비율(승인 10건 18.2%와 불승인 45건 81.8%)과 비교하면 꽤 높아진 것이다. 승인 23건 가운데 공단에서는 불승인됐지만 대법원에서 승인된 1건[5번 케이스]을 포함했다. 2016년도 판정 케이스는 사례 1개('업무상 질병 판정서' 없음)를 제외한 것이다.

5 판정 과정상의 불명확한 지점을 구체화하는 작업이 사실상 제한적이라는 점을 언급할 필요가 있다. 본 자료는 〈재해 조사서〉와 〈업무상 질병 판정서〉에 기초하고 있는데, 판정 과정에서 중요하게 다뤄지는 자료, 이를테면 사건 발생 당시 재해자의 심리적 변화를 판단할 수 있는 이메일, SNS, 일기, 유서, 메모 등의 원자료를 확인한 것은 아니며, 건강보험 진료 내역이나 의사와의 면담 일지 또는 가족, 직장 동료 및 상사, 친구의 진술서 전체를 확인한 것은 아니기 때문이다.

6 아래 기술한 정신적 이상 상태에 대한 내용은 〈재해 조사서〉와 〈업무상 질병 판정서〉에 부분 인용된 '유서' 또는 '메모나 SNS 기록' '진료 내역' '유족 진술' 및 '동료 진술' 등의 자료에서 발췌한 것이다. 향후 정신적 이상 상태의 양상을 유형화하고 나아가 불승인 케이스에서 발견되는 업무 스트레스 양상과 비교해 '자살을 유발한 만큼의 정신적 이상 상태'의 특징을 체계적으로 분석할 필요가 있다.

7 한편, 과로사의 경우에 기저질환이 있더라도 평소 잘 관리하고 있는 상태에서 업무 스트레스를 극심하게 받아 심근경색이 발병해 사망한 것이라면 이는 업무상 재해에 해당한다는 판결이 여럿 있다. 예를 들면, 보상 업무 실적이나 민원관리 업무를 맡아오던 외제차 보상팀장이 심근경색으로 입원한 바 있지만 정기적인 약물 치료를 받으며 잘 관리해오던 중 추석 연휴를 앞두고 보험 민원이 크게 증가하면서 스트레스가 가중됐고 연휴 전 미결 업무를 최대한 처리해야 하는 상황에서 사망 전날까지도 보험금 지급 업무를 위해 연장근로를 한 사실에 기초해 법원은 사망과 업무 사이의 상당인과관계가 인정된다고 판결했다(〈업무 급증, 고객민원 스트레스로 사망한 보험사 직원⋯ "기저질환 있어도 업무상 재해"〉, 《노동법률》 6월호, 2021.5.20.). 또한 전자복사기 제조회사에서 영업지원 업무를 맡던 기획부장이 심비대증을 앓고 있던 중 영업실적 부진과 근무지 이전으로 스트레스를 받다 사망한 사건에 대해 법원은 가족력이나 흡연, 음주 같은 다른 위험인자가 있다고 해서 과로나 스트레스의 영향이 없다고 볼 수는 없다고 보고 매출목표액과 영업실적에 스트레스를 받았고 장거리 출퇴근으로 피로가 가중됐을 것이라며 업무상 재해로 판결했다(〈매출 압박, 과도한 출장, 주말가족⋯ 끝내 사망한 근로자에 법원, "업무상 재해 맞다"〉, 《노동법률》 11월호, 2020.10.27.).

8 위기 사건에 따른 책임 부담 스트레스 이외에 어떠한 고려 요인에 따라 승인·불승인으로 나뉘는지를 세밀하게 비교할 필요가 있다. 또한 불승인 케이스의 위기 사건이 〈조사 지침〉(16쪽)의 '스트레스 가중 요인'에 해당함에도 불승인으로 분류될 수밖에 없었던 이유를 구체화할

필요가 있다.

5장 | 현재의 시간, 시간의 미래

1   본 절은 필자의 글 〈어떻게 과노동을 저지할까: 《죽도록 일하는 사회》 서평〉(《녹색평론》 162, 2018, 229~235쪽)을 수정·편집한 것이다.

2   Samuel Bowles and Yongjin Park, "Emulation, Inequality, and Work Hours: Was Thorsten Veblen Right", *The Economic Journal* 115(507), pp.397-396.

3   피에로 바소, 〈노동시간에 대한 마르크스주의적 분석〉, 《사회운동》 112, 2013, 114~126쪽; 자크 비데, 《마르크스의 생명정치학: 푸코와 함께 마르크스를》, 배세진 옮김, 오월의봄, 2020, 14~15쪽. 자크 비데는 노동일을 법적으로 제한하는 과정 그 자체가 혁명적 본성을 지니고 있는 것이라고 의미 부여한다.

4   프랑스, 일본, 포르투갈은 법적 조치를 통한 연평균 노동시간 감소 국가에 해당하고, 독일과 네덜란드는 사회적 파트너 간의 협상을 통해 연평균 노동시간을 감소한 국가다. 한편, 미국과 스웨덴은 연평균 노동시간이 증가하는 경향을 보이는데, 이는 초과근무시간의 증가와 시간제 노동자의 노동시간이 증가했기 때문이다(John M. Evans, Douglas C. Lippoldt, Pascal Marianna, "Trends in working hours in OECD countries", *OECD Labour Market and Social Policy Occasional Papers* 45, 2001, p.4).

5   Juliet Schor, *The Overworked American: The Unexpected Decline of Leisure*, BasicBooks, 1992.

6   질 안드레스키 프레이저, 《화이트칼라의 위기》, 심재관 옮김, 한즈미디어, 2004.

7   《해저드》는 업무 관련성 자살의 주요 요인을 다음과 같이 9가지로 꼽고 있다. ① 고용 불안정job insecurity: 고용 보호의 부족, 0시간 계약zero-

hour contract, 임시근무, 긱gig 경제의 일자리, 경제적 불확실성. ② 과로 overwork: 장시간 노동, 과도한 업무, 달성할 수 없는 목표치. ③ 스트레스stress: 업무에 대한 낮은 통제력, 과도한 부담. ④ 부적절한 관리 및 불공정poor management and unfairness at work: 괴롭힘, 따돌림, 징벌적 업무 및 징계 절차, 보복 조치. ⑤ 감정노동emotional labour: 돌봄노동, 신체적 또는 정신적 고통에 처한 개인을 돌보는 일. ⑥ 트라우마trauma: 끔찍한 사건에 노출. ⑦ 업무 관련 피해work-related harm: 업무와 관련한 부상 및 질병으로 인한 스트레스 또는 통증, 고통 또는 무능력에 대처하는 데 있어서의 어려움. ⑧ 정신건강에 영향을 주는 위험한 노출hazardous exposures that affect your mental health: 신경 독성 용매 등의 위험 물질. ⑨ 자살 수단에 대한 접근성access to means: 약물이나 살충제 또는 총 등의 자살 시도나 계획을 더 쉽게 달성할 수 있게 하는 도구나 지식이다. "Suicidal work: Work-related suicides are uncounted", *Hazards* Mar., 2017.

8   "Undercover report from Foxconn's hell factory", *GIZMODO*, 2010.5.19.; 〈아이폰 공장 노동자 잇따른 자살… 왜?〉,《오마이뉴스》, 2010.5.25.; Andrew Ross, "The Exorcist and the Machines", *dOCUMENTA* 13, 2012.

9   최근 전자상거래업체 핀둬둬의 여성 노동자가 초과근무 후 새벽 1시 퇴근길에서 사망하는 사건(2021.1.4.)이 발생해 996 관행에 대한 논란이 불거진 상황이다. 〈중국 핀둬둬 직원 '과로사'에 996 논란 재점화〉,《아주경제》, 2021.1.4.

10 코로나19가 완화되던 시기 비상경제중앙대책본부는 '제1차' 방안으로 '10대 산업 분야 규제혁신 방안'을 발표했다(2020년 4월 29일). 추진 과제로 데이터·AI, 미래차·모빌리티, 의료 신기술, 헬스케어, 핀테크, 기술창업, 산업단지, 자원순환, 관광, 전자상거래·물류 등 '민간 주도'로 선정된 10대 산업 분야 내 65개의 규제혁신 과제를 선정했다. 여기서 '민간 주도'에 방점을 찍은 이유는 대한상공회의소가 〈신산업 규제 트리와 산업별 규제 사례〉(2019년 12월 8일)에서 대못처럼 박힌 '대

못규제'와 여러 규제를 동시에 받는 '중복규제' 등이 신산업 발전을 저해한다며 규제개혁을 설파했는데, 이 가운데 일부가 비상경제중앙대책본부 '제1차' 대응 방안에 그대로 적혀 있기 때문이다. 일종의 대못론, 대못규제 프레임은 이때부터 활개를 쳤다. '규제혁신 방안'의 핵심은 원격의료, 원격교육 등 비대면 산업 육성을 위해 '규제 혁파를 가속화'한다는 내용이다. 규제혁신 방안의 첫 장 첫 번째 제목은 '포스트코로나'와 '규제혁파'를 연결짓고 있다. '제2차' 대응 방안의 제목은 〈한국판 뉴딜〉이다(5월 7일). 이 또한 특단의 대책으로 '비대면화와 디지털화'를 내놓고 있다. 1차, 2차 비상경제대책의 골자는 대통령 취임 3주년 특별연설로 이어진다(5월 10일)(비상경제중앙대책본부, 〈코로나19 대응 및 경제활력 제고를 위한 「10대 산업 분야 규제혁신 방안(I)」〉, 2020; 문재인, 〈문재인 대통령 취임 3주년 특별연설〉, 2020). 코로나 이후 다양한 목소리가 경합하는 가운데, 포스트코로나에 대비하는 미래 전략으로 왜 다른 것이 아닌 규제혁파, 비대면 산업이 선택되었는지 우리는 질문해볼 필요가 있다. 코로나 '이후'와 '규제완화' '규제혁신'이 계열화되는 방식을 좀 더 면밀하게 독해해야 할 것이다. 혁신 방안은 '포스트'와 '신기술' '규제완화'를 근사하게 연결해나가면서 '뉴노멀' 시대의 대책이라고 설파하는 모양새다. 기존의 4차 산업혁명이라는 프레임 대신에 코로나를 계기로 비대면 산업을 강조하는 것이 무언가 안전을 담보한 것 같고 이를 정당화하는 데 좋아 보이기까지 한다.

참고로 최근 회자되는 그린 뉴딜Green New Deal은 5차 비상경제중앙대책본부 회의에서 등장한 것이다. 애초엔 얘기조차 없었던 것인지라 끼워 넣은 느낌을 지울 수 없다. 그리고 사회안전망 강화 방안을 담은 〈한국판 뉴딜 2.0〉을 발표했다(2020년 7월 14일). 연장선상에서 〈산업구조 변화에 대응한 공정한 노동 전환 지원 방안〉을 발표했다(7월 22일). 그간의 디지털 뉴딜이나 그린 뉴딜 논의 속에서 노동 문제를 간과했다는 비판('노동이 빠졌다' '노동자 보호를 파편적으로 다뤘다')에 따른 조치임을 밝히고 있다. '공정한' 노동 전환의 내용에는 디지털 뉴딜+그린 뉴딜 정책의 기조 속에서 사회적 대화의 방식을 통해 고용위기를 선제적으로 대응하는 것, 이를 위해 직무 전환 및 전직 훈련 지원, 재취업 지원, 디지털 능력 배양 등의 지원책이 포함돼 있다. 재취업과 전직 등의 지원과 보상(의 공정성)에 맞춰져 있다. ILO는 정의로운 전환Just Transition이라는 이름 아래 이전부터 기후위기에 따른 미래 노동의 문제를 다뤄왔는데, 이를 위한 조건으로 일자리 보장과 피해 최소화, 사회적 합의와 공동결정을 강조한다. 사회적으로 유용한 생산방식으로의 전환을 염두하면서 그 원칙으로 사회적 대화social dialogue, 사회적 보호social protection, 노동권리rights, 적극적 노동시장 정책active labour market policies을 담은 결의안(2013)을 내놓기도 했다.

11 비대면, 비접촉을 의미하는 언택트un+contact는 코로나 이후를 규정하는 시대적 언어로 등장했다. 영화관을 방문하는 대신 넷플릭스 같은 OTT 서비스를 소비하고, 헬스장을 방문하는 대신 홈 트레이닝 앱을 활용해 집에서 홈트를 하고, 마트를 가는 대신 온라인으로 장을 보고, 여행 욕구를 채우기 위해 랜선 여행을 하는 식이다. 코로나 사태로 온라인 쇼핑업체와 플랫폼업체가 호황을 누린다는 자료가 증거로 제시된다. 실제로 매출의 차이도 뚜렷했다. 산업통상자원부가 발표한 〈2020년 2월 업태별 매출 구성비〉(2020.3.30.)에 따르면, G마켓·옥션·11번가 등 13개 온라인쇼핑업체의 매출은 전년 동월 대비 34.3% 증가했다. 언택트는 사실 역주행했다는 표현이 정확하다. 언택트로 얘기되는 화상회의, 온라인쇼핑, 온라인교육, 무인택배, 무인유통, 예약접수, 서빙봇, 전자상거래, 원격근무, 재택근무가 새로운 건 아니기 때문이다. 그럼에도 언택트는 '새로운 표준'으로 주목받고 있다.

12 한국경영자총협회, 〈경제활력 제고와 고용·노동시장 선진화를 위한 경영계 건의〉, 2020.3.23.

13 고용노동부 임금근로시간과, 〈고용노동부, 주 52시간제 애로 기업 지원: 꼭 필요한 기업에는 특별연장근로 기간 일부 확대(90일→150일)〉(2021.10.25.), 2021.

14 이런 이유에서 기업들이 근로기준법상의 법률 적용을 피하려 '5인 미

만'으로 사업장을 쪼개는 탈법적 행태를 벌이는 경우가 적지 않다. 하나의 사업장을 서류로만 2개 이상으로 쪼개는 방식, 상시 노동자를 개인사업자나 프리랜서로 등록하는 방식까지 다양하다. 노동시민단체 '권리찾기유니온'은 최근 사업장 쪼개기 업체 100여 곳을 고발하고, 고용노동부에는 위장된 노동에 대한 실태조사를 촉구했다. 나아가 차별을 제도적으로 양산하는 근로기준법 11조의 폐지 운동을 벌이고 있다.

15 사회적 대화라는 이름 아래 시작됐지만 노사정 합의에 반발한 계층별 위원들이 본위원회를 보이콧하고 모두 해촉되는 결과가 빚어지는 파행 속에서 경제사회노동위원회 노동시간제도개선위원회는 결국 탄력근로제 단위 기간 확대를 담은 노사정 합의문을 내놓았다(2019년 2월 19일), 이후 근로기준법 개정안이 발의됐고(2019년 3월), 개정안이 법제사법위원회를 통과했다(2020년 12월 9일).

16 〈10만 명이 원해도, 국회가 손 놓는다면〉, 《오마이뉴스》, 2021.7.23.

17 중대재해기업처벌법 제정 운동본부, 〈중대재해는 기업의 범죄!! 생명 안전에 차별이 없도록 계속 나아가겠습니다〉, 2021.1.8.

18 송경동, 《꿀잠》, 삶창, 2011, 25쪽.

19 C. 더글러스 러미스, 《경제성장이 안되면 우리는 풍요롭지 못할 것인가》, 최성현·김종철 옮김, 녹색평론사, 2011, 137쪽.

마치며

1 〈스트레스 따른 극단적 선택, 슬퍼만 해야 하나〉, 《쿠키뉴스》, 2021.7. 21.

2 〈"37년 싸움을 마칩니다" … 김진숙, 퇴직하다〉, OhmynewsTV, 2022.2.25.

찾아보기

존버씨의 죽음

초판 1쇄 펴낸날   2022년 1월 5일
초판 2쇄 펴낸날   2022년 3월 10일
지은이   김영선
펴낸이   박재영
편집   이정신·임세현·한의영
마케팅   신연경
디자인   조하늘
제작   제이오
펴낸곳   도서출판 오월의봄
주소   경기도 파주시 회동길 363-15 201호
등록   제406-2010-000111호
전화   070-7704-2131
팩스   0505-300-0518
이메일   maybook05@naver.com
트위터   @oohbom
블로그   blog.naver.com/maybook05
페이스북   facebook.com/maybook05
인스타그램   instagram.com/maybooks_05

ISBN   979-11-6873-000-7 03300

만든 사람들
책임편집   박재영
디자인   조하늘

이 저서는 2017년 정부(교육부)의 재원으로 한국연구재단의 지원을 받아 수행된 연구임.
(NRF-2017S1A6A4A01022083)